U0610769

青年学术丛书·哲学

YOUTH ACADEMIC SERIES-PHILOSOPHY

分析与综合二分问题研究

周文华 著

人民出版社

谨以此作献给我的父亲周启志

语之所贵者意也。

言者所以在意，得意而忘言。

——庄子

ABSTRACT

Since Kant's cleavage between analytic and synthetic truths, the study of analyticity become an important topic in epistemology. The dichotomy of the analytic and the synthetic is a foundation of the theory of logical positivism. But Quine has shown that such a dualism is an unempirical dogma of empiricists, the conception of analyticity is problematic.

In Chapter One of this dissertation, the history of the distinction between analytic and synthetic statements is outlined, and the arguments of White and Quine against the distinction are displayed. In Chapter Two, I examine all the main different definitions of analyticity in the literature, including Kant's, Frege's, Russell's, Carnap's, Quine's definitions. The I – analyticity of Paul Horwich, the hyper – analyticity of Ned Block, and the "analytic in S" of Mario Bunge are not proper analyticity. The conceptions of the S – analyticity of Zhou Bei – hai and the representational analyanticity of Jack C. Lyons can't count the normal phenomena of analyticity. Excluding them, the definitions of analyticity are classified into four categories.

In Chapter Three, I examine the arguments against the Quine's Thesis by Benson Mates, H. P. Grice and P. F. Strawson, and the arguments of Gilbert Harman for replying them. I analyze the prior presumption argument of Grice and Strawson, and conclude that Scott Soames doesn't understand the argument quite well. Then, I rebut the arguments of Morton White and some arguments of Quine. In Chapter Four and Five, I explore the definitions of sentence and meaning, and distinguish sentence and sentence meaning from proposition respectively. I establish the existence of proposition, explicate some of its properties systematically. Meanwhile I show that the refusal of propositions by Quine and Andrea Iacona is implausible.

In Chapter Six, I prove that there isn't any analytical sentence in whatever a rational conception of analyticity. I examine Katz's definition of analyticity, rebut both Paul Boghossian's and Gillian Russell's definitions of analytical sentence.

Finally, in Chapter Seven, I show that there exist analytical propositions, and every proposition is either analytic or synthetic, in an appropriate cultural community. I rebut Putnam and advocate the finite blockism to confront holism, and give a new solution to the paradox of analysis.

目 录

本书体例说明

1. 本书的语言是中文。所以，一切专有名词（人名、地名、书名等）如原名不是中文的，在本书中首次出现的中文译名后都附上其原名或英文名，外加括号。

2. 所有的引文都在结束处注明来源。注释采用的格式是国际通行的"作者—年份—页码"格式，并置于括号中。

A：中文版的作者名用中文名称或中文译名，英文版的作者名用英文名称，如此类推。

B：年份即该引文所源自的参考文献的出版年份。遇到参考文献的原文首版年份与该文献的引用版本的年份不同时，有时为了明确历史发展情况，两个年份同时列出，中加"/"。同一作者同一年份的不同文献，在年份后加"a，b，c"等以区分开。

C：单页码用"p."起首，连续页码用"pp."起首，如"p. 18"表示第 18 页，"pp. 324 – 36"表示从第 324 页至第 336 页。

D：对于经典文献有标准本的（如《亚里士多德全集》），还在注中列出标准本页码及行号。

3. 为示区别，简短引文或引语外加引号；而较长引文则采用不同于一般正文的字体：引文的字体为楷体，正文的字体为宋体。

4. 为方便研究者，引文的原文不是中文的，尽量采用已有的中文译本。若引文没有适当的中文版译文的，由本文作者自行译出中文。对于可能有争议的译文和关键性的个别词句，其相应原文列于注释中。

5. 所有的注释都列于页脚。

6. 文后的参考文献只列出正文引用过的文献。

7. 每一章的例句编号和图形编号（如果有的话）都是独立的。

8. 在引文中，原文重点处加黑；我重点强调之处加下划线。楷体引文中出现的被置于括号中的宋体文字是我加的，虽为原文所无，但加了便于阅读理解。

顺便说一下，哲学不同于寻常之见、不同于那种零散观点的罗列，就在于它的论证性和体系性。很多哲学家的作品，也许有表面的体系性，却由于缺乏论证或其论证理路不够明晰，使得组成其体系的各个部分之间看不出有紧密的逻辑联系，仿佛是不堪一击的松散的沙堆。所以强调论证是哲学要得到深刻进步的必经之路。所以，我在本文中十分重视论证，并且尽可能地使用证明的形式。因为这样，可以更加明确问题的所在，明确哲学家们是怎样解决相关的问题的，明确一个观点的理由以及它是如何得到论证的，明确论证的前提和结论，以及逻辑上是否有效。这当然给本书的写作带来了不小的困难，或者减少了文章的生动性和连贯性，但我认为这是值得的。为了引用和分析的方便，我将尽可能地把所有的论证写成"论证 Ar"，其后加上数字编号（小数点前的数字表示第几章，小数点后的数字是序号）的形式；这里"Ar"是源于英文的"Argument"一词。类似的，我把所有论证的论点写成"Ts"，其后加上数字编号的形式；这里"Ts"是源于英文的"Thesis"一词。我在剖析别的哲学家的论证的时候，有时也把他们的论证写成这种明确的证明的形式，所以不可避免地会把他们已有的一些论证理路丢失了，却可能把一些不完全属于他们的东西加了进去，因为虽说这也是一种"我注六经"，却难免会有一些再创造的成分。但六经俱在，哪些是我，哪些是六经，读者明鉴。

第一章 问 题

§1 问题的提出

1.1

本书要探讨的中心问题是分析与综合的二分问题，即一切真命题是否可以区分为分析命题和综合命题。例如，对于下述的六个命题：

（1）武汉大学的樱花正开。

（2）今天下雨。

（3）孙悟空是唐僧的大徒弟。

（4）要么今天下雨，要么今天不下雨。

（5）没有一个未婚的男子是已婚的。

（6）没有一个单身汉是已婚的。

一般认为，可以将其分为两组：（1）、（2）、（3）是综合命题，（4）、（5）、（6）是分析命题。这里分析命题的特征是：只要明白它的意义，就可知道它是真的；而综合命题则需要有关的"事实"方面的知识，才可断定其为真或为假。

分析命题的否定命题称为矛盾命题。因而矛盾命题的特征是：只要明白它的意义，就可知道它是假的。由于综合命题的否定命题仍然是综合命题，如果一切真命题可以区分为分析命题和综合命题，那么一切命题就可以区分为分析命题、矛盾命题和综合命题。如果把分析命题和矛盾命题统称为广义的分析命题，那么，分析与综合的二分问题也就是一切命题是否可以区分为综合命题与广义的分析命题这样一个问题。

当然，有人否认存在命题，认为存在的只是句子，因而分析与综合的二分问题也就是，一切句子是否可以区分为分析句子与综合句子。因此，命题是什么？命题存在吗？一切句子是否也可以二分？本书也将对这些问题进行探讨。

1.2

用"分析的"和"综合的"来标识两类不同性质的命题，这一做法来自康德（Immanuel Kant）①。康德在他的《纯粹理性批判》（*Kritik Der Reinen Vernunft*）中已经使用"分析命题（analytischer Satz）"和"综合命题（synthetischer Satz）"这对概念②；康德的另一个更常见的说法是"分析判断（analytisch Urteil）"和"综合判断（synthetisch Urteil）"③。

此前，分析和综合是作为两种不同的（相对立的）思维和研究方法的。如霍布斯（Thomas Hobbes）在其《论物体》（*Concerning Body*）中便谈到"分析方法（analytical method）"和"综合方法（synthetical method）"，前者即分开或分解，又称分解法；后者即组合，又称组合法④。笛卡尔（René Descartes）在其《谈方法》（*Discours de la méthode*）中介绍他的方法论原则的第二条时，很好地说明了什么是分析方法：

把我所考察的每一个难题，都尽可能地分成细小的部分，直到可以而且适于加以圆满解决的程度为止。⑤

实际上，分析和综合作为方法在柏拉图（Πλάτων, Plato）那里就有生动的描述：

头一个步骤是把各种纷繁杂乱、但又相互关联的事物置于一个类型下，从整体上加以把握……第二步看起来与第一步正好相反，顺应自然的

---

① 首先用"分析的"和"综合的"这一对词来标识两类不同性质的命题，与首先区分分析命题和综合命题，这是不同的两件事。前者无可争议是康德作出的，后者是谁在学界仍有争议。我认为后者也属于康德，见我在§2的论证。

② 对《纯粹理性批判》这部极重要的经典著作，我们引用的中文版是邓晓芒先生的译本（2004年版）。重要概念需要注明德文原文时，以及引用该著作时，则根据学术惯例指出其相应的 A 版或 B 版页码，这里 A 版即 1781 年的第一版，B 版即 1787 年的第二版。"analytischer Satz"见于 B15，"synthetischer Satz"见于 B14。字面上，它们可译为"分析句子"与"综合句子"，但在康德那儿，译为"分析命题"与"综合命题"更为妥当。

③ 康德 2004，p.8，A7 或 B10

④ 北京大学哲学系外国哲学史教研室 1987，p.387

⑤ 北京大学哲学系外国哲学史教研室 1987，p.364

关节，把整体划分为部分。①

不过，此处笛卡尔和柏拉图均没有使用"分析"和"综合"这样的词。因为，从词源上看，"分析"、"分析的"源于希腊文的 αναλυσει 和 αναλυτικωϚ。亚里士多德（ΑριϚτοτελουϚ，Aristotle）用过这个词②，指的是通常的证明（尤其是几何证明）中所用的方法。即使是现在，词"分析"和"综合"仍然常常指这两种方法，而不一定是指命题的这种逻辑的或语义的性质。

1.3

在对命题的区分中，与"分析的"和"综合的"区分一样重要的还有：先天的（a priori）和后天的（a posteriori）区分，必然的（necessary）和偶然的（contingent）区分。我们将在下一节对这些区分作一简单的历史回顾，这里只是扼要地说一下在康德那儿这些概念的主要意义。

康德对"分析判断"和"综合判断"下了定义：

（K1）：在一切判断中，从其中主词对谓词的关系来考虑，这种关系可能有两种不同的类型。要么是谓词 B 属于主词 A，是包含在 A 这个概念中的东西；要么是 B 完全外在于概念 A，虽然它与概念 A 有联结。在前一种情况下我把这判断叫作**分析的**，在第二种情况下则称为**综合的**。③
但却没有对词组（phrases）"分析命题"和"综合命题"明确地下过定义。现在我们一般认为"命题（proposition）"这个概念要比"判断（judgment）"概念广泛，判断是一种特殊形式的命题④，判断由主词和谓词组成，是主谓结构的。不过，康德的区分显然并不限于狭义的判断即主谓结构的命题，而是针对一切命题而言的。因为，很多算术命题和几何命题不是主谓结构的，但是康德说过：

所以算术命题永远都是综合的；……纯粹几何学的任何一个原理也不

---

① 柏拉图 2003，pp. 184 – 5，265d – 266b
② Aristotle 1960，p. 164，p. 126，88b19，84a8
③ 康德 2004，p. 8，A7
④ 对于"判断"与"命题"之间的关系的这种看法，是一种流行的见解。但这种见解是有漏洞的，后面我们将采用一种更为广泛的"判断"概念，即把判断看成是命题的使用。

是分析的。两点之间直线最短，这是一个综合命题。①

算术和几何都是数学的分支，而康德又说过：

真正的数学命题总是先天判断而不是经验性的判断。②

这样看来，康德使用"判断（Urteil）"这个词时也并不限于主谓结构的判断，也能指不是主谓结构的命题，即康德的"判断"的范围几乎和"命题（Satz）"一样，这两个词他常常互换使用，这还表现在他如下的话语中：

如果有一个命题与它的必然性一起同时被想到，那么它就是一个先天判断。③

但是由于对一般的命题或句子而言，什么是其"主词（Subjekt）"、什么是其"谓词（Prädikat）"充满着问题和争议，而康德又没有给出答案，这使得他的定义 K1 受到非难④。定义 K1 的另一个受到人们批评的地方是，其中用到"包含"，但这个隐喻概念的意义不够清晰。

为了把握康德用"分析的"与"综合的"来区分命题的本意，下一段话也值得注意：

（K2）：1. 我们的知识通过分析判断丝毫也没有增加，而是分解了我已经拥有的概念，并使它本身容易被我所理解；2. 在综合判断中，我在主词概念之外还必须拥有某种别的东西（X），以便知性借助于它将那个概念中所没有的谓词仍然作为属于该概念的来加以认识。⑤

因此，K1 是就判断的主谓词间的逻辑关系来划分判断的，而 K2 是就判断与人们的认识间的关系来谈的。但康德也有纯粹从认识论角度对判断（命题、知识）的划分，这就是他对先天的和后天的知识的区分。康德指出："尽管我们的一切知识都是以经验开始的，它们却并不因此就都是从经验中发源的。"⑥ 所以在康德那里，知识按其来源（按其与经验的关系）被区分为先天的和经验性的（empirische；即后天的）知识：

---

① 康德 2004，p. 13，B16
② 康德 2004，p. 12，B14
③ 康德 2004，p. 2，B3
④ 例如，Pap 1958，p. 27
⑤ 康德 2004，p. 9，A8
⑥ 康德 2004，p. 1

（K3）：我们在下面将把先天的知识理解为并非不依赖于这个那个经验、而是完全不依赖于任何经验所发生的知识。与这些知识相反的是经验性的知识，或是那些只是后天地、即通过经验才可能的知识。①

至于"必然的"与"偶然的"区分，康德把这归源于他所说的"纯粹知性概念"的被称为"模态的范畴"的方面，因此从模态方面看，判断有必然的与偶然的之分。值得注意的是，按照康德的范畴表②，判断另有"可能的"与"不可能的"之分，它与"必然的"与"偶然的"之分并不是一回事。

说到这些区分之间的关系，康德指出：分析判断都是先天的和必然的，经验判断都是综合的，并引发出他的哲学的核心问题：先天综合判断何以可能？

虽然康德的定义 K1 等并不能使人满意，他的这些区分今天看来仍然有不少含糊之处，但是较之他以前，则要清晰得多③，且能让我们对这些区分有一些初步的把握，能成为我们研究的一个出发点。总之，康德把所有的命题二分为分析的和综合的——这一点是毋庸置疑的，并且在哲学史上产生了深远的影响。

1.4

自 1764 年康德首先区分"分析命题"和"综合命题"以来④，到 1950 年止，几乎所有的哲学家都赞同"命题可以区分为分析命题和综合命题"，认为这一区分是重要的、合理的、基本的，甚至是毋庸置疑的。人们只是对某些命题到底是分析的还是综合的、是先天的还是经验的等有些争议。例如，康德主张算术命题是先天的和综合的，而密尔（John S. Mill）则主张算术命题是经验的，甚至像"3 是 2 加 1"这样的命题"也断

---

① 康德 2004，p. 2，B3

② 康德 2004，p. 72

③ 见 §2。

④ 对此的论证见 §2。学界了解到这种重要的区分也许是在康德 1781 年出版他的《纯粹理性批判》之后。但康德自己在其著作中最初作出这种区分是在 1764 年，在"自然神学原理与道德原理之不同之研究"一文中。见（Mayer 2003，pp. 71－2）。

言了观察到的事实"①，而弗雷格（Gottlob Frege）反对密尔和康德，主张算术命题是先天的和分析的②。罗素（Bertrand Russell）也赞同将命题区分为分析的和综合的，虽然他不认同对命题的模态区分，他说，"一个真的综合命题不能再有'是必然的'这种性质，一个假的综合命题不能再有'是可能的'这种性质"③。他也反对密尔的极端经验论，而主张全体数学命题是重言式，是分析命题，主张把所有的非重言式的命题称为"综合的"④。总而言之，20 世纪 50 年代以前人们对"分析"的定义虽然有一些小的分歧，但人们对分析—综合的二分是一致的赞同，它甚至成了逻辑经验主义的理论基础。例如，为了把形而上学的陈述作为无意义的陈述清除，卡尔纳普（Rudolf Carnap，1932 年）的一句名言是，"一个陈述的意义就在于它的证实方法"⑤，形而上学的陈述无法证实和证伪，所以无意义。那么逻辑和数学的陈述又是如何证实的呢？所以逻辑实证主义的意义标准需要首先把这类陈述（指逻辑和数学之类的陈述）与经验陈述区分开来，这实际上是首先对陈述作分析和综合的二分，然后看非分析的陈述是否可证实或可检验。对这一点的最简洁表述也许是亨普尔（Carl G. Hempel）的：

一个句子作出了认识上有意义的断定，因而可以说它是真的或假的，当且仅当，或者（1）它是分析的或自相矛盾的，或者（2）它能够，至少原则上能够用经验来检验。⑥

这个逻辑经验主义的句子有意义的标准，显然依赖于"分析的"以及

---

① We may, if we please, call the proposition, "Three is two and one", a definition of the number three... But they are definitions... asserting not the meaning of a term only, but along with it an observed matter of fact. （Mill 1963, p. 166）

② 弗雷格 1998, p. 105

③ ...a true synthetic proposition cannot have a further property of being necessary, and a false synthetic proposition cannot have the property of being possible. （Russell 1927/1954, p. 170）

④ ...all pure mathematics consists of tautologies in the above sense. ... All the propositions which are not tautologies we shall call "synthetic". （Russell 1927/1954, p. 171, p. 173）

⑤ 洪谦 1982, p. 31

⑥ ...a sentence makes a cognitively meaningful assertion, and thus can be said to be either true or false, only if it is either （1）analytic or self-contradictory or （2）capable, at least in principle, of experiential test. （Ayer 1959/1978, p. 108

"用经验来检验"等概念①。

1.5

但是到了 20 世纪 50 年代初，蒯因（Willard V. O. Quine）和怀特（Morton G. White）对分析—综合的区分提出了激烈的批评。怀特的结论是②：

我们可能不得不放弃下述观念：……分析陈述和综合陈述之间有截然区分。……不曾给出任何一个这样的标准③，……一个合适的标准很有可能使分析和综合之间的区分成为一种程度的区分。④

怀特用他的"温度比喻"说明了这种程度区分的性质：

温度的不同是程度的不同，我们仍然可以在我们的温度计上注明像 0℃ 这样的固定点。但应该指出的是，"分析的"只是处于一个刻度上较高的位置，而"综合的"则处于一个较低的位置，这种看法打碎了分析和综合作为不同类型知识的表述的根本区分。⑤

蒯因也在其"经验论的两个教条"中指出⑥：

分析陈述与综合陈述之间的分界线却一直根本没有划出来。认为有这样一条界线可划，这是经验论者的一个非经验的教条，一个形而上学的信条。⑦

蒯因和怀特的论文犹如一石激起千重浪，立即在哲学界引起了热烈的争论，至今尚未平息。而"一切命题可以区分为分析的与综合的"便由原来的显而易见的"真理"或常识变成了受人质疑的"教条"，成了一个大问题！

———————————

① 细心的读者可能已经注意到，前面谈到的分析和综合的二分，是针对**命题和判断**而言的。但在卡尔纳普那里则谈的是**陈述**的分类，并且与"命题"和"判断"混用。见（洪谦 1982，p. 31），可对照 A. Pap 的英译，见（Ayer 1959/1978，p. 76）。下面的蒯因和怀特则主要是谈对陈述的二分问题（见下段以及§3、§4）。而亨普尔则明确地说是对**句子**的二分。目前我们把这些不同的说法看成大致相同的东西，而仔细地区分它们则留在§5以及后面的章节。

② 怀特对其结论的论证见§3。

③ 指分析性和同义性的标准。

④ 怀特 1950/2007，pp. 529 - 30

⑤ 怀特 1950/2007，p. 525

⑥ 蒯因的论证见§4。

⑦ 蒯因 1951/1987，p35

§2 哲学史上重要的对命题的区分，
兼论康德是作出分析—综合区分的第一人

在人类的认识史上，区分和鉴别是十分重要的。与政治上的歧视不同，认识上的区分是有益而无害的。它本身就是一种发现，而且往往导致更重大的发现；它也是人们用新概念把认识成果巩固起来的契机。

在哲学史上，哲学家们作了各种各样的区分——如亚里士多德对"实体"与"属性"的区分，对"四因"的区分；孟子对"仁、义、礼、智"四种善心的区分；阿奎那（Thomas Aquinas）对"存在"与"本质"的区分——都是十分重要而影响深远的。这些都是对概念的区分，而对命题（判断）作出区分无疑更加困难。下面我们就考察一下哲学史上曾经有的对命题的各种重要区分。

首先，最重要的，也是人类对命题作出的最早的区分当然是"真的"与"假的"之分，也即我们中国古代文献所说的"是"与"非"之分。真命题和假命题的区分在人类认识和实践活动中异常重要，是任何人都能掌握、并在生活中频繁地本能地加以运用的概念。真命题是有价值的，可以指导人们的实践，"真的"当然是有用的。假命题若信以为真，则可能误导人们而造成损失。只有真命题才配称为"知识"，人们都有一种强烈的要知道"真相"的愿望。

之后，有历史记载的对命题的重要区分，当属柏拉图在其《理想国》（*Republic*）中对知识和意见的区分①：知识是关于可知事物的，是关于存在者的；意见是关于可感事物的，是关于"游移于存在与非存在之间"的东西的。知识的对象是永恒不变的事物，如美本身、正义本身，即知识的对象是理念；意见的对象是变动不居的事物，如草、木、花朵，即意见的对象是普通事物。二者的关系是，普通事物是理念的摹本；普通事物如花朵，其美是相对的，有时看起来甚至是丑陋的，而美本身的美则是绝对

---

① 柏拉图 2003，pp. 465 – 72，476c – 480a。

的。知识与意见也对应于人的不同的认识能力，所以柏拉图预示了理性与感性的区分。同时，柏拉图也预示了先天的与后天的区分，因为柏拉图的"知识"是先天的，知识的对象即理念世界是灵魂在出生之前就观照过的，所以他主张"学习就是回忆"，而"意见"是经验的。当然，这只是"预示"，柏拉图的区分并不等同于后世人们所作的相关的区分。

关于必然与偶然的区分，亚里士多德就已经知道①。不过亚里士多德区分得比较清楚的，是两事物之间的关系或者事物与其属性之间的关系有必然的和偶然的这两种模式。"事物的本质属性与该事物的关系是必然的⋯⋯事物的偶性与该事物的关系不是必然的。"②"事物的偶性也可能不属于该事物"③。亚里士多德还谈到三段论中前提和结论的必然与不必然问题，即他已经涉及命题的必然与偶然问题，不过限于主谓结构的命题，因为他说："任何前提的形式要么是说某一属性属于某一主体，要么是说某一属性必然属于某一主体，要么是说某一属性可能属于某一主体。"④亚里士多德从结构上区分了简单命题与复合命题⑤，还在质和量方面对命题作了区分，即区分了肯定命题与否定命题，区分了全称、特称和不定称命题⑥，系统地提出了三段论理论。

此后，我们认为欧几里德（Euclid）几何学对公理与定理的区分也是一种重要的具有哲学意义的对真的（几何）命题的区分。公理是不能从别的更简单明了的命题得到证明的，而定理则都可以由公理通过逻辑推演而得到证明。公理一般都有直观的自明性。关键是，公理的数目是有限的，或者能以有限的方式加以刻画。

然后，就是奥康（William of Ockham）对抽象认识（abstractive cognition）与直观认识（intuitive cognition）的区分：

---

① 见其著作《解释篇》、《前分析篇》与《后分析篇》。

② "...and essential attributes are necessary to their subjects, ...and accidental attributes are not necessary." Aristotle 1960, pp. 53 – 5, 74b6 – 74b13

③ "...an accidental attribute may not apply to its subject" Aristotle 1960, p. 59, 75a21 – 75a23.

④ "Now every premises is of the form that some attribute applies, or necessarily applies, or may possibly apply, to some subject." Aristotle 1938, p. 203, 25a1 – 25a5

⑤ Aristotle 1938, p. 121, 17a9 – 17a10.

⑥ Aristotle 1938, p. 203, 25a3 – 25a10.

奥康把对词项之间的意义联系的认识叫做抽象认识，把对词项与事物之间有无联系的认识叫做直观认识。①

这一区分与休谟（David Hume）对属于"观念的关系（Relations of ideas）"的认识（或命题）与属于"实际的事情（Matters of fact）"的认识（或命题）之间的区分是多么接近！休谟的这一区分被誉为"休谟叉（Hume's fork）"，那么在其400多年前的奥康的卓见真是令人惊叹了。此外，作为逻辑学家，奥康还区分了原子命题（categorical propositions）和假言命题（hypothetical propositions），模态（de modo）命题和非模态（de inesse）命题，现在时、过去时和将来时命题②。要说明的是，奥康的"模态"除了包括亚里士多德已经提到的"必然的、偶然的，可能的、不可能的"以外，还包括"知道的、不知道的，相信的、怀疑的，口头的、书写的"等等，一切能真正地说明命题样式的都是模态③。

再后，斯宾诺莎（Benedictus de Spinoza）根据认识的来源不同而将知识分为如下的四类，这是值得注意的：由传闻或符号得来的知识，由泛泛的经验得来的知识，由推理得来的知识，由本质性直观得来的知识④。

洛克（John Locke）认为："所谓知识，就是人心对两个观念底契合或矛盾所生的一种知觉"⑤，并把知识分为三种：直觉的（intuitive）、解证的（demonstrative）和感觉的（sensitive）⑥。我们这里感兴趣的是洛克提到的一种"无聊的命题（trifling proposition）"，它们是：

（L1）：一些普遍的命题，虽确乎是真实的，可是它们并不能……使知识有所增益。……第一，表示同一性的那些命题，……第二点，我们若以复杂观念中的一部分作为全体的宾辞，……凡以类来作为种底宾辞的各种命题，以较概括名词作为次概括名词底宾辞的各种命题，都是属于这一类。⑦

---

① 赵敦华 2001，p. 156
② Ockham 1980，pp. 79 – 86
③ Ockham 1980，pp. 80
④ 北京大学哲学系外国哲学史教研室 1987，pp. 406 – 9
⑤ 洛克 1959，p. 515
⑥ Locke 1959，p. 188
⑦ 洛克 1959，pp. 603 – 7

这里的说法非常类似于康德的 K1 与 K2，这里无聊的真命题也就是康德的分析命题。而且，洛克已经把一切真命题分为两类：

（L2）：我们所能确知其为正确的命题可以分做两类。第一类就是那些无聊的命题，……第二种命题，则它系以甲种事情肯定乙种事情的，而且甲事情虽不包含于乙事情中，可是它仍是乙事情底精确的复杂观念必然所生的结果，就如说"三角形底外角大于其不相依的任何一内角"，便是一例。……这个命题就是一个实在的真理，而且能给人以实在的，能启发人的知识。①

这种无聊命题与非无聊命题的区分看起来非常接近分析命题与综合命题的区分，因为 L2 对"第二种命题"的表述接近于 K1 对综合判断的表述。不过洛克说的"它（甲事情）仍是乙事情底精确的复杂观念**必然**所生的结果"这句话表明他对"第二种命题"的观念与康德的综合命题的观念并不一致，因为经验性的命题是综合的而不具有必然性。第二种命题如果不包括经验性的命题，则与综合命题不是一回事。洛克这里的区分显然没有达到康德那样的清晰性，也没有抓住问题的要害。

莱布尼茨（Gottfried W. von Leibniz）在其《单子论》（*Monadologie*）中指出：

（Le1）：也有两种真理：推理的真理和事实的真理。推理的真理是必然的，它们的反面是不可能的；事实的真理是偶然的，它们的反面是可能的。当一个真理是必然的时候，我们可以用分析法找出它的理由来……②

所以，莱布尼茨的"推理的真理"与"事实的真理"之分也很接近于分析命题与（真的）综合命题之分。因为"推理的真理"像康德的"分析命题"一样是必然的，而"事实的真理"由于是经验的所以是综合的。但是莱布尼茨的"推理的真理"，从其概念上看也要包括康德的"先天综合判断"，如数学和形而上学的命题，因为这些命题显然不是莱布尼茨所说的"事实的真理"，因为它们不是偶然的，并且它们的正确性常常需要通过推理而得到证明。但这些命题在康德的意义上是综合的，所以莱布尼

---

① 洛克 1959，pp. 609 - 10
② 北京大学哲学系外国哲学史教研室 1987，p. 482

茨的"推理的真理"也不同于康德的"分析命题"。因此，推理的真理与事实的真理的二分不同于分析和综合的二分，莱布尼茨并没有作出分析命题与综合命题的二分。

最后，与康德最近的休谟，是这样表述其"休谟叉"的：

（H1）：人类理性（或研究）的一切对象可以自然分为两种，就是观念的关系和实际的事情。属于第一类的，有几何、代数、三角诸科学；总而言之，任何断言，凡有直觉的确定性或解证的确定性的，都属于前一种。……这类命题，我们只凭思想作用，就可以把它们发现出来，并不必依据于在宇宙中任何地方存在的任何东西。……至于人类理性的第二对象——实际的事情——就不能在同一方式下来考究；而且我们关于它们的真实性不论如何明确，而那种明确也和前一种不一样。各种事实的反面总是可能的。①

从这里我们可以看出，休谟的"观念的关系"和"实际的事情"，首先是作为对人类认识的不同类型的**对象**（其语言表现形式是词项和概念）的区分，而不是对认识本身（其表现形式是语句和命题）的区分。当然，对认识和命题也可以依据其内容是"观念的关系"还是"实际的事情"来分类的。休谟所谓的"观念的关系"这类命题，其真值不依赖于任何经验事实就可以发现，与其说接近于康德的"分析命题"，不如说接近于康德所谓的"先天的命题"。而且，几何、代数等命题在康德看来是综合的。休谟所谓的"实际的事情"这类命题，当然是康德所谓的"经验性的命题"和"综合命题"。休谟说"各种事实的反面总是可能的"，表明了这类命题的经验性和偶然性。所以我们认为，休谟这里的区分对应的是康德的对先天的命题与经验性的命题之间的区分，不是康德的分析与综合的区分。

在我们今天看来，分析的与综合的区分是语义论的（semantical）② 区分，先天的与经验性的区分是认识论的（epistemological）区分，必然的与

---

① 休谟 1957，p. 26
② 另一种颇流行的说法是，分析的与综合的区分是逻辑的（logical）区分。例如，卡尔纳普就是这样认为的，见（卡尔纳普 1987，p. 173）。本文的研究将表明，逻辑的区分与语义论的区分并不完全一致。康德作的是语义论的区分而不是逻辑的区分。

偶然的区分是本体论的（ontological）区分。康德的定义已经表明这三种区分是不同角度的区分，但在康德以及其以前的哲学家那里，这三者又互相纠缠在一起，例如康德说过："必然性和严格普遍性就是一种先天知识的可靠标志，这两者也是不可分割地相互从属的。"①康德的时代甚至以后相当长的一段时间，人们对什么是必然性的认识是模糊的。现在我们能够达到这样一个认识，要归功于克里普克（Saul Kripke）等人的工作。克里普克论证说，对于如下的两个句子：

（7）标准尺子 S 在时间 t 0 时是一米长。

（8）长庚星（Hesperus）是启明星（Phosphorus）。

（7）是先天偶然真理②而（8）是后验必然命题③，它们都不是分析的。

我不同意赵敦华先生所说的"'先天综合判断'这个概念来自休谟关于综合命题与分析命题的区分"④。因为，休谟又主要是从认识论的角度作出的区分。而且，休谟之前的洛克的区分更接近于分析与综合的区分。我们认为，把命题区分为分析命题和综合命题，作为一种不同于"先天的命题与经验性的命题的区分"的区分，这一做法始于康德⑤。康德在其定义K1中，明确地根据命题中出现的概念之间的关系来作为其划分的标准，从而使这一区分无可争议地具有逻辑的和语义论的性质。加上康德也是首先给出了对命题的认识论的区分的人，这表现在他所给出的定义 K3 中，因此，是康德第一个意识到语义论的区分与认识论的区分完全不同。的确，我们可以说洛克、休谟甚至莱布尼茨都作了**某种形式的**分析和综合的区分，但是他们的区分都与康德的不同，只能说是接近分析—综合的区分。这不是由于他们还没有使用"分析"、"综合"这样的名称，而是由于他们所作的区分在出发点和内容上不仅与康德的不一致，而且也与现在的不一致，因为现在人们认为应该从命题的语义性质或逻辑性质上加以区分，而

---

① 康德 2004，p. 3，B4

② 克里普克 1988，p. 57

③ 克里普克 1988，p. 110

④ 赵敦华 2001，p. 262

⑤ 朱志方教授要求我核实这一说法。在最新的维氏百科全书（Wikipedia, the free encyclopedia）的"分析—综合之区分"词条中，也明确说明了康德是第一个用"分析"和"综合"来区分命题的人，见 http://en. wikipedia. org/wiki/Analytic_ synthetic_ distinction。

这就是分析与综合之分的实质。洛克对"无聊的命题"的刻画，涉及命题的逻辑结构，所以，康德也指出："在洛克的《人类理解论》里我碰到了这种区分的迹象。"[1] 但洛克却没有认识到分析命题的重要性，所以才轻蔑地称之为"无聊的（trifling）"。洛克也没有认识到分析命题与综合命题这一区分的重要性，他那里还没有与"综合命题"相应的概念，因而洛克与"分析性"这个关键的概念失之交臂了，虽然他真正地"碰到了"这个区分。正如英国的克鲁克斯（Willian Crooks）、至少美国的古茨彼德（Goodspeed）早在 1890 年碰到了 X 射线，但是 X 射线的发现权还只能是属于德国物理学家伦琴（Wilhelm Konrad Röntgen）、X 射线的发现时间还只能是认为在 1895 年一样。所以，是康德真正作出了分析命题和综合命题的区分，尽管他还没有能令人完全满意地定义出什么是"分析命题"。事实上，至今也没有一个能令大家都满意的对"分析命题"和"分析性"的定义[2]。

§3 怀特的论证

3.1 背景

哲学史上充满了对立和否定。有区分，就有对区分的颠覆。当世人纷纷嚷嚷、争论何是何非之时，就有庄子这样的哲人提出"齐是非"[3]。当人们认为一切命题，要么是真的，要么是假的之时，就有"说谎者（the liar）"这样的悖论[4]出现，即出现了一个既不能是真的，也不能是假的命题。怀疑一切的皮浪主义（Pyrrhonism）当然也怀疑区分是否可能，是否有效。而黑格尔式（Hegelian）的辩证法既然认定任何对立面都必然相互渗透与转化，那么，一切区分都只是相对的、有条件的，必然存在你中有

---

① 康德 1978，p. 27
② 见 §3，特别是 §4 蒯因的批判。
③ 见《庄子》的"齐物论"。
④ 说谎者悖论让我们考察这句话："这句话是假的"。若这句话是假的，则它是真的，矛盾；若这句话是真的，则它是假的，也是矛盾。当坚持真假二分时，则这句话要么是真的，要么是假的，因而矛盾不可避免！

我、我中有你的情形，并非一切都能二分；倒是可以说一切都不能二分。所以，在出现了康德的对分析命题与综合命题的二分之后，出现对这种二分的反对也是不难理解的。

20 世纪初，数学和自然科学都经历了迅猛的发展，各自都呈现为庞大的严密的体系，并且科学技术在工业中有辉煌的应用。但就在这时，数学的基础——集合论出现了罗素悖论；物理学也出现了过去难以想象的情况：波动性和粒子性在光子等微粒上竟然统一起来；越来越精确的微观物理学出现了测不准原理；量子力学中出现了要修改逻辑排中律的学说。一切过去那么牢固可靠的信念忽然变得那么脆弱、没有根基、不堪一击！这便给了爱挑战这些信念的人们以信心，让他们去建功立业。而哲学更是各种对立观念的战场，昨天流行的东西今天就已经被人唾弃，几乎没有什么主张还能一致地受到人们的拥戴，任何主义一经抬头，就立刻成了哲学斗士们练习射击的靶子。但射击靶子需要枪支，而那时开始流行的实用主义正是一支这样的枪。杜威（John Dewey）用这支枪对准了传统的二分论（dualism），即"身—心，理论—实践，知—行，感觉—思想，外在的—内在的"等等的二分，向这些二分论猛烈地开火了。正是在这种背景，特别是在杜威的影响下[①]，怀特也向二分论的一种—分析与综合的二分—发起了进攻。

3.2 怀特的论证之一

为了突出怀特的论证要点和叙述的方便，我将不按照怀特原文的论述顺序去一一列举他的论证，而是按照逻辑的顺序直接考察其论证的主要结构，甚至对其某些部分适当地重构，尽可能地体现其论证的力量。而我这样做有没有歪曲怀特，读者自己可以对照怀特的文章来加以判断。

怀特攻击分析与综合的二分的方法是这样的：找到一个陈述（statement），人们既不能说它是分析的，也不能说它是综合的。只要找到一个这样的陈述，就有效地攻击了二分论。怀特认为他找到了一个这样的陈述，这就是：

---

① 怀特自己指出了他受杜威的这些影响，见（怀特 1950/2007，p. 516）。

（9）所有的人是理性动物。

为什么不能说（9）是综合的？对此怀特没有花力气去证明。他只是指出，（9）就是一个传统上所谓的本质论断①，传统上：

（W1）：……"人"这样的谓词被说成是与"理性动物"分析地相联系，而与"无毛的两足动物"只是综合地相联系，……陈述"所有的人并且仅有人是理性动物"被说成是分析的，而陈述"所有的人并且仅有人是无毛的两足动物"却被说成是真的但又是综合的。②

即传统上人们就说它是分析的、不是综合的。也许因此怀特才觉得无须证明"（9）不是综合的"。怀特着力证明的是："（9）不是分析的"。他的论证思路可以扼要地写成：

Ts1.1：并非一切陈述要么是分析的，要么是综合的。（即二分论不成立。）

论证 Ar1.1：

考虑陈述：

（9）所有的人是理性动物。

显然，（9）不是综合的。〔对此怀特没有明确地给出理由。也许其理由是"我**不能**一致地思考一个不是理性动物的人，我不能设想一个不是理性动物的人"③；也许其理由是"如果展现在我们面前的不是一个理性动物，我们将不会称它为一个人"④。就是说，人们并不需要了解有关的经验事实就能断定（9），所以它不是综合的。〕

但是（9）也不是分析的。（见下 Ts1.2、Ts1.4 及相应的论证 Ar1.2、Ar1.4）

所以（9）就是一个既非分析又非综合的陈述，故二分论不成立。

① 怀特 1950/2007，p. 518

② ...a given predicate like "man", which is said to be analytically linked with "rational animal" but only synthetically linked with "featherless biped", ...it is said that whereas the statement "All and only men are rational animals" is analytic, "All and only men are featherless bipeds" is true but synthetic. （Linsky 1952，p. 274）。这里我的译文与（怀特 1950/2007，p. 518）有所不同。

③ 怀特 1950/2007，p. 523

④ 怀特 1950/2007，p. 526

证毕。

为了证明 Ar1.1 中的"（9）也不是分析的"这一点，当然需要一个什么是分析陈述的标准。这个标准也就是分析陈述的定义。以后我们把各种对分析陈述或分析性的定义简记为"DA"，其后加上数字编号以便区别，这里"DA"是英文"Definition of Analyticity"的缩写。

前面我们已经指出，康德的定义 K1 并不令人满意。怀特考察了这样的定义：

定义 DA1：分析陈述是其否定为自相矛盾的陈述。[①]。

并据此给出了下述论证。

Ts1.2："所有的人是理性动物"不是分析陈述。

论证 Ar1.2：

用反证法。如果该陈述是分析的，那么根据分析陈述的标准 DA1，它的否定是一个自相矛盾的陈述。

另一方面我们知道：自相矛盾的陈述是指具有"A 且非 A"或"有些东西是 P 且不是 P"这种**形式**的陈述。（此即下面的 Ts1.3，其论证见 Ar1.3。）

因此（9）的否定——"并非所有的人是理性动物"——不是一个自相矛盾。因为从字面上看它不具有那种形式。［怀特对此还作了大意如下的简要说明[②]：若不按字面解释而认为（9）的否定就是自相矛盾，其理由只能是，"人"与"理性动物"是同义的。因为，如果"人"与"理性动物"不是同义的话，那么（9）的否定——"并非所有的人是理性动物"或"有的人不是理性动物"——就不具有自相矛盾的形式。但是，把"人"与"理性动物"是同义的作为理由是窃题。因为，"所有的人是人"是典型的分析陈述，如果"人"与"理性动物"是同义的，那么这也就是

---

① 见（怀特 1950/2007，p.524）。这个定义也源于康德："矛盾律是一切分析性的知识的一条普遍的、完全充分的原则"，见（康德 2004，p.147，B191）。

② 怀特 1950/2007，p.524

说"所有的人是理性动物"是分析陈述，但这恰恰是要我们证明的。]

所以，（9）不是分析陈述。

证毕。①

Ts1.3：自相矛盾的陈述是指具有"A 且非 A"或"有些东西是 P 且不是 P"这种形式的陈述。

论证 Ar1.3：

如果"自相矛盾"不是定义为具有"A 且非 A"或"有些东西是 P 且不是 P"这种形式，如果它不是定义为一定的形式，那它就只能定义为——陈述 S 是"自相矛盾"的，当且仅当，说 S 时引起了人们的恐怖感或怪异感。但这种依据感觉的定义有下述三种"不妥"的后果：（a）有许多人对哲学家认为是自相矛盾的陈述无动于衷。（b）按照恐怖感或怪异感的标准，整个物理学或社会学结果变成分析的，却只有一小部分数学是分析的。（c）分析陈述与综合的真陈述之间的区分不是一种鲜明的区分，而只是程度的不同，正如温度的不同是程度的不同一样，因为那些感觉之间常常只有程度的差别。②

证毕。

3.3 怀特的论证之二

也许人们认为分析性的标准 DA1 过于严格，所以怀特也考察曾由蒯因提出的另一个标准：

定义 DA2：分析陈述分为两类：

第一类分析陈述——逻辑真理：它是真的，而且在给予它的除逻辑常词以外的成分以一切不同的解释的情况下，它也仍然是真的。

第二类分析陈述：它能通过同义词替换而变成一个逻辑真理。③

根据定义 DA2，下面的（4）、（5）、（10）均是第一类分析陈述：

（4）要么今天下雨，要么今天不下雨。

---

① 怀特 1950/2007，p. 524
② 怀特 1950/2007，pp. 524 - 5
③ 见（蒯因 1951/1987，p. 21）和（怀特 1950/2007，pp. 517 - 9）。

（5）没有一个未婚的男子是已婚的。

（10）所有的人是人。

如果"单身汉"与"未婚的男子"是同义词，"人"与"理性动物"是同义词，则通过同义词替换，可以由（5）、（10）分别得到（6）与（9）：

（6）没有一个单身汉是已婚的。

（9）所有的人是理性动物。

反过来，通过同义词替换也可以由（6）、（9）分别得到（5）与（10）。于是，根据DA2，（6）与（9）是第二类分析陈述。

但是定义DA2明显地依赖于：对于任意两个词，我们都能判断它们是同义的还是不同义的，即我们已经有一个"是同义的"的标准。所以，怀特论证"不能说（9）是分析的"的方法就是**质疑"是同义的"的标准**。

Ts1.4：我们无法知道（9）"所有的人是理性动物"是不是分析陈述。

论证 Ar1.4：

蒯因曾说，他不理解"是同义的"这一术语；他还表明，除非给它提供一个行为主义的标准，否则他不理解它。我（怀特自己）……也不理解。……许多人自以为理解了，但实际上他们并不理解。[1]

没有人成功地找到了同义性的标准。[2]

因此，无法知道（9）是否是分析的。

证毕。

3.4 怀特的论证之三

怀特攻击分析与综合的二分的另一个策略是：证明分析陈述与综合陈述不能二分，而只能有程度上的区分，即他所说的像温度的有高有低的那种区分。他的方法是这样的：找到两个陈述，它们按定义DA2一个是分析的、另一个是综合的；他证明可设想的行为主义的"是同义的"标准并不能区分出一个是分析的而另一个是综合的，并且行为主义的标准可以使它

---

[1] 怀特 1950/2007，p.519
[2] 怀特 1950/2007，p.521

们成为"只有程度之分"。

在 W1 所述的这种传统下，怀特很自然地找到如下的两个陈述：

（9）所有的人是理性动物。

（11）所有的人是无毛的两足动物。

Ts1.5：根据行为主义的标准，不能得出（9）与（11）中，一个是分析的另一个是综合的，但可以得出（9）比（11）更是分析的。（即按照行为主义的标准，分析与综合之分是一种程度之分。）

论证 Ar1.5：

假定在某个部落的语言 L1 中，"人"与"理性动物"是同义的，而与"无毛的两足动物"不是同义的，只是有相同的外延。于是由标准 DA2 知：（11）是综合的真陈述，而（9）是分析陈述。

但是当我们去该部落作经验的调查时，使用行为主义的标准，对一个个的对象，一件件地去问土著"这是人吗？"、"这是理性动物吗？"、"这是无毛的两足动物吗？"由于"人"、"理性动物"、"无毛的两足动物"在现实中有相同的外延，于是（9）与（11）都是真的。所以这样的调查说明不了为什么（9）与（11）中一个是分析的而另一个是综合的。

怀特进一步设想了这样的情形：我们可能以另一种方式追问这些土著人。……"在你们由某些东西不是理性动物这个事实得出它不是人的结论时，难道不是比由某些东西不是无毛的两足动物这个事实得出这个结论**更为确信**吗？"如果这些原始人是有礼貌的，并且回答"是的"，那么我们就有了某种形式的标准。但是要注意，正是一个**标准使该区分成为程度之分**①。

这里，怀特是想说，所以按照行为主义的标准能得出：对于那些土著人来说，（9）比（11）**更是分析陈述**。

证毕。②

---

① 怀特 1950/2007，p. 527

② 怀特 1950/2007，pp. 526 - 7

§4 蒯因的论证

4.1 概述

蒯因比怀特要激进和彻底。怀特认为有分析陈述和综合陈述，但二者的区分"不是一种鲜明的区分"，而是一种程度的区分。但是蒯因则根本否认有所谓的分析陈述。

蒯因的论证策略是：他通过论证"任何对'分析性'的定义都是不成功的"来表明分析—综合的区分是不妥的。所谓"成功的定义"是指它对"分析性"提供了这样一个标准：根据这个标准，①任何陈述，要么是分析的，要么是综合的；②大家普遍认为是分析的陈述，根据这个定义可以被判明为分析的；③成功的定义当然不能是循环定义。

对于前面已提到的两个定义 DA1 与 DA2，怀特的论证已经说明它们是不成功的。而蒯因的说法略有不同，蒯因认为定义 DA1 中的"自相矛盾"只能是广义的自相矛盾；但即便如此，DA1 也是不成功的，理由是：

这个定义没有多大的说明力；因为这个分析性定义所需要的真正广义的自相矛盾概念，正像分析性概念本身那样有待于阐明。①

蒯因这里所说的"真正广义的自相矛盾"也就是矛盾命题，它是分析命题的否定，所以这实际是批评 DA1 犯了循环定义的错误。蒯因对定义 DA2 不满的理由是：因为其中"我们要依靠一个和分析性自身同样需要阐释的'同义性'概念"②。也就是说，DA2 同样犯了循环定义的错误。对此，我们在下面的 4.5 还可以看到相关的论证。

蒯因考虑了更多的可能的对"分析性"的定义。正如怀特喜欢用例句（9）来测试所考察的定义或标准是否有效，蒯因却偏爱用例句（6）来测试那些定义。因为，一般认为

（6）没有一个单身汉是已婚的。

是典型的（第二类）分析陈述，而且赞同（6）是分析陈述的要比赞同

---

① 蒯因 1951/1987, p. 19
② 蒯因 1951/1987, p. 22

（9）是分析陈述的人多。

我们这里当然只对蒯因提出的不同于怀特的那些论证感兴趣，并且也像研究怀特的论证那样，不严格按照蒯因原文的论述顺序，但却严格地按蒯因的论证思路一一考察他的论证。

4.2 蒯因的论证之一

定义 DA3：S 是**分析的**，当且仅当 S 在每一种状态描述（state-description）下都是真的。

这个定义实际是卡尔纳普提出的。不过卡尔纳普用的是"L—真的（L-true）"而不是"分析的"[①]，但他明确指出"L—真"是用来说明康德的"分析真理"和莱布尼茨的"必然真理"的更精确的概念[②]。这里，"一个状态描述就是把真值穷尽无遗地分派给语言中的原子陈述（atomic statement）或非复合陈述"。针对这个定义，蒯因给出了如下的论证：

Ts1.6：普遍认为是分析陈述的（6）根据这个定义成了综合陈述，故定义 DA3 是不成功的。

论证 Ar1.6：

只有当语言中的原子陈述，同"约翰是单身汉"与"约翰是结了婚的"不一样，是彼此完全没有关系的，关于分析性的这个说明才用得着。否则就会有一个状态描述把真值的真既分配给"约翰是单身汉"，也分配给"约翰是结了婚的"，于是（6）在该状态描述下就是假的，结果"没有一个单身汉是已婚的"按照所提出的标准便变成综合的了。

证毕。[③]

蒯因由此引申说：标准 DA3 不适用于含有引起"第二类分析陈述"的同义词对（synonym-pairs）的语言，"这个标准顶多是对逻辑真理的重构而

---

① Carnap 1947/1956，p. 10
② Carnap 1947/1956，p. 8
③ 蒯因 1951/1987，p. 22

不是对分析性的重构"①。

4.3 蒯因的论证之二

定义 DA4：S 是**分析的**，当且仅当 S 仅根据其意义便为真，而与事实无关。

蒯因在其"经验论的两个教条"的一开头就提到对分析性的这一定义，并认为从"康德关于分析性概念的使用"中可以看出康德的分析性概念可以用 DA4 来"重新加以表述"②。可见这一定义具有特别的重要性。蒯因在文中攻击定义 DA4 的两个论证，即下面的 Ar1.7 和 Ar1.8。

Ts1.7：定义 DA4 是一种循环定义。

论证 Ar1.7：

定义 DA4 的定义项中出现"意义"、"事实"等词，即是用"意义"等来定义"分析性"。

意义是一种什么东西？……只有语言形式的同义性和陈述的分析性才是意义理论要加以探讨的首要问题；至于意义本身，当做隐晦的中介物，则完全可以丢弃。③

即要用"分析性"来说明"意义"。（至少"意义"是和"分析性"一样需要澄清的概念。）

因此，定义 DA4 是一种循环定义。

证毕。

Ts1.8：没有定义 DA4 所述的分析陈述。

论证 Ar1.8：

陈述的真理性显然既取决于语言，也取决于语言之外的事实，……科学双重地依赖于语言和经验。④

---

① 蒯因 1951/1987，p. 22
② 蒯因 1951/1987，p. 20
③ 蒯因 1951/1987，p. 21
④ 蒯因 1951/1987，p. 39

故没有陈述是仅根据意义便为真的。①

所以，没有定义 DA4 所述的分析陈述。

证毕。

Ar1.7 论证 DA4 是循环定义，当然表明了 DA4 是不成功的。Ar1.8 论证了没有 DA4 所述的分析陈述，这与普遍认为的（6）是分析陈述相冲突，这也说明了 DA4 是不成功的。

4.4 蒯因的论证之三

定义 DA5：S 是**分析**的，当且仅当 S 通过定义可以归结为一个逻辑真理。

这个定义与定义 DA2 很类似——都把逻辑真理作为分析性的基础。它的作用是这样的：为了说明

（6）没有一个单身汉是已婚的。

是分析的，指出其中的"单身汉"被定义为"未婚的男子"，这样（6）通过同义替换就可以归结为

（5）没有一个未婚的男子是已婚的。

而（5）是一个逻辑真理。但是蒯因反问道：怎么知道"单身汉"被定义为"未婚的男子"呢？如果我们说是根据词典，那么蒯因又严正地指出："定义"是词典编纂人对观察到的同义性的报道，不能作为同义性的根据②。说白了，蒯因对定义 DA5 的责难还是认为它是一种循环定义：DA5 用定义来说明分析性，而很多定义要用同义性来说明（见下论证 Ar1.9），但同义性又要用分析性来说明（见下 4.5 小节中的相关论证）。用蒯因的话来说就是："定义这个概念并不掌握同义性和分析性的关键。"③

Ts1.9：很多定义要用同义性来说明。

---

① 蒯因在其"经验论的两个教条"中没有这句话，但有这个意思。蒯因在他别的著作中，如在"Carnap and Logical Truth"中，明确反对"逻辑真理是仅根据其意义而为真的"这种说法，见（Quine 1954/1976，p. 106）。

② 蒯因 1951/1987，p. 23

③ 蒯因 1951/1987，p. 26

论证 Ar1.9：

在每个场合可以预期，被定义词和定义词是以（下面）三种方式中的一种发生关系的。定义词可以用范围较窄的一套记号来忠实地给被定义词释义，从而保存了一个先前用法里的直接的同义性；或者定义词可以按照解释的本旨，把被定义词的先前用法加以改良；这两种方式的定义的解释性"仍然是来自先已存在的同义性"①。此外还有一种方式，这种方式的"定义不能归溯到先已存在的同义性；这就是纯粹为了缩写的目的明显地根据约定引进新的记号"②。

所以，定义——除了明显地根据约定引进新记号的极端场合——是以在先的同义性关系为转移的。③

证毕。

4.5 蒯因的论证之四

接着，蒯因深入地探讨"同义性（synonymy）"。蒯因指出：

我们这里不谈在心理联想和诗学性质上完全同一的那个意义上的同义性；的确没有任何两个语词是在这样的意义上是同义的。我们只讨论那个可以称为**认识的**(cognitive) 同义性的东西。④

蒯因提出："无疑能够由分析性十分圆满地引出认识同义性来。"⑤对此他有大意如下的论证：

Ts1.10：认识的同义性可以用分析性来定义。

论证 Ar1.10：

说"'单身汉'和'未婚的男子'是同义的"⑥ 就恰恰等于说出"下面这个陈述：

（12）所有和只有单身汉是未婚的男子。

---

① 蒯因 1951/1987，p. 25
② 蒯因 1951/1987，p. 24
③ 蒯因 1951/1987，p. 26
④ 蒯因 1951/1987，p. 27
⑤ 蒯因 1951/1987，p. 30
⑥ 以后本文中，如无特别说明，同义性均指认识上的同义性。

是分析的"。

因此，"一元谓词'是单身汉'和一元谓词'是未婚的男子'是同义的"可以解释为：

（13）"所有和只有单身汉是未婚的男子"是分析的。

对于任何两个一元谓词 P^1 和 Q^1，"P^1 和 Q^1 是同义的"可以解释为：

（14）"$\forall x\ ((P^1x\to Q^1x)\ \wedge\ (Q^1x\to P^1x))$"是分析的。

对于任何两个 n 元谓词 P^n 和 Q^n，这里 n>1，"P^n 和 Q^n 是同义的"可以解释为：

（15）"$\forall x_1\cdots\forall x_n\ ((P^nx_1\cdots x_n\to Q^nx_1\cdots x_n)\ \wedge\ (Q^nx_1\cdots x_n\to P^nx_1\cdots x_n))$"是分析的。

对于任何两个单称词项（singular term）t_1 和 t_2，"t_1 和 t_2 是同义的"可以解释为：

（16）"$t_1 = t_2$"是分析的。

对于任何两个陈述 S_1 和 S_2，"S_1 和 S_2 是同义的"可以解释为：

（17）"S_1 当且仅当 S_2"是分析的。

所以，一般地，对于任何两个表达式 E_1 和 E_2，"E_1 和 E_2 是同义的"可以递归地（根据表达式的组成结构而递归）由分析性来定义。

证毕。[1]

蒯因总结说："我们就能够在任何两个语言形式可以保全（不再是真值而是）分析性地互相替换（除去'语词'内部的断片）的时候，把这两个语言形式描绘为认识上同义的。"[2]

但是由于"分析性"的问题并没有解决，所以需要探讨能否不借用分析性而弄清同义性是什么。于是，蒯因便考察这样的建议：

（Q1）：两个语言形式的同义性仅仅在于，它们在一切语境中可以互相替换而真值不变，用莱布尼茨的说法，就是保全真值（salva veritate）的互

---

① 见（蒯因 1951/1987, p.27, p.30）以及（Quine 1953/1964, p.29, pp.31-2）。

② 蒯因 1951/1987, p.30

相替换性（interchangeability）。①

但是 Q1 有一个明显的问题：仍以同义词"单身汉（bachelor）"与"未婚的男子（unmarried man）"为例，如果把"bachelor of Arts（文学士）"、"bachelor's buttons（小的果味饼干）"以及出现该词且带引号的句子

（18）"bachelor"不满十个字母。

中的"bachelor"替换为"unmarried man"，那么就很容易看到真理变成了谬误。

对此，蒯因指出，可以把短语"bachelor of Arts"、"bachelor's buttons"以及引语"bachelor"都看成单一的、不可分的单词（word），并且规定：

（Q2）：那作为同义性标准的保全真值的互相替换性不应当适用于一个单词内部的片断。

我们把 Q1 与 Q2 的联合称为 Q3。蒯因证明了（见论证 Ar1.11）：

Ts1.11：Q3 随着所处理的语言的丰富程度的不同而具有不同的效力；在一个外延语言（extensional language）中，Q3 并不保证我们想要的同义性；而在一个足够丰富的语言中，Q3 可以提供同义性的充分条件。因此，Q3 如果不是与一个其范围在有关方面都已详细说明的语言相联系，是没有意义的。②

因此，Q3，或者说"保全真值的互相替换性"，在不借助分析性概念、或者具有同样效能的概念如副词"必然地"之类的概念的前提下，是不能提供给我们所要的"同义性"的。但这些概念同"分析性"一样不够清晰和有待澄清，甚至比"分析性"更不清晰。所以，先解释同义性，再由它引出分析性，也许是错误的途径。下面我们看看蒯因对 Ts1.11 的证明。

论证 Ar1.11：

一、定义 DQ1：**外延语言**是指这样的语言：其中任意两个谓词如果有

---

① 蒯因 1951/1987，p. 26
② Quine 1953/1964, pp. 29–31

相同的外延，那么它们具有保全真值的互相替换性。（谓词的外延指满足该谓词的对象集，或者说是具有该谓词所描述的性质或关系的对象集。）

设一个外延语言 L1 中含有"有心脏的动物"与"有肾脏的动物"这两个谓词，这两个谓词外延相同。于是据定义 DQ1 知这两个谓词具有保全真值的互相替换性。由 Q1 知它们是"同义的"。

但是我们认为"有心脏的动物"与"有肾脏的动物"这两个谓词并不是同义的。所以 Q1 或 Q3 并不保证我们想要的同义性。

二、考虑一个足够丰富的语言 L2，包含"必然地"这个副词以及"单身汉"和"未婚的男子"这两个一元谓词。设"单身汉"和"未婚的男子"这两个谓词在 L2 中具有保全真值的互相替换性。首先，下面的陈述

（19）必然地所有和只有单身汉是单身汉。

是 L2 中的真陈述。由于"单身汉"和"未婚的男子"在 L2 中具有保全真值的互相替换性，所以通过对（19）作替换得到的

（20）必然地所有和只有单身汉是未婚的男子。

也是 L2 中的真陈述。但是说（20）是真的等于说（13）是真的，因此"单身汉"和"未婚的男子"在 L2 中是同义的。

上述论证显然可以推广到任意两个具有保全真值的互相替换性的谓词 P 与 Q 的情形，设足够丰富的语言 L3 中包含"必然地"以及谓词 P 与 Q，类似的论证可以表明 P 与 Q 在 L3 中是同义的。所以 Q3 提供了同义性的充分条件。

三、在上面的论证中运用了"说（20）是真的等于说（13）是真的"这一点，也就是说，L2 中的副词"必然地"是被这样地解释，以致当且仅当把它应用于一个分析陈述时才是真的。这也就是说，L2 中分析性概念已先被了解，否则不能把握 L2 中副词"必然地"的用法。

证毕。①

在上述论证中，我们明确地看到蒯因的一种说法，那就是把必然的与

---

① Quine 1953/1964, pp. 29 - 31

分析的同等看待，例如他说的"说（20）是真的等于说（13）是真的"就是如此。一方面，利用"必然"和同义替换 Q3 可以得出同义性，再利用定义 DA2 得出分析性，但这是一条迂回之路。另一方面，我们看到了一条笔直的路，那就是下面的定义：

定义 DA6：S 是**分析的**，当且仅当 S 是必然的。

但要说明的是，哲学上存在着两种必然性概念。一种是从亚里士多德以来就存在的必然性概念，我称之为概念论的必然性，它渗透到了日常语言，在日常生活中有大量的运用，句子（20）就是例子；又如说："人必然是有情感的"；它与可能世界理论无关。另一种是本体论的必然性，虽然可以追溯到莱布尼兹，但是使这个概念明确起来的是克里普克，这是 20 世纪 70 年代的事情。在此之前，如在"两个教条"中蒯因所说的必然仍然是概念论的必然性，定义 DA6 中的"必然"就是如此。本体论的必然性，是不应该用来定义分析性的，因为那将毁掉分析性这个非本体论的概念。不过概念论的必然性，同本质性、分析性等一样，仍然是混沌不明的。但如果我们避而不提，就会有很多在历史上重要的说法不能表述。

4.6 蒯因的论证之五

定义 DA7：S 在语言 L 中是**分析的**，当且仅当 S 仅根据 L 的语义规则（semantical rules）便是真的。

这个定义也许仍然来自卡尔纳普[①]。蒯因在"经验论的两个教条"中攻击定义 DA7 的也有两个论证，即下面的 Ar1.12 和 Ar1.13。

Ts1.12：定义 DA7 是循环定义。

论证 Ar1.12：

对于任意语言 L0，L0 的语义规则的内容无非是：如此这般的陈述，并且只有这样的陈述，才是 L0 中的**分析陈述**。

因此语义规则中包含有"分析的"这个我们尚未理解的词。

所以，定义 DA7 是循环定义。

---

① 见（Carnap 1947/1956，p. 10）之约定 2-1。

证毕。①

论证 Ar1.12 已经使定义 DA7 处于难堪境地，但蒯因却继续考虑可能的"语义规则的第二种形式，它不说这样那样的陈述是分析的，而干脆说这样那样的陈述是包括在真陈述当中的。这样一个规则不会受到批评说它含有'分析的'这个不被了解的语词"②。对于这种情况，蒯因给出了如下的对定义 DA7 的驳斥。

Ts1.13：定义 DA7 中使用了未经解释的、有可能随意地作出不同解释的词。

论证 Ar1.13：

用 DA7 定义"分析的"一词时，DA7 右边的"语义规则"也是未经解释的。

并非断定某一类陈述为真的一切真陈述都能算是语义规则——否则一切真理都是分析的。

L 的真陈述的一个子类的任何特征都不比它的其他特征在本质上更是一个语义规则。（对此，蒯因把语义规则与公设类比：同样的理论系统，可以把一些命题选做公设，也可把另一些命题选做公设。但如果语义规则也是这样，则什么是"分析的"就是随意的选择了。）

证毕。③

4.7 蒯因的论证之六

定义 DA8：S 是**分析的**，当且仅当 S 在任何情况下都得到确证（confirmed）。

DA8 有一个前提：意义证实说（the verification theory of meaning）——"一个陈述的意义就是经验地确证或否证它的方法。而分析陈述就是在任

---

① 蒯因 1951/1987，p.31
② 蒯因 1951/1987，p.32
③ 蒯因 1951/1987，pp.32-4

何情况下都得到确证（confirmed no matter what）的那个极限情形"①。但这个实用主义和逻辑经验主义所主张的意义证实说，在两个方面与蒯因的整体论（holism）相应的两个方面相冲突。因此，蒯因驳斥定义 DA8 的论证实际上有两个，即下面的 Ar1.14 和 Ar1.15。

意义证实说一方面认为意义的单位可以是单个的陈述，另一方面认为每个陈述可以孤立地得到确证或否证。蒯因把这斥为还原论的教条（dogma of reductionism）。而蒯因主张的意义整体论（meaning holism）认为，"具有经验意义的单位是整个科学"②。蒯因主张的整体证实论（Confirmation holism）认为，"我们关于外在世界的陈述不是个别的、而是仅仅作为一个整体来面对感觉经验的法庭的"③。因此，蒯因的论证可以这样重构：

Ts1.14：DA8 是错误的。

论证 Ar1.14：

DA8 预设了：每个陈述可以孤立地得到确证或否证。

但是蒯因的整体证实论认为：我们关于外在世界的单个陈述不能独自面对感觉经验的法庭，不能孤立地得到确证或否证。

所以，DA8 与蒯因的整体证实论相矛盾。

故 DA8 是错误的。

证毕。④

论证 Ar1.15：

DA8 预设了：意义的单位可以是单个的陈述。

但是蒯因的意义整体论认为：即使以陈述为单位，我们也已经把我的格子画得太细了。具有经验意义的单位是整个科学，不是单个的陈述。

所以，DA8 与蒯因的意义整体论相矛盾。

故 DA8 是错误的。

① Quine 1953/1964, p. 37
② 蒯因 1951/1987, p. 40
③ 蒯因 1951/1987, pp. 38-9
④ 蒯因 1951/1987, pp. 38-9

证毕。①

4.8 蒯因的论证之七

定义 DA9：S 是**分析的**，当且仅当，S 是真的，且不因经验而需要修改。

与蒯因的意义整体论和整体证实论密切相关联的是蒯因的**知识或信念的整体论**(the totality of our so-called knowledge or beliefs)。也可以称之为**科学知识整体论**。这个整体是庞大的，"从地理和历史的最偶然事件到原子物理学甚至纯数学和逻辑的最深刻的规律，是一个人工的织造物。它只是沿着边缘同经验紧密接触"②。对于这个整体论，蒯因有一个很形象的描述，即所谓"力场比喻"：

整个科学是一个力场，它的边界条件就是经验。……除了由于影响到整个场的平衡而发生的间接联系，任何特殊的经验与场内的任何特殊陈述都没有联系。……要在其有效性视经验而定的综合陈述和不管发生什么情况都有效的分析陈述之间找出一道分界线，也就成为十分愚蠢的了。在任何情况下任何陈述都可以认为是真的，如果我们在系统的其他部分作出足够剧烈的调整的话，……反之，由于同样的原因，没有任何陈述是免受修改的。③

这个力场比喻就是一个反驳定义 DA9 的论证：

Ts1.16：没有定义 DA9 所述的分析陈述。

论证 Ar1.16：

根据蒯因的知识信念整体论，没有任何陈述是免受修改的。

再根据分析陈述的定义 DA9（不因经验而需要修改，但仍然可能依赖于经验或与事实有关，故 DA9 与 DA4 有细小差别，符合 DA9 的陈述可以多于符合 DA4 的），

所以，没有分析陈述。

证毕。

---

① 蒯因 1951/1987, p. 40
② 蒯因 1951/1987, p. 40
③ 蒯因 1951/1987, pp. 40 - 1。

既然没有定义 DA9 所说的分析陈述，那么 DA9 作为定义也就当然不妥当了。

4.9 蒯因的结论

以上诸论证，至少直接攻击了对分析性的现有的九个定义（DA1-DA9）。这些论证表明，这些对分析性的定义都是不成功的。蒯因不仅驳斥"在分析陈述与综合陈述之间有一条分界线可划"，而且驳斥了"分析性"这个概念，因为它无法合理地定义，因为根本就没有分析陈述。

为什么无法合理地对"分析性"加以定义？因为当时能够想到的看似合理的定义（DA1-DA9）都是不成功的。实际上，蒯因认为"分析的"处在这样一组概念之中，它们是"分析的"、"综合的"、"自相矛盾的（广义的）"、"一致的"、"必然的"、"同义的"、"语义规则"、"定义（广义的）"等等。这组概念中的每一个都像组中其他概念一样需要加以阐释。假如其中的一个得到了令人满意的定义或明确的阐释，那么该组的其他概念也可以得到令人满意的定义或明确的阐释。我们可以把这组概念形象地称为"分析性概念家族（analyticity-group）"①。DA1 用到"自相矛盾的"，其反面是"一致的"；DA2、DA4 用到"同义的"，DA5 用到"定义"，DA6 用到"必然的"，DA7 用到"语义规则"，都难逃**循环定义**之责。

但关键是，根本没有所谓的分析陈述！因为蒯因认为，逻辑真理——所谓的第一类分析陈述——也不是分析的。他在论证 Ar1.8、论证 Ar1.16 中都证明没有分析陈述。

所以，我认为蒯因的"经验论的两个教条"的整体，像是一个有机的整体，它由多个单独看是一个小的但可以独立的论证组成，这些论证合起来意味着一个大的独特论证，这个论证的结论或论点就是："分析性"是个不合法的概念，没有所谓的分析陈述。

为行文简洁起见，我们以后把拒斥分析—综合的二分观点称为"蒯因

---

① 很多人指出过这一点，见（Mates 1951, p. 529）和（Grice, Strawson 1956, p. 147）。

论题（Quine's thesis）"①。而本文的任务正是对蒯因论题是否成立作出一个较为全面的、深入的考察。

§5 问题的细化

上两节我们较为细致地列出怀特和蒯因对蒯因论题的主要论证。这些论证是否有效？蒯因论题是否正确？这需要作出更为细致的梳理。

5.1 关于区分的对象

在分析与综合的区分的对象上，我们遇到下述说法：（1）是否一切命题（propositions）可以区分为分析命题和综合命题？（2）是否一切判断（judgment）可以区分为分析判断和综合判断？（3）是否一切句子（sentences）可以区分为分析句子和综合句子？（4）是否一切陈述（statements）可以区分为分析陈述和综合陈述？这些看起来有所不同的说法是否真的彼此不同，还是实质上是同一个意思的不同表达？也就是说，命题、判断、句子、陈述这些概念之间的关系是什么？它们之间有何不同？

在自然语言中，通常没有对这些概念作出严格的区分，即表达这些概念的词还没有固定下来。这表现在同一时代说同一语言的人们，用不同的词表示同一概念，或不同的概念用同一个词来表示。严重的时候，甚至在同一文本中，出现不同的概念用同一个词来表示。这样就很容易犯"概念混淆"这一逻辑错误。在"命题"、"判断"、"句子"、"陈述"这些概念中，命题和句子是应该加以区分的，因为命题有真假之分；而同一个句子有时表达一个真命题，有时表达一个假命题；故句子本身无真假之分，它的真假依赖于语境等因素。而"判断"，有时就是指的命题；有时则指的是对一个命题或句子的断定，这时，一个判断所说的无非是：某某命题（或句子，或陈述）是真的，或者某某命题（或句子，或陈述）是假的。

---

① 在1956年 H. P. Grice 和 P. F. Strawson 就已经把蒯因的这种观点称为 Quine's thesis，见（Grice, H. P., Strawson, P. F., 1956, p. 143）。由于分析性有多种含义以及二分的对象有多种说法（见下节），所以蒯因论题有多种内容相近但又不尽相同的的表述。

这种断定当然也是一种命题，只是判断在形式上通常明显地或不明显地具有主谓结构，即它可以写成"A 是 B"或"A 不是 B"这种形式，所以判断可以归结到命题中。至于"陈述"，有时指的是命题，有时指的是陈述句（句子），并没有什么既不是句子又不是命题的第三种"陈述"。这样，分析和综合区分的对象就归结到句子和命题这两者了。

但是句子和命题是不是还可以继续归结到一个对象上面，比如说把命题归结为句子呢？这是一个重大的问题，我们不认为可以这样归结，对此我们将在第五章加以详细论证。

在上几节的介绍中，细心的读者会发现，不同的哲学家对分析和综合的区分的表述所用的词和概念是不尽相同的。这样，他们所说的分析和综合的区分所针对的对象也可能是不同的。

例如，洛克和休谟的区分明确地是针对命题的，密尔和罗素也是如此。他们用的正是"proposition"这个英文词，而不用"sentence"。但使用德语的康德、弗雷格、维特根斯坦（Ludwig Wittgenstein）等人用的是"Satz"这个德文词，它既可译为"句子（sentence）"，又可译为"命题（proposition）"，这样他们对分析和综合的区分的意见就可作两种解释：既可解释为对命题的区分，又可解释为对句子的区分。而且康德还多次谈到分析判断和综合判断的区分，并且与"analytischer Satz"、"synthetischer Satz"交替使用，所以，从他的文本和时代背景看，他的意思是指命题的区分。弗雷格在《算术基础》（*Die Grundlagen der Arithmetik*）中批评康德，认为算术命题都是分析的[1]，但也可以说，弗雷格是说"算术句子都是分析的"。王路把"die analytische Natur der Arithmetischen Sätze"译为"算术句子的分析性"[2]，而不译为"算术命题的分析性"是有道理的。因为，弗雷格用"Satz"通常是把它作为一种表达式（Ausdrücken）来谈的，与词（Wärtern）、专名（Eigennamen）等共属一类。所以，弗雷格主张的是句子的区分还是命题的区分，此处还不容易确定。维特根斯坦通常用"Satz"表示命题。在他的《逻辑哲学论》（*Tractatus Logico-Philosophicus*）中有

[1]　弗雷格 1998，p. 105
[2]　弗雷格 1998，p. 107

"6.2……Die Sätze der Mathematik sind Gleichungen also Schein sätze"，这一句郭英本译为"数学的命题就是方程式，因此是伪命题"①，这是妥当的。如果译为"数学的句子就是方程式，因此是伪句子"，那么这里的"伪句子"就讲不通了。维特根斯坦接受分析命题与综合命题之分，这从他写的"6.11 因此逻辑的命题就什么也没有说（它们是分析命题）"②得到印证。

但不说有分析命题而只认为有分析句子的哲学家也有，如母语为德文的亨普尔后来用英文写作时，明确使用"分析句子（analytic sentence）"这种说法③，而不说分析命题。这是由于，亨普尔等逻辑经验主义者和蒯因一样，对使用"意义"一词非常谨慎。他们对于"句子"的使用是放心的，但对于"命题"，由于它通常与"句子的意义"联系在一起，所以是可疑的"实体"，因而尽量回避。而莱欣巴哈（Hans Reichenbach）在《经验和预测》（*Experience and Prediction*）一书指出："命题"、"句子"、"陈述"之间的区别不重要，且相当模糊，他在使用它们时不作区分④。

我们前面看到，蒯因和怀特在谈及分析与综合的区分对象时，都是用的"陈述（statement）"这个词。对此，后来（1970 年）蒯因明确地解释说："我以前的著作中使用'陈述'这个词只是用来指陈述句（declarative sentences）"⑤。因此，在蒯因那里，"陈述"也就是句子，不过只是陈述句而已；它不是指"命题"或"句子的意义"，因为蒯因是反对"命题"或"句子的意义"这种概念的。

蒯因指出过，"有些哲学家，由于对设置这种意义的命题⑥缺乏自信，所以改为用'陈述'一词以免出错"⑦。我们也利用词"陈述"的这种便利。为了表达的简洁，以后，当我们既要指命题又要指句子时，或者当我们还不能确定到底是指命题还是指句子时，我们笼统地用"陈述"一词；当我们只指其中的一种且能够把它具体地说出来时，我们就用"命题"或

---

① 维特根斯坦 1962，p. 88
② （维特根斯坦 1962，p. 82），原文见（Wittgenstein 1955，p. 154）
③ Ayer 1959/1978，p. 108
④ Reichenbach 1938/2006，p. 21
⑤ Quine 1970/1986，p. 2
⑥ 指作为句子意义的命题。
⑦ Quine 1970/1986，p. 2

"句子"中的一个。

5.2 关于区分的模式

分析与综合的区分的通常模式是二分。但即使是二分，也分为是严格的区分（sharp distinction）还是粗略的区分？严格的区分是指：所有的陈述（命题或句子）要么是分析的，要么是综合的，但没有陈述既是分析的又是综合的。粗略的区分是指，大多数的陈述要么是分析的，要么是综合的（但怎么确定哪些命题是"大多数"呢？）。再说，边界情形（borderline cases）的存在能否看作是对一个划分的合理性的否定呢？比如说，很多彩色画面中的颜色是连续过渡的，但因此说黄色与绿色的区分是不合理的吗，只因为有的中间色很难说是黄色还是绿色？

但是分析与综合的区分的模式还可以是：有的陈述是分析的，有的陈述是综合的，还有的陈述既不是分析的，也不是综合的，这是承认分析与综合的区分但是反对二分。

但是蒯因对以上的模式都是反对的，他认为没有任何陈述是分析陈述。而怀特只认为分析与综合只是程度之分，其观点与粗略的二分似乎并不冲突。

5.3 关于区分的性质

在区分的性质上，我们遇到对"分析性"的各种不同的定义。也就是说，根据什么标准进行区分也是大有争议的。蒯因等人认为对"分析性"的定义 DA1-DA9 都是成问题的；而且不存在分析陈述。但他也没有能说，这就是对"分析性"的全部可能的定义或全部合理的定义。但是要作出蒯因式的结论，需要我们对所有可能的合理的定义加以考察，以便对"分析性"这一概念作出更细致、更彻底的研究。下面就让我们尽可能全面地考察一下已有的各种对分析陈述和综合陈述的定义。

第二章 定义，分析与综合的定义

§1 引言

如果我们给出一个什么是分析陈述的定义（即分析性的定义），然后，把不是分析陈述的陈述称为综合陈述，这似乎是理所当然的做法，但这假定了分析和综合的二分。因此，在我们研究二分的正当性的问题时，我们是不能这样做的。我们需要给出在某种意义上是相互独立的对分析陈述和综合陈述的定义，然后看是否一切陈述要么是分析陈述、要么是综合陈述。如果有的陈述既不是分析陈述，也不是综合陈述，这就否定了二分。如果分析陈述和综合陈述涵盖了一切陈述，我们也要看是否有的陈述既是分析陈述，又是综合陈述；如果是这样，这也会影响我们对二分的性质的看法。总之，二分问题的研究需要首先对什么是分析陈述和什么是综合陈述下定义。

在第一章的§3和§4节，我们列举了怀特和蒯因考察过的九个对分析性的定义（DA1-DA9）。麦特斯（Benson Mates）也曾指出蒯因和怀特考虑了"分析的"八种意义[①]，其中的定义（3）、（4）、（5）、（6）、（7）、（8）分别对应于我们这里的 DA1、DA4、DA2、DA3、DA5、DA7。麦特斯谈到的另外两个定义是："（1）S 是分析的，当且仅当 S 在所有的可能世界中为真。（2）S 是分析的，当且仅当 S 不可能为假。"麦特斯的依据大概是蒯因的这句话："莱布尼茨谈到理性真理在一切可能的世界里都是真的，除去形象性之外这话是说理性真理就是那些不可能假的真理。"[②] 但是蒯因并没有把莱布尼茨的"理性真理"与分析陈述画等号。我们对这两个

[①] Mates 1951，p. 525
[②] 蒯因 1951/1987，p. 19

定义的看法是：一、在二值逻辑中（1）与（2）其实是同一个定义，因为"不可能假"除了解释为"在一切可能的世界里都为真"之外，没有更合适的解释；也就是说它们是同义的。二、麦特斯的定义（1）其实是把分析性定义为本体论的必然性，因为"S在一切可能的世界里都是真的"也就是说"S是必然的"，它的预设条件是一种关于可能世界的本体论。而康德以来是把分析性作为一种非本体论、非认识论的规定性，哪怕最后能证明所有分析性的命题恰恰是那些具有必然性的命题，但把本体论的"必然性"作为"分析性"的定义仍然是不恰当的。所以，在我们的对分析性的各种定义的考察中，不考虑麦特斯所说的定义（1）与（2）。我们说过，蒯因提到过的定义DA6中的"必然"不是本体论的必然，而是概念论或语义论中的必然。

在本章，我们还将继续考察曾有的各种对分析陈述的定义。与第一章不同的是，这里我们要把分析陈述与综合陈述的定义结合起来加以考察。像分析陈述一样，对于综合陈述的定义问题，我们仍然会面临几种不同的说法。为了研究的方便，以后我们把各种对综合陈述的定义简记为"DS"，其后加上数字编号以便区别，这里"DS"相应于英文的"Definition of Synthetic Statements"。但是首先，让我们花一点精力考察一下定义（definition）本身，因为其中的一些结论要为我们后面的论证所采用。

§2 定义

2.1 什么是定义

一般认为，定义是揭示概念的内涵的逻辑方法[①]。但是一个概念的内涵通常是丰富的。如"人"这个概念，其内涵有：理性的、有生命的、两足的、能劳动的、有语言的、有感觉的，等等。说"人是两足的"并不是给"人"下定义，因为鸡也是两足的。穷尽一个概念的全部内涵通常难以做到。于是人们又说，定义是揭示概念所反映的对象的特点或本质的一种

---

① 金岳霖1979，p.41

逻辑方法①。据此，句子"人就是能制造和使用生产工具的动物"就可以作为"人"的定义，因为"能制造和使用生产工具"是人的特点，是人的本质属性，其他动物不具有这一属性。但是概念并不是都有其相应的对象的，如"飞马"、"月亮人"（如嫦娥）、"燃素"、"以太"等这些概念就是如此。因此这第二种关于定义的说法也是不完善的。我们不妨接着考察与之类似的第三种说法：定义就是揭示事物的特有属性（固有属性或本质属性）的逻辑方法②。由于"事物"的指称的普遍性，既可指现实世界中的事物，又可指虚拟世界中的"事物"，似乎可以避开刚才所说的不足。但按照这第三种说法，或者说这第三种关于"定义"的定义，看一个句子是否是定义，需要我们知道事物的特有属性（固有属性或本质属性），然后看这个句子是否表达了该事物的特有属性（或该事物的某些特有属性）。因此一个句子是否是定义，与主体有关，与主体的知识有关。对于同一个句子，如果我们的知识很少，如果我们不知道相关事物的特有属性（固有属性或本质属性），我们就不知道它是否是一个定义。但是在逻辑学、数学和经验科学中，人们下定义似乎没有这样大的知识负担。相反，人们在一门学科开始的时候、在一项研究开始的时候，就在下定义。并非只有知道相关事物的特有属性（固有属性或本质属性）的人，才能判断一个句子是否是定义③。通常，定义没有被隐藏起来，相反，人们明确地说"定义一……定义二……"而宣告某个句子是定义。因为下定义的主要目的是"明确概念"④，明确地下定义是符合定义的精神的。定义是一种逻辑行动，宣告某个句子是定义是这个逻辑行动的一部分。我们认为，缺少这种宣告的"定义"是不完整的或不规范的。当然，有了这种宣告并不一定就是定义，因为还要遵守定义的规则。缺少宣告、甚至让人怎么也看不出来是定义的"定义"，即所谓隐藏的定义，我觉得没有必要继续留在学术的舞台，它甚至应该让学人不齿。因此，这种宣告，应该融入定义的形式，而不应该再外在于定义了。

---

① 华东师范大学哲学系逻辑学教研室 1996，p. 32
② 金岳霖 1979，p. 42
③ 当然这样说也有一定道理，定义的确有适当与否的问题，但读者只有看完这一节才能更明白我的意思。
④ 金岳霖 1979，p. 41，p. 44

2.2 定义的形式和种类

无论什么定义，都有被定义项（definiendum）和定义项（definiens）。让我们用 Ds 表示被定义项，Dp 表示定义项。当 Ds、Dp 都表示某种概念时，定义的形式就是："Ds 就是 Dp"[①]，这也可写成"Ds 被定义为 Dp"这种形式。当 Ds、Dp 都表示某种命题时，定义的形式就是："Ds 当且仅当Dp"。另外，Ds 可以是为了方便引进的新符号，无论 Dp 是什么其意义已知的表达式，"Ds 是 Dp 的缩写"或者"将 Dp 记为 Ds"或者"'Ds'表示Dp"[②] 等也都是定义的形式。这后一种形式通常是"语词定义（nominal definitions）"的形式。与之相对立的，直接揭示事物的特有属性（固有属性或本质属性）的定义被称为"真实定义（real definitions）"[③]。亚里士多德所提倡的"属加种差定义"就是一种典型的真实定义。在前面我们批评了与此相关的第三种说法，我们认为，定义是明确符号（表达式，即被定义项 Ds）的意义的逻辑方法。这里的"意义"，既可以指概念的内涵，也可以指概念的外延。例如，句子"四人帮是指王洪文、张春桥、江青和姚文元"可以看成是对"四人帮"的定义，但这不是什么揭示概念"四人帮"的内涵，而是明确其外延。所以外延性定义也是一种很有用的定义。当然，明确了外延也可以有助于明确其内涵，但并不因此它就应该被视为一种内涵性定义，因为明确内涵同样有助于明确外延。只要能做到明确符号的意义，定义可以多种多样。

为了获得定义多样性以及它们之间的内在联系的印象，帕普（Arthur Pap）的短文"定义理论"[④] 是值得一读的。帕普认为，定义至少可以从两种不同的角度来划分。我们可以根据"定义是何种陈述、如何得到辩护（justified）、用于何种目的"来对其分类，他称之为认识论的分类。也可以

---

① 见（金岳霖 1979，p. 45）。该书只考虑被定义项与定义项都是概念的情形，见（金岳霖 1979，p. 42），这是它的一个缺陷。

② （金岳霖 1979，p. 49）。但在形式上仍然可以归入"Ds 被定义为 Dp"或"Ds 当且仅当Dp"这二者之一。

③ （金岳霖 1979，p. 44）。语词定义和真实定义的区分在洛克那儿就有了，见（Lock 1924，pp. 306 - 7）。

④ Pap 1964，pp. 49 - 54

根据定义的不同形式来对其分类，他称之为形式的分类。

在认识论的分类系统中，当可以说一个定义是真的或假的时候，则这个定义就是命题性定义（propositional definition）；当一个定义谈不上真与假，因为它是对如何使用词语 w 的一个任意的约定，则这种定义就称为约定定义（stipulative definition）。所以定义的认识论的分类结果见图1：

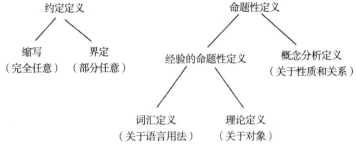

（图1）

帕普指出，上述分类并非是截然二分的，界定（precising definition）实际上是介于约定定义和命题性定义之间的。例如，什么样的收入是高收入是一个颇为模糊的概念。在当今的中国，我们可以对这个概念这样下定义："年收入在十万元及以上的是高收入，十万元以下的是中等收入或低收入。"这就是一个界定。界线为什么划在十万元而不是划在八万元，这是有些任意的；但也不是完全任意，界线显然不能划在两千元，如果界线划在两千元，人们会说这一定义是错的、假的。

在形式的分类系统中，定义划分为给出内涵的普遍定义（general definition）和给出外延的举例定义（definition by examples），结果见图2：

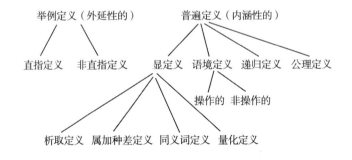

（图2）

但是有些定义把给出外延和给出内涵结合起来，帕普没有提到这样的定义。这种定义是有的，例如，利用"1"和"后继"两个概念可以给"自然数集"这个概念下定义：

N是**自然数集**当且仅当

a）1 ∈ N；

b）如果 x ∈ N，那么 x 的后继不同于1；

c）如果 x ∈ N，那么 x 只有一个后继 y，且 y ∈ N；

d）如果 x ∈ N，y ∈ N，且 x 不同于 y，那么 x 的后继与 y 的后继也不同；

e）对于 N 的任何一个子集 M，如果 1 ∈ M，且 M 具有这样的性质：如果 x ∈ M 那么 x 的后继 ∈ M，那么，M = N。

这个定义中，条款 a）是给出外延，其他条款是给出内涵。所以，形式的定义分类也不是截然二分的。

2.3 定义的分类（续）

在"经验论的两个教条"中蒯因把定义分为三种，不妨分别称之为报道性定义（report definition）、解释性定义（explication definition）和缩写定义（abbreviation definition）[1]。报道性定义是"对观察到的同义性的报道"，词典编纂人通常下这种定义。解释性定义"使被定义词意义精炼或对它加以补充来改进它，……解释的目的就是保存这些特优语境的用法"[2]，哲学家常常下这种定义。缩写定义是"纯粹因为它（被定义词）是为了和定义词同义这个目的而特意被造出来的"，数学家下的就是这种定义，科学家有时也下这种定义。蒯因认为，报道性定义、解释性定义都来自于先已存在的同义性，依赖于同义性；而只有缩写定义创造新的同义性，为同义性所依赖。

但是我更愿意根据定义在其出现的语境中的性质，把一切定义分为立

---

① 这是我对蒯因所分类的定义的称呼。卡茨把这三种定义分别称为"lexical definition, explication, notational definition"，可分别汉译为"词典定义、释义、记号定义"；见（Katz 1967, p. 40）。但是伯高先把蒯因的缩写定义称为"stipulative definition"，汉译就是"设定定义"；见（Boghossian 1997, p. 341）。

② 蒯因 1951/1987, pp. 23 –4

法定义（legislative definition）和阐释定义（explicative definition）两种。规定被定义项的意义的定义是立法定义。不管被定义项在从前是没有确定意义的符号、还是已经有某种意义的表达式，立法定义在其使用的语境中都把其意义**固定**在定义项所说明的意义上。阐释定义虽然也用定义项来说明被定义项的意义，但不排斥被定义项已经有的涵义。缩写定义当然是立法定义，在任何语境中都是。而报道性定义和解释性定义只在某些语境中才是立法定义，其他时候都是阐释定义。立法定义明显地在形式上有宣告自己是定义的成分，而阐释定义没有。

本文中所谓的"狭义的定义"只指立法定义。在通常的语境中，"人是理性的动物"就不是立法定义，"2 是 1＋1"是立法定义。"人是理性的动物"一定是阐释定义吗？也不一定，它有时至多只是分析判断而已。这是因为，人是自然类，人的概念是经验给予的，不是定义给予的。

立法定义当然是约定定义，因为它谈不上真或假；但它也是不随意的约定，而需要遵守定义的规则。不合乎定义规则的"定义"，是一种错误的行动，应该避免。

2.4 定义的规则

传统的逻辑教科书指出定义规则有下面几条：

R1：定义项与被定义项的外延必须重合。

R2：定义项不应该直接或间接地包括被定义项。

R3：定义不应包括含混的概念，不能用隐喻。

R4：定义不应当是否定的。①

违犯 R1 称犯了"定义过宽"或"定义过窄"的错误。违犯 R2 称犯了"循环定义"的错误。规则 R2、R3、R4 是形式方面的规定，所以对立法定义有制约作用。R1 对立法定义没有作用，但对阐释定义仍有制约作用。

定义是理论系统②为了研究的方便而引入的。上面几条定义规则并不完备，例如我们可以增加规则：

---

① 华东师范大学哲学系逻辑学教研室 1996，pp. 36－7
② "理论系统"也简称为"理论"，它可以看成是一个陈述集合。

R5：同一个理论中同一个被定义项不应该有两个定义。

违犯规则 R5 称犯了"重复定义"的错误。这样，对每个被定义项，都有一个确定的定义项。由 R2，在一个理论系统中，可以称定义项中的概念先于被定义项所表示的概念。合乎规则的理论系统中，最先的概念是不被定义的，即所谓初始概念，所有其他概念都由初始概念或先于它的概念定义出来。故概念之间呈现一定的先后次序（类似于数学上的偏序关系），在先的概念也易于理解，因为在后的概念要借助在先的概念而被理解。所以，亚里士多德对 R2 的表述是，"凡是没有按照在先的和更容易理解的语词来下定义的人就是没能给出定义"[①]。亚里士多德对 R3 的表述跟现在的一样[②]。

理论系统可以通过明确的宣告，让一切定义都是立法定义。让我们现在只讨论立法定义。在这样的定义中，被定义项原来如果有任何意义，就被覆盖了，它只能有定义项所规定的意义。如果被定义项中能辨认出任何成分的话，那么它也一定已经出现在定义项中。这样，下面的定义：

定义（1）：　　　　$x * y = z$　当且仅当　$x < z$ 并且 $y < z$。[③]

所定义的并不是运算符"$*$"，而是三元谓词"$\_ * \_ = \_$"，因为符号"$=$"并没有出现在定义项中；"$*$"与"$=$"构成一个整体，是不能拆开的。所以把定义（1）当做运算符的定义才是错误的原因。

2.5 隐定义

上面已经谈到，在理论系统中必然会存在不被定义的原初概念。一个自然的问题是，我们是怎么能把握这些概念的意义的？当然，一些概念的意义是来自经验，例如"草"、"植物"、"生命"。但欧氏几何与非欧几何的"直线"概念是很不一样的，显然经验来源说不能解决这个问题，但是这两种几何的公理不完全一样，于是理论的公理对理论的原初概念的意义有贡献就成为一种很自然的思想。人们甚至认为，有些理论系统中的公理决定了其中的原初概念的意义，并把这些公理称为对相关的原初概念的

---

① 亚里士多德 1990，p. 478，141b1
② 亚里士多德 1990，pp. 472–3，139b–140a
③ 苏佩斯 1984，p. 187

"隐定义"。相应地，把经典的定义称为"显定义"。设 C 是某个理论 T 的一个原初概念，记这个理论的公理为 Φ（C），（当公理数目多于 1，则 Φ（C）是它们的合取式。）采用这样的记法是因为原初概念必定出现在公理中。当原初概念有 n 个时，则 C 可以看成一个 n 元组。

传统的逻辑学如亚里士多德逻辑学中是没有"隐定义"这个概念的。它或许来源于数学中的"隐函数的定义"这种说法。让我们仍然用"Ds"表示被定义项，对于上述理论 T 中的原初概念 C，当把公理 Φ（C）看成它的隐定义时，该隐定义的形式可以是这样：

Ds 被定义为　使得 Φ（Ds）为真的那个对象。

于是，该定义的定义项是"使得 Φ（Ds）为真的那个对象"，这个"定义"显然违犯定义规则 R2。所以隐定义不是传统意义上的定义。

"隐定义"作为定义有很多问题。第一，它破坏了最重要的定义规则 R2。第二，定义项"使得 Φ（Ds）为真的那个对象"所指的对象应该是存在的且唯一，而这并不总是能够做得到，这样也会带来错误的结论。

本书不把隐定义作为定义对待。本书的所有定义都将是显定义，并以宋体"定义"开头，且都写成"Ds 被定义为 Dp"或"Ds 当且仅当 Dp"的形式。形式为"Ds 被定义为 Dp"的句子中明显含有宣告成分，而形式为"Ds 当且仅当 Dp"的句子中没有宣告成分，但其前头已经宣告这是定义。我们在翻译其他作者的显定义时也译成这种形式，但有时为忠实于原文，定义标号也依照原文，不过全部用楷体，以示区别。

§3 康德的定义与"包含"

3.1

让我们回到康德的对"分析判断"和"综合判断"所下的定义（见第一章的§1节的 K1），把它作为我们研究的起点。我们可以把它重新写为：

定义 DA0：对于任何判断"A 是 B"，如果谓词 B 的概念是包含在主词 A 的概念之中，则称它是分析判断。

定义 DS0：对于任何判断"A 是 B"，如果谓词 B 的概念是外在于主词 A 的概念的，则称它是综合判断。

康德的这个定义只适用于"A 是 B"形式的判断；并且它要以一个概念之间的关系理论为前提，以说明"包含"和"外在于"这样的词的意义。但这样一个说明概念的意义和概念之间的语义关系（包括逻辑关系）的理论是语义理论。所以康德的对分析与综合的区分是语义论的区分，这与他的认识论的区分和本体论的区分是并驾齐驱的。语义论、认识论、本体论是三种不同的视角，基于完全不同的概念和方法；能从这三个方面同时对命题进行区分，这是康德的又一伟大贡献。

康德认为，分析判断之所以成立，就在于其主谓词之间存在着那种"包含"关系，它是一种概念间的关系，仅从概念的分析就可得知。但是，这种关系在综合判断那里并不存在，那么综合判断是由于什么而成立的呢？这就要借助于"某种别的东西（X）"。经验主义认为这个 X 只能来自经验。但是康德的认识论区分又把判断区分为先天的和经验性的，并且认为存在先天综合判断，它不是经验性的判断，所以就不能说它的 X 来自经验。康德的哲学体系的主要任务之一就是解释先天综合判断的来源问题。

现在我们要问的是，在"A 是 B"型的判断中，说概念 B 包含在概念 A 中是什么意思？因为"包含"的字面意义是空间性的对象其整体包含着部分的那种关系，但在这里当然是一种比喻，因为概念并不是空间性的对象。这里存在着两种典型的解释，卡茨（Jerrold J. Katz）分别称之为"概念包含（concept-containment）"和"逻辑包含（logical-containment）"[1]，并借用弗雷格的比喻，认为前一种是"房屋中包含着梁"的包含，后一种是"种子中包含着植物"的包含[2]。

3. 2

首先我们研究一下概念包含。康德自己的例子有：

---

[1]　Katz 1992，p. 691

[2]　见（弗雷格 1998，pp. 106）。弗雷格此处是用"种子中包含着植物"来说明"逻辑包含"，但并没有说"概念包含"像"房屋中包含着梁"那样。

（1）一切物体都有广延。①

在康德看来，"广延"这个概念已经包含在"物体"这个概念中。因为物体这个概念已经意味着占据一定空间、有一定体积大小（不是一个无体积的几何点）的对象，而具有一定体积正是"有广延"的意思。而

（2）一切物体都是有重量的。②

即使是真的却也是综合的。因为"重量"这个概念没有包含在"物体"这个概念中。但是一个概念是否包含在另一个概念中的根据是什么呢？康德认为，在一般的"物体"这个概念中，我们可以想到"广延"、"不可入性"、"形状"等这些概念，而"重量"则不属于"在一般物体的单纯概念中所想到的东西"。这里用"想到"一词，难怪人们批评康德有心理主义之嫌。但是康德这里说的"想到"，不应该是经验中人们的"想到"，因为现实中的人们完全可能由物体想到物体有重量。属于心理学的这种"想到"是一种联想。就算每个人任何时候一想到"物体"就想到"物体有重量"，（2）也是综合的。就算人们想到物体时没有想到物体有广延，（1）也是分析的。所以，我们认为，康德谈的是概念间的内在关系，而不是心理学的关系，只是囿于时代限制，他无法谈清楚这个问题。

让我们先来谈一种比较浅显的概念之间的包含关系。这是许多教科书中所谈过的概念与概念之间的一种逻辑关系。我们可以通过概念与对象之间的关系来说明概念之间的这种逻辑关系。对象，作为外在于人的对象，一旦进入人们的认识视野，人们就会以概念的形式来把握它。概念与对象的一种最基本的关系就是"适合"。给定一个概念 A 和一个对象 a，A 或者适合 a，或者不适合 a。例如，毛泽东是人，亚里士多德是人，毛泽东和亚里士多德都是适合"人"这个概念的对象。而"人"这个概念并不适合北京，不适合猫，不适合数字 2，等等。设适合概念 A 的对象的集合是 O（A），适合概念 B 的对象的集合是 O（B），集合之间的关系不外乎如下三种（为直观和便利计，我们用圆来表示一个概念的集合，先不考虑该集合为空集的情形）：

---

① 康德 2004，p. 8，A7 或 B11。
② 康德 2004，p. 8，A7 或 B11。

1. 不相交：也称不相容，见图3。

（图3）

2. 相交：也称交叉，见图4。恰有一个共同点的"相切"是相交的特殊情形。

（图4）

3. 包含：也称从属，见图5和图6。我们把O（A）与O（B）完全重合的"同一关系"看做"包含"关系的一种特殊情况。

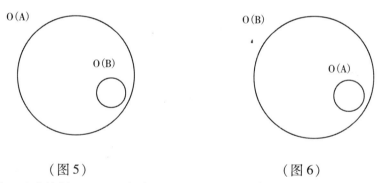

（图5）   （图6）

图5反映的是O（A）包含O（B），此时我们说概念B包含概念A，"所有的B是A"成立。而图6反映的是O（B）包含O（A），此时我们说概念A包含概念B，"所有的A是B"成立。只有在情形3中，我们才说两概念之间有"包含"关系，这当然是一种逻辑关系。由于适合一个概念的全部对象通常称为概念的外延，所以这种逻辑关系是根据概念的外延来确定的。但是，概念的外延并非总是确定的集合。例如，对于"人"这个很普通的概念，由于"人"不是只能指某一历史时段中的人，所以它的外延是不断改变的。为了得到确定的外延，就算我们把古往今来的一切人作为整体来考虑，由于将来的人有多少并不确定（除非我们是严格决定论

者，认为将来有多少人甚至是些什么人都是确定的），所以它的外延仍是不确定的。这并非指我们不知道它的外延——后者只是一个认识论的问题；实际上问题牵涉到本体论，就是说这个概念可以有不同的外延："人"可以只指地球人，也可以包括外星上的智能者，哪怕这种智能者与地球上人的形象完全不同。

从概念外延的包含关系来刻划"分析性"还有一个众所周知的困难，这就是下面的句子并不被人们认做分析的：

（3）有心脏的动物是有肾脏的动物。

尽管"有心脏的动物"与"有肾脏的动物"这两个概念的外延是相互包含的。

所以，现在有些学者力图从概念的内涵方面来刻划概念之间的包含关系。这样做当然也面临很多困难。一个思路是，任何概念都必须借助语言才能被表达出来，概念都必然披上语言的外壳。这个外壳通常就是词（或词组）。说明某语言中的某个词所具有的概念，这是语义学的事情，并通常是借助词典完成的。词典常常用一系列别的词来说明某个词的意义或用法。一个理想的词典能够把一个词的所有的可能的涵义都列举出来。这样，根据句子中词的涵义之间的相互关系，特别是包含关系，可以判断句子的分析性。后面我们将介绍的卡茨和李翁（Jack C. Lyons）就是沿着这一思路来定义他们所设想的分析性的。他们的一些观点可以说是康德的"概念包含"的现代诠释。

3.3

我们在第一章指出过，人们认为康德也是下面的分析性定义 DA1 的始作俑者，尽管康德本人似乎没有意识到这是一个与 DA0 不仅表述不同，而且有着不同意义、不同后果的定义。这就是：

定义 DA1：S 是**分析的**，当且仅当，S 的否定为自相矛盾的陈述。

因为康德说："如果**这判断是分析的**，则不管它是消极的还是积极的，它的真理性任何时候都必然是能够按照矛盾律来充分认识的。"① 康德这时

---

① （康德2004，p. 147，A151）。朱志方老师指出，此处邓译有错，其中"不管它是消极的还是积极的"应译为"不管它是否定的还是肯定的"。

举的例子有：

（4）没有哪个无学问的人是有学问的。①

但是如果要把 DA1 与 DA0 统一起来，那么康德在 DA0 中所用的"包含"就应该被解释为"逻辑包含"。这一包含的意义为弗雷格和罗素所继承。

3.4

最后，根据康德对"分析判断"和"综合判断"的解说，可以说康德还有第三个对分析性的定义，其具体说法见第一章的§1 节的 K2。我们可以把它重新写为：

定义 DA10：S 是**分析的**，当且仅当，我们的知识通过 S 丝毫没有增加。

定义 DS10：S 是**综合的**，当且仅当，我们的知识通过 S 增加了。

但是我没有发现有谁对康德的这一分析性概念给予足够的注意。虽然 K2 为大家所熟知，但是人们只是把它看做对定义 DA0 的进一步解说，而没有注意它实际上有了不同于 DA0 的原则。当然，康德本人可能也没有意识到他的这些不同说法意味着不同的分析性概念，而把这些看做对同一个分析性概念的不同角度的阐释。

§4 弗雷格和罗素的定义

4.1 弗雷格的定义

根据康德的定义，一切具有"A 是 B"结构的判断，要么是分析的，要么是综合的，没有第三种可能，所以二分在他那里是显而易见的。但是，弗雷格敏锐地指出②，该定义只适用于一部分判断。康德考虑的"A 是 B"这种判断实际只是全称肯定判断，即"所有的 A 都是 B"。对于单称判断如"a 是 B"，以及存在判断如"存在 A"，就不能运用上述定义

---

① 康德 2004，p. 148，A153
② 弗雷格 1998，pp. 105－6

（DA0 与 DS0）来判断它是分析的还是综合的①。

实际上，弗雷格有着自己对分析的与综合的区分的看法。他主张②，先天的和后天的、综合的和分析的区分，相关联的不是判断的内容，而是作出该判断的理证（Berechtigung，justification）③。弗雷格实际上给出了这样的定义：

定义 DA11：S 是**分析的**，当且仅当，证明 S 只运用了普遍性的逻辑定律和定义。

定义 DS11：S 是**综合的**，当且仅当，证明 S 不可能只运用普遍性的逻辑定律和定义，而必须运用属于某些特殊领域的真理。

尽管弗雷格辩解说他不是要对"分析的"等词语提供一种新的意义④，但他给出的意义（DA11、DS11）无疑是不同于康德的（DA0、DS0），也不同于康德的（DA10、DS10）。所以，在算术命题究竟是分析的还是综合的问题上，他得出了与康德迥然不同的结论。康德明确断言"算术命题都是综合的"，并以"7 + 5 = 12"这个命题为例，康德的理由如下：

7 加 5 之和的概念并未包含任何更进一步的东西，而只包含这两个数结合为一个数的意思，这种结合根本没有使人想到这个把两者总合起来的唯一的数是哪个数。12 这个概念决不是由于我单是思考那个 7 与 5 的结合就被想到了，并且，不论我把我关于这样一个可能的总和的概念分析多

---

① 因为单称判断 "a 是 B" 中的主词 a 表示的不是概念，而是一个个别的对象。存在判断中也谈不上两个概念之间的关系。

② 这里以及下述的定义 DA11、DS11 均根据（Frege 1884, p. 4），王路译本此处（弗雷格 1998，p. 13）有误。

③ 我将 Justified/justificaton 翻译成"理证"。我知道，陈嘉明翻译成"确证"，见（陈嘉明 2003，p. 78）；殷海光、陈波翻译成"证成"，见（陈波 2005，pp. 67 - 8）；都是很好的翻译，智者见智。我不翻译成"确证"，一方面因为"确证"是"confirmed/confirmation"这个重要概念的译名，以区别于"证实"（verified/verification）。若两个不同的重要概念译名相同，不妥。另一方面，"justified belief"表示得到辩护的、有理由的、有根据的信念。因 confirmed 强调有经验根据，而 justified 强调有说理根据；一个译成确证，一个译成理证，正好相互对应。作为动词（justify）时，它是一种论证，尽管没有"证明"那么强，所以译名中"证"字是需要的。但毕竟它不是证明，也不是最终的证实，所以我不译成"证成"。

④ 见（弗雷格 1998，p. 12）的注。

久，我终究不会在里面找到 12。①

而弗雷格说明算术命题是分析的理由是："它们可以被纯逻辑地证明，因而它们是分析的。实际上它们包含在定义之中"②。这就是弗雷格的"逻辑包含"的意义。所以弗雷格依据的标准是 DA11 和 DS11。

4.2 罗素的定义

罗素的观点在这方面与弗雷格的一致。罗素甚至不仅认为算术命题是分析的，而且断言纯数学命题都是分析的。罗素的说法更为简明：

实际上，分析命题是只用逻辑就可推知它是真的命题。……如果我们把分析命题定义为只用逻辑就可推出的命题，那么"7 + 5 = 12"就是分析的。……由逻辑就可推出的命题称为重言式（Tautologies）。③

……我们将把所有的不是重言式的命题称为"综合的"。④

尽管弗雷格和罗素的定义与康德不同，但主张陈述要么是分析的、要么是综合的二分论，则是一样的。

我认为，罗素的对分析命题和综合命题的定义，实质上与弗雷格的没什么不同。但是在文字上，弗雷格用了"普遍性的逻辑定律"和"定义"来说明他的分析与综合的概念，而罗素则不涉及"定义"⑤，并且把"分析命题"与"重言式"作为同义词，因而得到了形式上较新和较简明的下述定义：

定义 DA12：S 是**分析的**，当且仅当，只用逻辑就可推出 S；当且仅当，S 是重言式。

定义 DS12：S 是**综合的**，当且仅当，S 和（非 S）都不是重言式。

---

① 康德 2004，p. 12

② 弗雷格 1998，p. 106

③ Russell 1927/1954，p. 171

④ Russell 1927/1954，p. 173

⑤ 定义，特别是"隐定义"的复杂性，在罗素及其以前的时代，人们并不清楚。但由于 DA11、DS11 中均出现了"定义"一词，因而允许人们对其作出也许不是弗雷格本意的解释。所以，弗雷格和罗素也许认为他们给出的 DA11 与 DA12（从而 DS11 与 DS12）实质上是一样的，是对同一种思想的不同表述；但实际上这两种表述会带来不同的后果。再说，弗雷格时代的"定义"，意义显然不限于立法定义。

§5 卡尔纳普的定义

5.1 定义 DA13、DS13

1932 年卡尔纳普在其著名的"通过语言的逻辑分析清除形而上学"（*überwindung der Metaphysik durch logische Analyse der Sprache*）一文中把有意义的陈述分为三类：重言式（其真实只是由于它们的形式）、矛盾式（重言式的否定）和经验陈述①。1934 年又在《语言的逻辑句法》（*Logische Syntax der Sprache*）一书中说：

如果一个句子在对之作实质性的解释（materially interpreted）时是逻辑地普遍地真（因此它是任何句子的后承），那么我们称之为**分析**句子（或重言式）。……如果一个句子在对之作实质性的解释时是逻辑地无效，那么我们称之为**矛盾式**。……如果一个句子既不是分析的又不是矛盾的，就称之为**综合的**。②

那么，何谓对一个句子"作实质性的解释"呢？这里是指对句子中的非逻辑词予以一定的解释，从而使该句子有确定的真值。如果对其中的非逻辑词无论作任何解释，该句子都是真的，这就是说该句子是"逻辑地普遍地真"，也称该句子的"真只是由于其形式"（which are true solely by virtue of their form）③。同理，如果对其中的非逻辑词无论作任何解释，该句子都是假的，这就是说该句子是"逻辑地无效"，也称该句子的假"只是由于其形式"。所以卡尔纳普的定义可以写成如下：

定义 DA13：S 是**分析的**，当且仅当，S 的真（或假）只是由于其形式；当且仅当，S 是重言式（或矛盾式）。

定义 DS13：S 是**综合的**，当且仅当，S 既不是重言式也不是矛盾式。

这样我们就能直接地把它与罗素的定义（DA12、DS12）加以比较。尽管定义 DS13 与 DS12 可以说是一样的，但是二者也可能不一样，因为二

① 洪谦 1982，p. 31
② Carnap 1934/1937，p. 28
③ Ayer 1959/1978，p. 76

者各自所说的"重言式"的定义不一样。因为定义 DA13 与 DA12 并不一样。而这是因为"普遍地真"不一定都是可证明的。当然，卡尔纳普本人并没有认识到这二者的差别，因为他在作上述定义时，在说到"一个句子在对之作实质性的解释时是逻辑地普遍地真"之后，立即在括号中说"因此它是任何句子的后承"[①]。既然是"任何句子的后承"，那么也就可以"只用逻辑就可推出"，这表明他也赞同定义 DA12。

5.2 定义 DA3、DS3

在 1947 年的《意义与必然性》（*Meaning and Necessity*）这本书中，卡尔纳普在两处给出了相应的对"分析的"定义。因为他觉得"分析的"一词不够精确，所以他采用"L—真（L-true）"这一技术性术语。卡尔纳普的原文是：

2-1 约定：在一个语义系统 E 中一个句子 S 是**L—真的**，当且仅当在 E 中 S 是真的，且只要根据系统 E 的语义规则就可以确立其真值，而不需要参考任何（语言之外的）事实。[②]

2-2 定义：一个句子 S 是**L—真的**，被定义为 S 在每一种状态描述下都是成立的。[③]

所以卡尔纳普实际上等于提出了定义 DA7："S 在语言 L 中是**分析的**，当且仅当 S 仅根据 L 的语义规则便是真的"和定义 DA3："S 是**分析的**，当且仅当 S 在每一种状态描述下都是真的"。只不过他相当于把 DA7 作为约定，作为适当的对"分析的"定义所需要满足的条件的非正式刻划，而把 DA3 作为正式的定义。也就是说卡尔纳普认为这两个定义是等效的。

为什么这两个定义是等效的呢？因为卡尔纳普认为，在一个语义系统 E 中，一个状态描述是一个这样的句子集 D：集中的每个句子或者是一个原子句子（atomic sentence），或者是一个原子句子的否定；且对于每个原

---

① Carnap 1934/1937, p. 28

② 2-1. Convention. A sentence S is **L-true** in a semantical system E if and only if S is true in E in such a way that its truth can be established on the basis of the semantical rules of system E alone, without any reference to (extra-linguistic) facts. 见（Carnap 1947/1956, p. 10），仅变元符号与原文不同。

③ 2-2. *Definition*. A sentence S is **L-true** (in S_1) $=_{Df}$ S holds in every state-description (in S_1). 见（Carnap 1947/1956, p. 10），仅变元符号与原文不同。

子句子，要么它在 D 中，要么它的否定在 D 中。而语义规则的作用是，给定状态描述 D，指明如何确定 E 中每个句子的真或假。E 中任何句子，要么是原子句子，要么是由原子句子构成的复合句。如果某个句子 S 在每一种状态描述下都是真的，这表明它不随任何原子句子的真值的改变而改变真值，所以 S 不是原子句子，且给 S 中的原子句子任意一种赋值，根据语义规则就可以确定 S 的真值，而不需要参考任何事实。反之，如果 E 中一个句子 S 只要根据系统 E 的语义规则就可以确立其为真，这表明不同的状态描述并不会改变 S 的真值，所以 S 在每一种状态描述下都成立。所以卡尔纳普认为这两个定义等效是有道理的。

但是，除了形式语言外，一个语义系统中的哪些句子是原子句子哪些不是，这是很难确定的，蒯因的论证 Ar1.6 揭示了这方面的困难。与此密切相关的是，自然语言的完备的语义规则是什么，也是很难确定的。因为自然语言的语义规则显然不仅仅是规定复合句子的真值如何由其成分句子的真值得出，即语义规则不能只是关于真值联结词的。自然语言语义规则的复杂性，使得 DA7 与 DA3 有可能是不同的对分析性的定义，它们对某个句子是否是分析的有可能给出不同答案。

卡尔纳普说，莱布尼茨的"必然真理必定在所有的可能世界（possible worlds）中成立"这一思想导致他给出"2 - 2 定义"，因为"状态描述"表示了"可能世界"。但在今天看来，分析陈述与必然真理是有区别的，每一"状态描述"也不一定都表示了某个"可能世界"，所以我们仍然需要考察 DA3 与 DA7 是否是一个合适的对分析陈述的定义。

为了说明卡尔纳普的综合陈述的定义，我们有必要列出卡尔纳普的下述定义①，其中"¬"、"∧"、"→"、"↔"分别为语言系统 E 中表示"非"、"且"、"蕴含"、"当且仅当"这些联结词的符号：

2 - 3 定义：

a. （系统 E 中的句子）S 是 **L—假的**，被定义为"¬ S"是 L—真的。

d. （系统 E 中的句子）S 是 **L—定值的**，被定义为 S 或者是 L—真的，或者是 L—假的。

---

① Carnap 1947/1956, pp. 11 - 2

2-7 定义：（系统 E 中的句子）S 是 **L—非定值的**，或是**事实性的**，被定义为 S 不是 L—定值的。

2-9 定义：

a.（系统 E 中的句子）S 是 **F—真的**，被定义 S 是真的，但 S 不是 L—真的。

b.（系统 E 中的句子）S 是 **F—假的**，被定义为 "¬S" 是 F—真的。

卡尔纳普指出，"这里的概念 'F—真的' 用来解释通常所谓的综合的真理、或事实性的（factual）真理或偶然真理，与逻辑真理或必然真理相对立"①。这样，卡尔纳普在这里的对分析与综合陈述的定义可叙述如下：

定义 DA3：S 是**分析的**，当且仅当 S 在每一种状态描述下都是真的。

定义 DS3：S 是**综合的**，当且仅当 S 在有的状态描述下是真的，在有的状态描述下是假的。②

5.3 意义公设与定义 DA3a

在蒯因对定义 DA3 作了有力的攻击（见 Ar1.6）之后，卡尔纳普是如何应对的呢？卡尔纳普在他的 "意义公设"（*Meaning Postulates*）一文中是这样解答的：这就是引入意义公设。③ 例如，我们用谓词 B 表示 "是单身汉"，M 表示 "是结婚了的"，那么下面的式子就是一条意义公设：

（P1）   ∀x（Bx→¬Mx）

这表明原子陈述之间并不是相互独立的。意义公设的存在 "并不是一个知识问题，而是一个决定"④，即决定某些谓词的意义，或者说决定我们将如何使用某些谓词。B 与 M 都是一元谓词（性质谓词）。卡尔纳普也给出了一个二元谓词（关系谓词）的例子，设二元谓词 W 表示 "……比……热"，即 Wab 表示 "a 比 b 热"。那么下面的两个式子是相关的意义公设：

---

① Carnap 1947/1956, p. 12

② 这是容易证明的。且这一点已经由卡尔纳普明确说出：2-8. A sentence is factual if and only if there is at least one state-description in which it holds and at least one in which it does not hold（Carnap 1947/1956, p. 12）

③ Carnap 1947/1956, pp. 222-9

④ Carnap 1947/1956, pp. 11-2

（P2）　　　　　$\forall x \forall y \forall z\ (Wxy \wedge Wyz \rightarrow Wxz)$

（P3）　　　　　$\forall x\ (\neg Wxx)$

当在语义系统 E 中引入这样一些意义公设之后，记所有的意义公设的合取为 P，（例如，P 为 P1∧P2∧P3∧…），卡尔纳普作了下述定义：

2-3 定义：b.（系统 E 中的句子）S1 由 S2 所**L—蕴含**，被定义为句子"S2→S1"是 L—真的。[①]

系统 E 中的陈述 S 是**相对于 P 为 L—真的**，被定义为（在 E 中）S 由 P 所 L—蕴含。[②]

根据卡尔纳普的这一思想，在有意义公设 P 的情况下，可以得出对 DA3、DS3 加以修正的定义：

定义 DA3a：S 是**分析的**，当且仅当 S 在每一种 P 在其中成立的状态描述下都是真的。

定义 DS3a：S 是**综合的**，当且仅当 S 在有的状态描述下是真的，在有的 P 在其中成立的状态描述下是假的。

定义 DA3a 当然对蒯因的攻击 Ar1.6 是免疫的，因为它是针对这种攻击而特设的。但是，二元谓词 W 的例子甚至表明卡尔纳普有关状态描述的思想遇到了严重困难。这一困难由克门尼（John G. Kemeny）和巴希勒（Yehoshua Bar-Hillel）二人相互独立地发现了，这就是某些状态描述不表示任何可能的情形，例如，无论 a 是什么，都不能赋与原子陈述 Waa 为真值，因为它与（P3）相冲突。不过这一困难还不至于影响 DA3a 的有效性。

严格说来，意义公设是属于语义规则的一种，所以定义 DA3a 应该看成是 DA3 与 DA7 的一种综合。

5.4 内涵、L—真与分析性

卡尔纳普曾试图建立一种严格的意义理论。他把一般的语言表达式称为**能指词**（designator），"能指词"这个名称并不意味着它是某种实体的名

---

①　Carnap 1947/1956, p. 11

②　Carnap 1947/1956, p. 225

称，而只是说它独自就有某种意义①。这样，能指词就有如下几类：句子（sentence）、谓词（predicator）、函子（functor）、个体表达式（individual expression），如果需要甚至可以包括联结词（connective）。当然，卡尔纳普这里讨论的"意义（meaning）"指的是认识的意义，而不是心理情感和目的论或诗学性质上的意义。并且，由于"意义"一词过于歧义，卡尔纳普用"内涵（intension）"来表示这种意义，作为这种意义的技术性专门术语。如果有了严格可靠的内涵理论，那么，卡尔纳普认为可以这样给分析性和同义性下定义，"两个谓词是**同义的**当且仅当它们的内涵相同；一个句子是**分析的**，如果仅由于出现在该句子中的表达式的内涵，该句子就是真的"②。这个对分析性的定义可以看成是 DA4 的一种表达。

内涵理论的首要任务是，要确定什么是两个表达式（或两个能指词）有相同的内涵。卡尔纳普的方案是通过他的"L—真"概念来定义"L—等价"概念，而两个表达式是 L—等价的，就说明它们有相同的内涵：

5－2 定义：（系统 E 中）两个能指词**有相同内涵**，被定义为它们是 L—等价的。③

对于句子这种能指词，它们是"L—等价"的定义是：

2－3 定义：c.（系统 E 中的句子）S1 是 L—等价于 S2，被定义为句子"S1↔S2"是 L—真的。④

这个定义不难推广到其他的能指词⑤。但这样做的结果是：所有的逻辑命题，甚至所有数学命题的内涵都是相同的。我们认为这一结论难以接受。这也反过来说明了，不可能用"L—真"来定义同义性和分析性，"L—真"与"分析真"还不是一回事。

卡尔纳普后来也认识到这一点，所以他说，"所有 L—真语句都是 A—真的，虽然并非所有 A—真语句都是 L—真的"⑥。这里的"A—真"即

---

① Carnap 1947/1956, p. 7

② Carnap 1947/1956, p. 233

③ Carnap 1947/1956, p. 23

④ Carnap 1947/1956, p. 11

⑤ 见（Carnap 1947/1956, pp. 13－4），特别是定义"3－5. Definitions b."；其做法类似于 Ar1. 10，只需把那儿的"是分析的"换成"是 L—真的"。

⑥ 卡尔纳普 1987, p. 255

"分析真"，包括逻辑真理以及"没有一个单身汉是已婚的"这样的句子。这也意味着卡尔纳普也承认 L—真不能作为分析性的技术定义。

§6 其他逻辑经验主义者提出的一些定义

6.1

卡尔纳普的看法在逻辑经验主义者中是很有代表性的。特别是一切陈述可以二分为分析陈述和综合陈述，可以说是逻辑经验主义者的普遍立场。但是分析陈述与综合陈述概念的复杂性，使得不同的人对它们的理解和表述都存在一些差异。例如对逻辑经验主义的传播有重要贡献的艾耶尔（Alfred Jules Ayer）在《语言、真理和逻辑》（*Language, Truth and Logic*）中是这样表述他对分析和综合命题定义的：

一个命题是分析的，当它的有效性（validity）只依赖于该命题中符号的定义；一个命题是综合的，当它的有效性是由经验的事实所决定的。①

艾耶尔的这个定义用"有效性"和"符号的定义"来定义分析性。但是艾耶尔却没有特别说明他这里的"有效性"是什么意思，从上下文看，这里的有效性也就是"真"。因为艾耶尔在给出这个定义后接着举例说："'存在着建立了奴隶制的蚂蚁'是综合命题，因为我们不能仅仅考虑构成它的符号的定义就能指出它是真还是假，我们还得诉诸对蚂蚁行为的实际观察。……"后来逻辑学家们把"有效性"变成了一个专门术语：有效是指推理是否有效，真则是指命题为真。

1975 年斯温伯内（R. G. Swinburne）指出，艾耶尔的这个定义有一个更严重的实质性的困难，"我们不清楚一个命题包含什么样的符号；因为，由不同的符号组成的不同句子可能是表达了同一个命题"②。所以斯温伯内建议把这个定义修改为：

一个命题是分析的，当且仅当，任何表达了该命题的句子表示了一个

---

① （Ayer 1936/1949, p. 78）。在该书的第 79 页，他还补充说，"分析命题完全没有事实性的内容（factual content）"。

② Swinburne 1975, p. 228

真命题，且该句子是真的只是由于构成它的词的意义。①

斯温伯内对这个修改后的定义是满意的。我们认为，艾耶尔—斯温伯内的上述定义实际上就是 DA4。

6.2

我们知道，逻辑经验主义最有影响的主张是他们的意义标准。该标准是把一切有意义的陈述分为两类：一类是分析的真陈述和矛盾陈述，另一类是原则上可以用经验来检验（test）的陈述，即综合陈述。亨普尔的说法②就是如此。但是，什么叫"原则上可以用经验来检验"？这并不是一个简单的问题。亨普尔本人对其中的困难相当了解。简单地说，绝对的证实是没有的。因为普遍性陈述不可能得到绝对的证实，没有限定范围的存在陈述是不可证伪的，甚至对任意一个关于经验世界的单称句子，如"这桌子上有一张白纸"，也不可能得到完全的证实。对这个问题的经典叙述见卡尔纳普的"可检验性和意义"③（*Testability and Meaning*）一文。卡尔纳普在文中论证说，在逻辑经验主义的意义标准中，有必要用确证（confirmation）代替其中的证实（verification）。卡尔纳普认为："一个（综合）语句的接受和拒绝永远含有一个约定成分。……不可能有绝对的证实，只可能有逐渐的确证。"④

撇开这些困难不谈，无论如何，似乎可以从他们的意义理论（以亨普尔的说法为代表）中得到以下对综合陈述的定义：

定义 DS14：S 是综合的，当且仅当，S 是原则上可以由经验来检验的。

§7 蒯因提到的其他定义（附穆厄勒的分析性定义）

7.1

蒯因反对分析和综合的二分，反对有分析陈述。但在第一章我们却看

---

①　Swinburne 1975, p. 228

②　（Ayer 1959/1978, p. 108），也可参考（洪谦 1982, p. 102）。

③　洪谦 1982, pp. 69 – 81

④　洪谦 1982, p. 76

到，蒯因考察了许多对分析陈述的定义，尽管这些定义都一一遭到他的驳斥。此处，我们不妨来看一看他提到的相应的综合陈述的定义。

蒯因指出他要反驳的现代经验论的一个教条是"相信在分析的、或以意义为根据而不依赖于事实（matters of fact）的真理与综合的、或以事实为根据的真理之间有根本的区别"①。因而可以认为蒯因所说的这个经验论的教条中"分析的"与"综合的"的意义分别是：

定义 DA4：S 是**分析的**，当且仅当 S 仅根据其意义便为真（或为假），而与事实无关。

定义 DS4：S 是**综合的**，当且仅当 S 的真值取决于事实。

7.2

另外，如果我们回顾一下蒯因批判过的定义 DA8 中的"确证（confirmed）"一词的来历，或许可以认为，在某些经验主义者中有着如下对分析和综合陈述的看法：

定义 DA15：S 是**分析的**，当且仅当 S 在任何情况下都得到证实（即 S 是不可证伪的）。

定义 DS15：S 是**综合的**，当且仅当 S 与非 S 都是可证伪的。

7.3

蒯因在批判卡尔纳普等人的还原论时指出："彻底的还原论早已不再是卡尔纳普哲学的一部分了。但是还原论的教条在一种更微妙和更精细的形式中，继续影响着经验论者的思想。"② 他认为，隐含在意义的证实说里有着这样一种关于综合陈述的说法：

定义 DS8：S 是**综合的**，当且仅当，存在着两类可能的感觉事件 A 和 B，A 类事件的发生会增加它为真的可能性；B 类事件的发生会减少它为真的可能性。③

根据卡尔纳普关于"确证"的思想，不难看出这个对综合陈述的定义正好与对分析陈述的定义 DA8 是对应的。

---

① 蒯因 1951/1987，p. 19
② 蒯因 1951/1987，p. 38
③ 蒯因 1951/1987，p. 38

7.4

至于第一章最后提出的一个对分析陈述的定义 DA9，不难看出它所对应的综合陈述的定义 DS9。因为一个陈述需要修改，其原因在此处只能是"要它保持为真"。因此我们有：

定义 DA9：S 是**分析的**，当且仅当，S 是真的，且不因经验而需要修改。

定义 DS9：S 是**综合的**，当且仅当，由于经验的可能的变化，如 S 要保持为真则需要修改。

7.5

根据定义 DA2，如果有了同义性的标准，那么就有了对分析陈述的定义。有意思的是，意义怀疑论者蒯因自己居然给出了一种力图接近于"对意义的定义以及对同义性的定义"的定义。这就是在《语词和对象》（*Word and Object*）中给出的刺激意义（stimulus meaning）和刺激同义（stimulus synonymy）的定义：

我们可以把一个句子 S 的（相对于懂得 S 所在的语言 L 的人 A 而言）**肯定的刺激意义**定义为所有的促成 A 同意 S 的刺激的类。具体地说，一刺激 σ 属于 S 的肯定的刺激意义，当且仅当，有一刺激 σ' 使得，如果给予 A 以 σ'，并问 A 以 S；然后给予 A 以 σ，并再一次问 A 以 S；而 A 开始表示不同意，第二次表示同意。

S 相对于人 A 的**否定的刺激意义**，被定义为所有的促成 A 不同意 S 的刺激的类。具体地说，一刺激 σ 属于 S 的否定的刺激意义，当且仅当，有一刺激 σ' 使得，如果给予 A 以 σ'，并问 A 以 S；然后给予 A 以 σ，并再一次问 A 以 S；而 A 开始表示同意，第二次表示不同意。

S 相对于人 A 的**刺激意义**被定义为有序对：(S 相对于 A 的肯定的刺激意义，S 相对于 A 的否定的刺激意义)。①

这个定义建立在"所有刺激的类（the class of all the stimulations）"这个概念的基础之上。对于这个概念，我们需要注意如下两点：

---

① Quine 1960, pp. 32 – 3

第一，它不是一个个的具体刺激的类或集合。蒯因指出："我们不应把刺激看成是有时间性的某个特定的事件，而应将之看成是普遍的、可重复的事件形式。我们不要说两个相似的刺激出现了，而要说同一个刺激再现了。"①

第二，什么才算一个刺激或可重复的事件形式？这也就是如何把我们的连贯的经验切分成一个一个的刺激的问题。由于这种考虑，蒯因认为刺激意义与确定刺激持续的时间限量（modulus）有关，"因为通过增加时间限量，我们可以将以前因太长而没有考虑的刺激加入其刺激意义中"②。但一个刺激同它的时间的长短应该是一起给出的，不可能也不应该整齐划一：一道闪电划破长空与一只蜗牛从眼前慢慢走过的时间当然不一样，前者的时限可以不多于一秒而后者的时限不可以少于一分钟。所以蒯因说的"刺激的时间越长，对人做出肯定或否定反应的影响也越大"③ 是有问题的，至多只能适用于很少一部分可以比较的不同刺激。我们认为，其实不必顾虑时间限量（当然它不宜太短），因为一方面，没有任何一句话需要连续不断地讲一个小时才算讲完；另一方面，促成 P 同意或不同意 S 的刺激需要持续一小时以上的，在语言理解上需要加以考虑的这一类刺激，如果有的话那也是可以忽略不计的。关键在人们对于无关刺激的辨认。设刺激 σ 属于 S 的肯定的刺激意义，并且按照蒯因的上述定义，另一个刺激 σ1 ＝σ＋τ 也属于 S 的肯定的刺激意义，但是 τ 不属于 S 的肯定的刺激意义，也不属于 S 的否定的刺激意义，因而 τ 应该作为无关的刺激被排除。经过这样排除无关刺激，σ1 与 σ 就可以看成是同一个事件形式同一个刺激。这样属于 S 的刺激意义但持续时间较长的刺激在数量上就会大大减少。

有了对刺激意义的定义，刺激同义的定义显然可以是这样的：

定义 1a：句子 S1 和 S2 相对于人 A 是**刺激同义的**，当且仅当，S1 相对于 A 的刺激意义与 S2 相对于 A 的刺激意义是相同的有序对。

定义 1b：句子 S1 和 S2 是**全社会地刺激同义的**（socially stimulus – syn-

---

① 蒯因 1960/2005，p. 35
② Quine 1960，p. 33
③ 蒯因 1960/2005，p. 65

onymous），当且仅当，S1 和 S2 对社会中的每个人都是刺激同义的。

不过蒯因也明确指出，刺激同义还远远不是直观意义上的同义性①。例如，假如作下面的定义：

定义 2：句子 S1 和 S2 是**同义的**，当且仅当，对每个句子 S，（S→S1）和（S→S2）都是刺激同义的。②

或

定义 3：句子 S1 和 S2 是**同义的**，当且仅当，对每个句子 S，（S∧S1）和（S∧S2）都是刺激同义的。③

无论是定义 2 还是定义 3，都未能提供一种比刺激同义更紧密的 S1 和 S2 之间的关系。

7.6

但是，穆厄勒（Olaf Mueller）于 1998 年提出了如下的对分析性的定义：

定义 DA16：一个句子 S 是分析的，当且仅当，对所有的句子 T，S 与 T 的逻辑合取与 T 是刺激同义的。④

容易看出穆厄勒的这个定义与上面蒯因对同义性的定义 3 的密切联系。这只要看到，任何句子 S 与（S∧（p→p））是刺激同义的，且把"S 是分析的"看成是蒯因给出的定义 3 意义上的"S 与（p→p）同义"，就得到了上述定义 DA16。只是，与蒯因所主张的相反，穆厄勒认为定义 3 所给出的同义性是比刺激同义性更精细的关系。

7.7

蒯因还给出了对"刺激分析性（stimulus – analyticity）"的定义：

定义 DA17：S 对主体 A 是**刺激分析**的，当且仅当，在每个刺激下（在一定时间限量内的），A 都赞同 S，或无反应。⑤

---

① Quine 1960, p. 63
② Quine 1960, p. 64
③ Quine 1960, p. 65
④ Mueller 1998, p. 93
⑤ Quine 1960, p. 55

注意，这一定义并不依赖于对刺激意义和刺激同义的定义。但是，这里的刺激分析性是相对于个体的，因而有可能同一个句子 S，对个体 A1 来说是刺激分析的，但对 A2 来说却不是刺激分析的。于是蒯因进一步给出了下述定义：

定义 DA17a：S 是**全社会地刺激分析**的（socially stimulus – analytic），当且仅当，S 差不多对社会中的每个人都是刺激分析的。[1]

但这种刺激分析性同样还远远不是直观上的分析性。蒯因认为，"存在黑狗"（There have been black dogs）这个句子是刺激分析的，但直观上不会认为它是分析的。

7.8

蒯因在《指称之根》（*The Roots of Reference*）中又提出了一种对分析性的定义：

定义 DA18：一个句子 S 是**分析的**，当且仅当，每个人在学习构成 S 的词的时候，就了解到 S 是真的。[2]

这一定义已经很接近卡茨的对分析性的定义，并且也有类似的后果，那就是"有些逻辑真理是分析的，有些不是"[3]。但是卡茨对陈述 S 的分析性的定义是根据 S 的句法和语义结构来定义的，接近定义 DA4 和 DA13 对分析性的看法，可以说是定义 DA4 思路的一种发展。我们将在第六章考察他的定义，以便于与其他的相近的定义相比较。本章我们主要概览一下已有的各种类型的对分析和综合陈述的定义。

§8 邦格、霍尔维奇、布洛克的分析性定义

8.1 邦格的相对分析性

1961 年邦格（Mario Bunge）在"再定义分析性"（*Analyticity Rede-*

---

[1] Quine 1960, p. 66
[2] Quine 1973, p. 79
[3] Quine 1973, p. 80

fined）① 一文中，提出了一种新的分析性概念。这种分析性是相对于一个给定的理论系统的，因而与前面所讨论的各种分析性概念相差甚远，但也有一定的联系，姑且称之为**相对分析性**。邦格也说他是在定义一个"在 E 中是分析的"谓词，其定义是：

设 E 是一个语言或理论系统，

定义 1：公式 S **在 E 中是分析的**，当且仅当，通过考察 S 中的成分符号，借助 E 中的其他公式和（或）E 所预设的逻辑，可以理证 S。

定义 2：公式 S **在 E 中是综合的**，当且仅当 S 在 E 中不是分析的。②

根据这个定义，伽利略的自由落体定律也是分析的，因为它可以从牛顿定律推出来。这种相对的分析性当然不是我们要的。

8.2 霍尔维奇的 I—分析性

1992 年霍尔维奇（Paul Horwich）在"比较乔姆斯基和蒯因的论分析与综合的区分"（*Chomsky versus Quine on the Analytic - Synthetic Distinction*）③ 一文中提出了一种新的分析性概念：I—分析性（I - analyticity）。

他认为有三种语言概念：行为主义的公共语言（behavioural public language）、神经系统的 I—语言（neural I - language）以及柏拉图式的 P—语言（P - language）④。人们通常的语言概念是公共语言，这种语言概念认为理解语言也就是知道一定的声音（或文字）与何种观念（ideas）相联系。"I—语言"这一概念来自于乔姆斯基⑤，I 表示"内在的"（internal）、"个体的"（individual）和"内涵的"（intensional），涉及个人的语言机制，与人的神经中枢有关。"P—语言"也许是霍尔维奇自己提出的名称，它是"第三种语言概念，首先由卡茨刻画，它把语言看成是由相互关联的抽象事实组成的柏拉图式的对象（本体论上类似于自然数系列）。说话者对这种语言中的事实（如某些句子的合乎语法性和分析性，某些表达式的同义

---

① Bunge 1961, pp. 239 - 245
② Bunge 1961, p. 239
③ Horwich 1992, pp. 95 - 108
④ Horwich 1992, p. 101
⑤ Chomsky 1986, pp. 21 - 4

性）有一种直觉"①。

霍尔维奇认为：对于公共语言，蒯因对分析—综合区分的怀疑论是有道理的；但是对于I—语言和P—语言，这种怀疑论就不一定有说服力了。他认为P—语言中当然有分析句子和综合句子，卡茨的分析性定义就是针对P—语言的，所以霍尔维奇把卡茨定义的分析性概念称为"P—分析性"。霍尔维奇自己的针对I—语言的分析性定义如下：

8.2.1 定义：在某个人的I—语言中的一个句子 S 在 t 时是**分析的**，当且仅当，该人在 t 时的语言能力的诸原则的一个后果是：无论有何种证据，S 都被认为是真的。②

但这意味着，甚至对于同一个人，某个句子 S 在 t 时是分析的，却可以在 t'时不是分析的，更不用说对不同的人了——这种分析性也不是我们要考虑的。

8.3 布洛克的 H—分析性

1993 年布洛克（Ned Block）在"整体论、亢奋分析性和亢奋组合性"（*Holism, Hyper - analyticity and Hyper - compositionality*）③ 一文中，提出了一种新的分析性概念：亢奋分析性（Hyper - analyticity），我们把它简称为H—分析性。

要明白布洛克的这个概念，我们需要知道布洛克区分了三种内容范畴：窄内容（narrow content）、真值条件内容（truth conditional content）和宽内容（wide content）。窄内容是语言表达式（无论是文字还是声音）对说话者（或语言使用者）而言所具有的内容，它是个体内在的、独立于外在语境的思想内容。但它仍然是一种抽象和等价物，相同的个体、相同的内在状况会认为相同的表达式具有相同的窄内容。所以"我对'长庚星'的思想与孪生地球上的我对'长庚星'的思想有着相同的窄内容，尽管二者的真值条件不一样——当地球上用'长庚星'所指的星不同于孪生地球

---

① Horwich 1992, p. 101
② Horwich 1992, p. 101
③ Block 1993, pp. 37 - 72

上用同一名字所指的星时"①。但是窄内容已经是一个相当精细的概念：我的"长庚星"的窄内容既不同于你的"长庚星"的窄内容，又不同于我的"启明星"的窄内容。

与之相对的宽内容当然不在个体的头脑中，而是与语境密切相关，这一点首先由普特南（Hilary Putnam）在他的著名的"意义与指称"（Meaning and Reference）② 一文中用"孪生地球（Twin Earth）"论证加以证明了。正是普特南的这一论证使得从"意义"中区分出"窄内容"和"宽内容"成为必要。

布洛克的分析性定义是针对窄内容的。首先，布洛克指出，任何陈述的"窄内容永远不能是分析的。它们甚至不是那种能是分析的东西"③。原因是窄内容作为独立于外在语境的思想内容，它还谈不上真和假，而"分析性离不开真——在所有条件下都为真，所以某些不能是真的事物也就不能是分析的了"。

但是窄内容有可能在所有的语境中都产生真，某些窄内容可能具有这种性质。布洛克把这种性质称为 H—分析性。因此布洛克的定义④可以这样表述：

8.3.1 定义：一窄内容 N 是 H—分析的，当且仅当 N 在所有的语境中都得到真的陈述。

根据这个定义，很容易得到"一个 H—分析的窄内容使得任何以之为窄内容的宽内容是分析的"。并且布洛克结合伯高先（Paul A. Boghossian）的意见，还得出了一个"准 H—分析性（quasi – hyper – analyticity）"的概念，其定义是：

8.3.2 定义：一窄内容 N 是准 H—分析的，当且仅当，N 在所有的那些形成相同的宽内容的语境中都得到真的陈述。⑤

但是，无论是 H—分析性，还是准 H—分析性，都不是我们要考虑的

---

① Block 1993, p. 58
② Putnam 1973, pp. 699 – 711
③ Block 1993, p. 61
④ Block 1993, pp. 61 – 2
⑤ Block 1993, p. 65

分析性，因为它们只是针对窄内容才有定义。而窄内容没有主体间性，本身谈不上真假，需要结合一定的语境才有真假可言。

§9 周北海、李翁的分析性定义

9.1 周北海的 S—分析性

1997 年周北海在"分析性概念的严格定义与哲学考察"[①] 一文中，通过引入涵义映射 S 而定义了"S—有效性"，进而定义了他所谓的"S—分析性"。

为了考察周北海的这一定义，我们假定读者已经具有一阶逻辑的初步基础。设 L 是任意的一阶语言，U 是一个 L—结构，U 和 U 上的赋值 ρ 形成的二元组 σ = < U，ρ > 是一个 L—解释。以下的定义都是周北海给出的：

9.1.1 定义：设 L 是一个一阶语言，**涵义映射** S 是一个从 L—表达式到 L—表达式的映射，它满足以下条件：

a) 对任意的个体变元 x，S (x) = x；

b) 对 L 的任意个体常项 a，S (a) 是个体常项；

c) 对 L 的任意 n 元谓词符号 P，n 个任意的个体常项 a_1，a_2，…，a_n，S (P) 也是 n 元谓词，且 S ($Pa_1a_2 \cdots a_n$) = S (P) S (a_1) S (a_2) …S (a_n)；

d) 对任意的 L—公式 α 和 β，任意个体变元 x，

S´ (¬ α) = ¬ S (α)，S (α→β) = S (α) →S (β)，S ($\forall$xα) = $\forall$xS (α)。

9.1.2 真和 S—有效性的定义：设 L 是一个一阶语言，S 是 L 上的涵义映射，α 是任意 L—公式。τ = < S，σ > 是 L 的带涵义约定的解释，其中 σ = < U，ρ > 是一个 L—解释。

（1）如果 $α^τ$ =1，记作 τ ⊨α，则称 α 在解释 τ 下是真的；否则，称 α 在解释 τ 下是假的；

---

① 周北海 1997，pp. 64 –70

（2）如果存在 L 的解释 τ，使得 τ ⊨ α，则称 α 是可满足的；

（3）如果对于任意的 σ 都有 τ ⊨ α，则称 α 是 S—有效的。

9.1.3 有效性的定义：如果对于 L 上的任意的涵义映射 S，L—公式 α 都是 S—有效的，则称 α 是有效的，记作 ⊨ α。

9.1.4 分析性的定义：设 S 是任意的涵义映射，

（1）一个命题是 S—分析的，当且仅当，该命题的命题形式是 S—有效的。

（2）一个命题是狭义 S—分析的，当且仅当，该命题的命题形式是 S—有效的且不是有效的。[①]

9.1.5 综合性的定义：设 S 是任意的涵义映射，一个命题是 S—综合的，当且仅当，该命题的命题形式不是 S—有效的，但它是可满足的。[②]

9.2 对 S—分析性和综合性的评述

周北海认为，"S—有效性就是对直观分析性概念的严格刻画"[③]，所以他把一个命题是 S—有效的也称为是 S—分析的。并在他的这些概念框架下，说明了为什么"没有一个单身汉是已婚男子"是分析命题，因为它是 S—分析的；这里 S 是一个满足以下条件的涵义映射：S（单身汉）＝非已婚男子，S（已婚男子）＝已婚男子。[④]

但是周北海的 S—分析性并不能概括所有的分析性命题。例如：

（1）如果 a 比 b 大，b 比 c 大，那么 a 比 c 大。

（2）a 比 a 大。

其中（1）是真的，是分析的；（2）是假的，是广义分析的。这类分析性陈述也很多，被伯高先称为"卡尔纳普分析的（Carnap - analytic）"[⑤]。为简单计，以（2）为例，考虑一元谓词 P："x 比 x 大"，不管涵义映射 S 怎么定义，设 S（P）为 Q，S（a）为 b，由 9.1.1 知 Q（b）也是原子陈述。而原子陈述在不同解释下可真可假，这意味着（2）不是 S—有效的，

---

① 周北海 1997，p. 67
② 周北海 1997，p. 68
③ 周北海 1997，p. 66
④ 周北海 1997，pp. 67 - 8
⑤ "弗雷格分析性陈述"与"卡尔纳普分析性陈述"之名源于（Boghossian 1996，p. 368）。

但它显然是可满足的，所以（2）是 S—综合的。

因此，S—分析性也许是一种有趣的数学或逻辑模型，但并不对应于自然语言的分析性问题。我们不否定周北海的这篇论文是一篇有创意的文章，但对于分析和综合的二分问题，他甚至没有触及蒯因的整体论，所以不能认为对这个问题有所解决。

9.3 李翁的表达分析性

2005 年李翁提出了表达分析性（representational analyticity）[①]。其思路可以说很简单，他把洛克的观念包含（idea containment）和康德的概念包含（concept containment）抽象成更一般性的表达包含（representation containment）。在判断"黄金是黄色的"这个例子中，洛克认为，"黄金"这个观念包含着"黄色的"这个观念；康德认为"黄色"这个概念包含在"黄金"这个概念之中。李翁认为，可以设想我们的概念就是简单观念，或简单观念的合并；于是"黄金"这个概念也就是"黄色的"、"可熔的"、"金属"、"溶于王水"、"牢固的"、"可锻的"这几个概念的合并。于是，"黄金"这个概念可以表示为：

［黄色的］∧［可熔的］∧［金属］∧［溶于王水］∧［牢固的］∧［可锻的］

而"黄色的"这个概念就表示为：

［黄色的］

所以，很直观，黄金的表达式包含着黄色的表达式，后者是前者的一个成分，所以判断"黄金是黄色的"是表达分析的。

表达分析性当然不限于概念。当图形具有符号的意义，具有表达某事物的功能的时候，也可以具有表达分析性。§3 中的图 5 与图 6 就是表达分析的。下面我们就看看李翁对表达分析性的严格定义。

9.4 表达分析性的定义

9.4.1 "表达式（representation）"意指含有内容的物理状态或对象。

---

① Lyons 2005, pp. 392 – 422

这些对象或物理状态是该内容的外延或者真值条件。[①]

9.4.2 一个表达图式（representational scheme）是一个表达式的集合，以及在该集合上起控制作用的句法和语义。[②]

9.4.3 一个图式确定（scheme specification）是指，对一个给定的表达图式，确定其如下项目：

a）该图式的所有原素（primitives）；包括真正的表达原素（representational primitives）和逻辑句法算符；

b）一个句法合并规则集（可能是空的），以规定诸原素的什么样的结合是合式表达式（well–formed representation）；

c）每个表达原素的外延（根据图式内容的一般理论，对大多数图式来说这只有间接的影响）；

d）一个语义结合规则集（可能是空的，与9.4.3b相应），对每个复合表达式提供一个外延，这个外延是算符（如果有的话）与其表达式原素的函数。[③]

9.4.4 在图式 S 中 R^* 是 R 的一个成分（constitute），当且仅当：

a）R^* 是 R 的一个部分，且

b）在结合规则不变的情况下，如果 S 中 R^* 的意义改变了，S 中 R 的意义也会改变。[④]

9.4.5 定义（RA）：

"X 与 $Y_1 \cdots Y_n$ 有 R 关系"相对于 S 是**表达分析的**，当且仅当，对 S 中的每个外延是 X 的表达式 a，

a）a 由成分 $z_1 \cdots z_n$ 组成，

b）$Y_1 \cdots Y_n$ 分别是 $z_1 \cdots z_n$ 的外延，

c）S 的图式确定导致：a 的外延是 $z_1 \cdots z_n$ 的外延的函数；特别是，a 的外延与 $z_1 \cdots z_n$ 的外延有 R 关系。[⑤]

---

① Lyons 2005, p. 394
② Lyons 2005, p. 405
③ Lyons 2005, p. 405
④ Lyons 2005, p. 408
⑤ Lyons 2005, p. 411

9.5 对表达分析性的评论

那么李翁提出的表达分析性有什么意义呢？李翁说："本研究在三个关键的方面与后弗雷格传统不同。第一，我的出发点是康德的用概念包含来规定的分析性，不是他的用不矛盾性来规定的分析性。第二，我的目标不是分析陈述，而是分析判断或信念。第三，我把概念作为心灵实体，而不是抽象对象"。[①] 那么，李翁所说的后弗雷格传统是指什么呢？他说："依据标准的后弗雷格观点，一个命题是分析的，当且仅当它是逻辑真理，或者它可以通过同义替换而变成逻辑真理。"[②] 这实际是前面的定义 DA2。DA2 虽然是在弗雷格以后对分析性的一种重要看法，但不是占主流的看法，占主流的看法是 DA4。这表明李翁对分析性问题的相关研究了解不够。

表达包含是概念包含的一种抽象，所以概念包含能解释的分析性表达包含也能解释是不奇怪的。但是，正如 9.4.5 定义（RA）所揭示的，表达分析性说的是表达式之间的外延关系，所以它仍然面临我们 §3 节中所批评的概念外延不确定的问题。当然，外延的不确定不表示概念间的外延关系不确定。对于一定的形式语言，外延的问题有了明确规定，"表达分析性"有用武之地。但对于自然语言，许多表达式的意义是从内涵方面得到规定的，"表达分析性"的定义就用不上了。但分析性问题的主战场是自然语言。

拿李翁所举的"黄金是黄色的"这个例子来说，问题的焦点在于"黄金"这个概念可以表示为［黄色的］∧［可熔的］∧［金属］∧［溶于王水］∧［牢固的］∧［可锻的］吗？如果这种表示是可能的，对"黄金"的定义也就有了，定义 DA5 所表示的分析性概念也能解决为什么"黄金是黄色的"是分析的问题了，何劳表达分析性这个概念呢。但是，普特南已经表明，"黄金"等自然类概念是不可能这样表示的[③]。表达分析性也

---

① Lyons 2005, pp. 393 – 4
② Lyons 2005, p. 392
③ 见（Putnam 1970, pp. 139 – 52）。在该文中普特南主要以"柠檬"、"老虎"为例。他谈到"气态的黄金仍然是黄金"，这使得上述表达式中成分"牢固的（fixed）"需要另加解释。

不是我们要找的分析性了。

§10 分析陈述和综合陈述定义的小结

10.1

本章我们力求搜集各种不同的对分析性的定义。当然，我们仍然不能保证说这里搜集的定义是目前所见到的所有的对分析陈述和综合陈述的定义。（我已经说明我这里的陈述包括句子和命题。）我已经知道有一种重要的概念，即"分析推理"（或"综合推理"），在这个概念上可以定义出这样的分析性：由分析推理得到的陈述都是分析陈述。或者更广义地通过递归来定义，即说明某些陈述是分析陈述；然后再加上一条：由分析陈述经分析推理得到的陈述仍然是分析陈述。但是本书篇幅已经不允许我对这个概念以及相关的分析性问题再进行细致的考察了。因为对这个问题的研究又要考察各个对分析推理的定义。例如，贺塞（Richard Horsey）提出的心理语义分析性（Psychosemantic Analyticity）就是一种对分析推理的定义，由于不是一种对分析陈述的定义，所以本文没有考察。但是在这里已经给出的对分析性的定义，加上我们将在第六章重点考察的卡茨、伯高先、基莲·罗素（Gillian Kay Russell）的对分析性的定义，以及第七章提到的普特南的一个对分析陈述的定义，应该说把所有重要的对分析性的定义都考虑进来了。

这种搜集是必需的。因为，蒯因论题是反对分析—综合的二分，甚至认为分析性是个不合法的概念。赞成蒯因论题的，也要像蒯因那样证明**所有的**对分析性的定义**都是**不成功的，或者在该定义下，存在陈述既不能说是分析的，又不能说是综合的；或者既是分析的，又是综合的。当然，反对蒯因论题的，则只要指出一种定义，在这个定义下，一切陈述要么是分析的，要么是综合的；并且这种定义符合大家日常语言的运用，而无须考虑其他定义。

在我们上面考察的这些定义中，§8节中的那些定义都不是我们所要的关于分析陈述的定义，它们只是有分析性之名。§9节中的定义虽然与分析性密切相关，但我们也已经表明它们是不令我们满意的。这样，我们需要继续加以考察的关于分析陈述的定义是 DA0 - DA13、DA15 - DA18 共18 个定义；关于综合陈述的定义是 DS0、DS3a、DS4、DS8 - DS15 共 11 个定义。

10. 2

我们把上面这些定义分为四组。其中定义 DA0、DS0，由于"包含"的歧义而被同时编入两者。第一组是 DA0、DS0，DA1，DA2，DA3a，DS3a，DA5，DA7，DA11、DS11，DA12、DS12，DA13、DS13。这里 DA0中的"包含"指的是逻辑包含。这一组的共同特征是，逻辑真理都被认为是分析的。① 现在，一阶逻辑的逻辑真理能用集合论的语言被精确地刻画和定义，对于这一组定义而言，我们要问的是，分析真理比逻辑真理多了些什么？因为，一般人认为的典型的分析真理"单身汉是未婚男人"不是逻辑真理，不是由于其形式而为真，所以分析真理并不都是逻辑真理。由此 DA12、DA13 等就被否定了②。于是，定义 DA1 用广义的自相矛盾来定义分析性，定义 DA2 用同义性来定义分析性，定义 DA5、DA11 用"广义的定义"③ 来定义分析性，定义 DA7 用语义规则来定义分析性，定义DA3a 用意义公设说明分析性。总之，这一组大都是用分析性概念家族中的其他概念来定义、阐明分析性。

第二组有 DA0、DS0，DA4、DS4，DA6，DA10、DS10，DA18。这里DA0 中的"包含"指的是概念包含。如果说第一组对分析性的定义是以陈述的形式为其根基的，那么这一组对分析性的定义是以陈述的意义为其根基的。如果说逻辑的真理是形式的真理，那么分析的真理是意义的真理。我们打算捍卫这种意义的分析性。卡茨、伯高先和基莲·罗素所建议的分析性也都属于这一组，甚至都属于这一组中的 DA4。因为关于"意义"是

---

① 或许有人对 DA11、DA12 持保留意见。拿 DA12 来说（它定义的分析陈述是 DA11 的子集），因为 DA12 实际是说一切可证的都是分析。但什么是逻辑真理呢？如果把逻辑真理限制在命题逻辑和一阶逻辑所述的那些真理当中，那么根据完全性定理，那些逻辑真理也都是可证的。

② 因为，DA12、DA13 认为分析真理就是逻辑真理。

③ 如果定义项中的"定义"不是广义的，那么定义 DA5 把分析性等同于逻辑真理，定义DA11 与 DA12 也没有区别。

什么众说纷纭。

第三组是 DA8、DS8，DA9、DS9，DS14，DA15、DS15。这一组对分析性的定义是以陈述与经验的关系为根基的。我们不赞成这种对分析性的定义，因为这种定义往往得到的是先天性（a priori）。当然，分析性与先天性是有密切联系的，正是这一点使人误把先天性看成一种分析性。

第四组有 DA16，DA17（含 DA17a）。这一组对分析性的定义是建立在"刺激同义"的基础上，它涉及一种新的对语义的建构，也与经验相关联。因此，不宜归到上面三组之中，需要单独加以考察。

从下一章开始，我们将对这些定义是否能阐明分析性概念，以及分析性是否是一个合法的概念进行考察。

第三章　论证与反驳

　　就陈述的分析—综合二分问题而言，对蒯因和怀特的反对意见是很多的。但是施太格缪勒（Wolfgang Stegmüller）对此评论说："这种情况掩盖不住下面这一事实：蒯因深为关注的东西常常没有被看到。我们几乎总是至少碰到下述三种不理解之中的一种：不理解他的论题内容，不理解对这些论题影响的评价，不理解他所批判的东西"[①]。为什么会如此？这只有深入地了解问题，了解以主张分析—综合二分的二分论为一方、以反对二分的蒯因论题为另一方，双方的思想观念所进行的激烈的交锋，才能理解这一现象，才有可能得出正确的结论。本章将开始探讨相关论点的核心论证和针锋相对的反驳与反反驳，力图深入地剖析双方争论的要点。

　　首先让我们设想一个主张二分论的人 D 与赞同蒯因论题的人 Q 之间的一场这样的对话。

　　D：一切陈述可分为分析和综合两大类。

　　Q：我不明白你所说的分析陈述和综合陈述分别是什么意思。你是否可以向我解释一下什么是分析陈述和综合陈述？最好你给这两种陈述分别下个定义。

　　让我们省略掉 D 随后给出的定义，因为我们第一、第二章就做了这种事。但是我们可以想象一下 Q 对这些定义的回答。

　　Q：你的这些定义都是用分析性概念家族中的概念（如"自相矛盾的"、"必然的"、"同义的"，等等）来定义"分析的"，但这些概念和"分析的"一样，都是我不理解的。分析性概念家族中的概念是可以用其中的一个定义另外一个，但我不认为你这样就能让人们理解这些概念。我倒怀疑你这是循环定义。

　　接下来 D 该怎样来回答 Q 呢？分析性概念家族中的概念是否可以理

　　[①]　施太格缪勒 1986/1992，p. 205

解？怎样让人们理解？怎样阐明分析性概念家族中的概念？围绕这个问题，历史上的确发生了激烈的争论。这就是我们在第一节要讲的内容。

§1 分析性概念家族中的概念是否可以理解或可以得到明确的阐释？

麦特斯（Benson Mates）大概是属于最早反驳蒯因和怀特的那批人中的一个。麦特斯认为，蒯因和怀特"所说的要点是，对词项'分析的'的所有的通常的定义和解释是不令人满意的，因为其定义项或解释项是和被定义项或被解释项一样地需要澄清。这就造成了人们对分析真理与综合真理之间有'根本的不同'的怀疑。蒯因和怀特因此主张二者的区别只是程度不同，他们也因此走向了实用主义"①。的确如此，在第一章我们已经看到，许多对"分析性"的定义或阐明用到分析性概念家族中的其他概念。但是蒯因并不认为借助分析性家族中的其他概念能使"分析性"得到阐明，他多次这样指出过：

这个分析性定义（指 DA1）所需要的真正广义的自相矛盾概念，正像分析性概念本身那样有待于阐明。②

（定义 DA2 中）我们要依靠一个和分析性自身同样需要阐释的"同义性"概念。③

（定义 DA5 中）定义——除了明显地根据约定引进新记号的极端场合——是以在先的同义性关系为转移的。④

（定义 DA6 中）这个副词（指"必然地"）真的有意义吗？假定它是有意义的，便是假定我们已经充分了解"分析性"的意义。⑤

（谈到定义 DA7 中的语义规则时）现在这里的困难恰好在于这些规则

---

① Mates 1951, p. 525
② 蒯因 1951/1987, p. 19
③ 蒯因 1951/1987, p. 22
④ 蒯因 1951/1987, p. 26
⑤ 蒯因 1951/1987, p. 28

含有'分析的'一词，这是我们所不了解的！①

怀特也说过，蒯因和他都不理解"是同义的"这一术语②。问题是，人们真的不理解分析性概念家族中的任何概念吗？那么，人们又如何在生活中运用这些概念呢？但是感觉蒯因不对是不够的，蒯因可以说你的感觉会欺骗你；我们要的是能指出蒯因的论证的错误。

让我们就蒯因提到的一个具体的例子来分析一下。蒯因说：

（Q1）：我不知道"一切绿色的东西都是有广延的"这个陈述是不是分析的。现在我对于这个例子所提出的问题没有确定的回答透露出我对"绿色的"和"有广延的"的"意义"没有完全理解、没有充分的把握？我认为不是。麻烦不在于"绿色的"或"有广延的"，而在于"分析的"。③

这似乎给出了人们没有能真正理解"分析的"这个概念一个理由，直觉上人们也会认为"分析的"远不如"绿色的"这类概念好理解。麦特斯对此的反驳是：

（M1）：另外一个不言而喻的事情是，人们可能理解一个谓词，而不能确定一个给定的情形是否属于该谓词所描述的情况。例如，从"琼斯（Jones）不能确定费马（Fermat）猜想是否是一个定理"不能得出"所以，琼斯不理解'定理'这个词"。因此，即使我们像蒯因那样不能确定"每个绿色的物体都是有广延的"是否是分析的，逻辑上我们也不能得出我们不理解"分析的"这个词。④

麦特斯在 M1 中正确地运用了类比推理，充分表明蒯因在 Q1 中的推理是没有逻辑根据的。有意思的是，另外两位捍卫二分论的大家——格莱斯（H. P. Grice）和斯特劳逊（P. F. Strawson）也对 Q1 进行了反驳，但思路完全不同：

（GS1）：如果如蒯因所说的，麻烦在于"分析的"，那么把"分析的"一词移去麻烦就应该没有了。现在让我们把这个词移去，换上一个蒯因自

---

① 蒯因 1951/1987，p. 31
② 怀特 1950/2007，p. 519
③ Quine 1953/1964，p. 32
④ Mates 1951，p. 529

己也认为明显地比"分析的"要明白得多的词"真的"。但这样不确定性就立刻消失了吗？我们认为没有。①

可以说，他们的这些论证彻底表明，Q1 根本不能说明概念"分析的"是难以理解的。而且格莱斯和斯特劳逊还指出，换一个例子也会一样地不能表明"词'分析的'是难以理解的"②。

但是逻辑上得不出"我们不理解'分析的'这个词"，还不等于说，这就证明了我们理解这个词。肯定性的证明当然要难得多。问题在于，什么才叫理解了一个词？有什么标准吗？麦特斯对此有下述的想法：

（M2）：词"理解"确实是模糊的，但是无疑我们对"分析的"有某种理解。因为，（a）事实上我们能够决定是否一个给定的句子是分析的，对此我们之间的决定是相当一致的。（b）我们对这两类句子（指分析句子与综合句子）的态度是有差别的，这种差别是经验地可以测出的。这种差别通过内省容易察觉，但是不容易描述。③

麦特斯还描述了相应于这种态度的内省感觉：对于分析句子人们感觉到"不管世界是如何构成的它仍然是真的"、"事情不可能是另外的样子"。而对于综合句子就不会有那种的感觉。"而且，什么句子引起一种特别的态度，什么句子不会，在这方面人们是相当地一致"④。

问题是，麦特斯对分析句子和综合句子的态度感觉不一样，别人的会不会一样呢？况且麦特斯又感到不容易把这种感觉描述出来，难以排除人们对于同一个句子是分析的还是综合的有完全不同的感觉和判断。这不是语言共同体的问题，甚至同一个人对同一个句子的感觉在不同时间可以不一样，这又怎么办呢？麦特斯自己也承认："一个人可以认为一个给定的句子是分析的，但他在对任何调查问卷的反应中却没有显示这一点"⑤。麦特斯提出了一些办法，但这些办法会有什么结果却完全不能确定，所以等于没有标准以判断人们是否理解了"分析的"一词。

① Grice, Strawson 1956, p. 153
② Grice, Strawson 1956, p. 154
③ Mates 1951, p. 531
④ Mates 1951, p. 531
⑤ Mates 1951, p. 532

　　分析性概念家族中的概念是否可以被理解，是否可以得到明确的阐释？这对于解决二分论和蒯因论题之间的争论十分重要，这在本章的§3就会看得更清楚。就"分析性"这一概念而言，麦特斯说的"有某种理解"与蒯因说的"不理解"并不意味着矛盾，因为蒯因要求的"理解"是高标准的，而麦特斯的"理解"可以是模糊的。麦特斯说："人们对分析性和同义性有着'直观的'概念。当然它们有些模糊，这表现为对这些词语下定义困难，以及在边界的地方我们难以决定。尽管如此，区别还是有的，这是不可辩驳的"[1]。

　　但是，蒯因不满足于这种捉摸不定的、模糊的、心理性的"理解"，他要求的是一个定义。而麦特斯也给不出这种定义，但他并不死心，而是寄希望于将来："我没有看出，蒯因和怀特对解释'分析的'可行性这么悲观有什么根据。任务是困难的，但卡尔纳普等人在这方面显然有进展，困难的任务<u>不一定</u>是不可能完成的任务"[2]。但麦特斯的这个"不一定"暴露了他的软弱。相比之下，蒯因的攻击显得很有力。

　　米勒（Alexander Miller）认为，蒯因的这种要求，背后是这样一种假说：一个假定（putative）的概念如果没有明显的非循环的定义，那么它是不能得到充分地理解的。这个假说被称为"蒯因的苏格拉底假说"（Quine's Socratic Assumption）[3]。米勒反问道：这个假说得到理证吗？看来它对一个概念是可理解的提出了太强的条件了。对这个假说他提出了两条反对理由：

　　（MA1）：有很多我们完全能够很好地理解的概念达不到这个假说所要求的条件。例如颜色概念。我们完全能够理解含有颜色概念的句子，但没有人能成功给出运用这些概念的非循环的充分必要条件。

　　（MA2）：一个语言要对它的每个表达式能给出明显的非循环的定义，它将必须含有无限多个语义原素（semantic primitive）。……但一个语言要是可学会的，它必须有一个有穷的可公理化的语义理论。因此，所有的表

---

[1]　Mates 1951, pp. 532 - 3
[2]　Mates 1951, p. 533
[3]　Miller 2007, p. 134

达式都满足蒯因的苏格拉底假说的语言原则上就是不可学会的。……所以只能是部分表达式需要满足蒯因的要求。①

这两条理由导致这样一个结果，即现在轮到蒯因来解释为什么"分析性"是属于那种需要达到那种高要求的概念？米勒认为，蒯因的"两个教条"的前四节没有能说明这一点。

我们认为，MA1、MA2 当然都是对的。但是蒯因并不难解释。颜色概念，例如"红"与"绿"，是人们在经验中容易找到对应物的东西，例如看到鲜红的血、看到绿色的树叶，这些概念直接斥之于感觉，当然不需要定义。一个概念如果有经验的对应物，那么这个概念就不只是假定的，而且是真实的概念。但"分析性"显然不能斥之于感觉。但是我们也不同意所有假定的概念都必须有定义，因为理论系统中必然有未定义的原始概念。

格莱斯和斯特劳逊也在这一点上与蒯因争论。他们看到，"对这些表达式中的一个作出满意的阐释看来涉及两件事。（1）看来要提供一个不借用该家族的任何表达式的解释。（2）看来所提供的解释必须与借用该家族成员所得的解释具有同样的普遍特征"②。所以，"蒯因的对一个表达式的令人满意的解释的要求是，它要采取相当严格的定义的形式，又不能使用该表达式所在的可相互定义的表达式家族中的任何成员。我们很可能已经开始感到了一个令人满意的解释很难达到"③。不过，格莱斯和斯特劳逊认为，没有能按照蒯因所要求的那样被解释，并不意味着它们根本不能被解释。他们从分析性概念家族中找到了一个概念："逻辑不可能性（logical impossibility）"。它之所以在这个家族中，是因为它可以定义出已知是在这个家族中的概念——"必然的"。因为"p 是必然的"可以定义为"'非p'是逻辑不可能的"。为了表明"逻辑不可能性"可以被阐明，格莱斯和斯特劳逊把它与"自然不可能性（natural impossibility）"相比照。格莱斯和斯特劳逊通过一个例子表明了④，对于自然不可能的事，人们的反应是

---

① Miller 2007, pp. 134 – 5
② Grice, Strawson 1956, pp. 147 – 8
③ Grice, Strawson 1956, p. 148
④ Grice, Strawson 1956, pp. 150 – 1

不相信；而对于逻辑不可能的事，人们的反应是不理解。这两种不同的反应，反映了这两种"不可能性"在概念上是不同的。例如，当听说"有个人在今天十点一分十秒时从一楼跳到十楼"，我们会不相信，因为这是自然不可能；当听说"这个人在今天十点一分十秒时既在十楼，又不在十楼"时，我们就不理解这句话的意思了，因为这是逻辑上的不可能。这些例子能让我们明白"逻辑不可能"与"自然不可能"是不同的，说明了"逻辑不可能"是有意义的，故可以看成是对"逻辑不可能"的一种非正式的阐释。格莱斯和斯特劳逊认为，"逻辑不可能性"与"自然不可能性"的区别可以建立在怀疑和理解的区别上，因而打破了只在该概念家族的内部作循环解释的圆圈。但是对于怀疑和理解的区别，他们指出，"主张这一区别并不需要阐明是轻率的，但主张这一区别并不存在就荒谬了"①。

我们不否认，格莱斯和斯特劳逊通过上述的例子的确建立了"逻辑不可能性"与"自然不可能性"的区别，从而是对"逻辑不可能性"的一种非正式的阐释。说"非正式"，不是因为它是通过例子来说明的，而是因为一方面"怀疑和理解"的区别仍然需要继续阐明，另一方面还需要通过其他的例子得到对"逻辑不可能性"更多的阐明。我们承认，在"逻辑不可能性"与"自然不可能性"之间存在区别，但这离告诉我们"逻辑不可能性"是什么还远得很，因为"自然不可能性"是什么也是不清楚的。这好比是告诉了我们两个数字之间的差，这离我们知道其中一个数字是多少还远得很。"逻辑不可能性"与"自然不可能性"这两个概念都含有一个很重要的成分："不可能性"，格莱斯和斯特劳逊的例子对这个成分揭示得很不够。实际上，"不可能性"本身就是属于"分析性概念家族"的，"必然 p"可以定义为"并非不可能 p"，即由"不可能性"已经可以定义出"必然性"②，而不需要去管"逻辑不可能性"与"自然不可能性"之间的区别。"逻辑不可能性"之所以能解释"必然性"，（姑且不论这种解释是否正确），全在于其中的"不可能性"这个部分，但这与"怀疑和理

---

① Grice, Strawson 1956, p. 151

② 当然这个"必然性"是本体论的必然性。通过定义 DA6，可以明白概念论的必然性是在"分析性概念家族"中的。由于这两种必然性的天然联系，本体论的必然性也就很容易成为"分析性概念家族"中的一员了。因为，"分析性概念家族"本身并不是一个严格定义了的概念。

解"的区别没有关系。这就是说，"怀疑和理解"的区别，与分析性概念家族是不相干的，上述的例子并没有打破该概念家族的圆圈。

所以，格莱斯和斯特劳逊的这个想法是好的，但却不怎么奏效。我们还得面临蒯因的"循环定义"的指责。

§2 "循环定义" 的问题

前面我们已经看到，蒯因对很多定义的指责就是：它们是循环的。让我们看看麦特斯对这一指责的反驳。麦特斯指出：

为了理解被定义项，并不一定需要定义项中的词语都是我们已经理解的；循环定义也是有助于理解的，……有趣的是，循环定义在促成理解方面常常非常有效；就是说，在看到这样的定义之后，人们就能够做出各种决定，我们认为这些决定显示出了被称为"理解"的这种心理现象。[1]

麦特斯还说，即使已有的大多数定义"在某种意义上是循环的（但我并不这样认为），但这对于理解词'分析的'来说，它们也完全可以是有帮助的。"[2]

我们认为，有些循环定义有助于理解，这的确是这些循环定义的功用，这可以说明循环定义为什么存在。但存在的不一定是合法的和适当的，因为循环定义的危害也是众所周知的。如果我们用 A 定义 B，B 定义 C，又用 C 定义 A，从而打乱了概念之间的先后关系，这正如亚里士多德所说的，实际上我们"没能给出定义"。这些循环定义之所以有助于理解，是因为"这些定义表述了构成定义的一些词项之间的有趣的语义关系，这些信息本身是有价值的"[3]。但也有许多循环定义只是使人误以为理解了什么，其实只是一个空洞的虚假的概念，对这样的概念推理下去往往导致谬误。所以严格的科学是不应该允许这样的定义的。

再说，"循环定义有助于理解"，但这个"理解"属于心理的层面，而

---

① Mates 1951, p. 528
② Mates 1951, p. 528
③ Mates 1951, pp. 528 – 9

我们要求的是逻辑上的确定性。弗雷格曾呼吁："要把心理学的东西和逻辑的东西，主观的东西和客观的东西明确区别开来"①，并把这作为一条基本原则。所以，麦特斯的这一反驳并不成功，蒯因等人的"定义不能是循环的"要求是正当的。

也许是考虑到这一点，麦特斯提出了一个对蒯因等人的"更有力"的反驳。麦特斯论证说："很可能会这样，一个定义的适当性条件太强了，以至于不可能有适当的定义"。换句话说，目前的循环定义是我们所可能有的最好的"定义"，所以我们不应该要求更好的定义了。那种更高的要求是达不到的，因而是不合理的要求。这似乎回击了对现有的循环定义的指责。我们现在就来考察麦特斯的这一论证：

考虑对"分析的"的任意一个定义：

（1）分析的 = F

这里 F 是某个谓词表达式。假设这个定义在"满意"的标准足够高的要求下仍然是令人满意的，使得人们能得出

（2）"∀S（S 是分析的 当且仅当 F（S））"是分析的。

根据蒯因的关于认识性同义的判据，（见本书第一章§4 中的论证 Ar1. 10 中的（14）等式子）由（2）可以得出"分析的"与 F 是同义的。再根据原理："两句子如果相应的不同部分彼此也都是认识同义的，那么这两个句子本身也是认识同义的。"可以得出（1）与下述的（3）是同义的：

（3）分析的 = 分析的

根据这些原理，所以不可能找到一个令人满意的对"分析的"的定义，使得它与（3）不是认识同义的。因此，所有的要找到一个令人满意的不是循环的定义的尝试是注定会失败的。②

评论：这个证明有一个问题似乎被麦特斯忽略了：（1）实际上是""分析的"被定义为 F"或"S 是分析的，当且仅当 F（S）"的一种记法。（1）可以是合法的定义，而（3）却不是，因为""分析的"被定义

---

① 弗雷格1998，p. 8
② Mates 1951，p. 530

为分析的"或"S 是分析的，当且仅当 S 是分析的"是明显违犯了第二章
§2 定义规则 R2 的，即犯了"循环定义"的错误，因为这里定义项和被
定义项是相同的词。规则 R2 的这一要求就如分式要求其分母不为零一样
是必须的。定义是建立被定义项的意义的逻辑"行动"。在这一行动之前，
理论上，被定义项是没有意义的；在这一行动之后，被定义项就有了意
义，且其意义如定义项所述。所以（1）是合法的句子而（3）却不是，
（1）是有意义的句子而（3）是无意义的。这样，说（1）与（3）同义就
不妥了。我们主张，一个证明中所有的句子应该是有意义的句子，否则无
法保证证明的有效性。所以麦特斯的这个证明是无效的。

　　麦特斯的表明"目前的循环定义是我们所可能有的最好的'定义'"
的这种思路也为格莱斯和斯特劳逊所采用。格莱斯和斯特劳逊论证说，
"蒯因的对一个表达式的令人满意的解释的要求是，它要采取相当严格的
定义的形式，又不能使用该表达式所在的可相互定义的表达式家族中的任
何成员。……看来很清楚，坚持要有这种意义上的令人满意的解释，认为
它是一个表达式具有意义的必要条件，这是不理性的。是否曾给出过任何
这样的解释是很可疑问的"①。我们不妨看看别的表达式家族的情形。格莱
斯和斯特劳逊提到了两个表达式家族作为例子。其一是包括了"道德上是
错误的"、"应受谴责的"、"违犯了道德法则的"等的一组表达式，另一
个是包括了命题联结词和"真"、"假"、"陈述"、"事实"、"否定"和
"断定"等的一组表达式。但是伦理学中不乏第一组的表达式相互定义的
例子，逻辑学中不乏第二组的表达式相互定义的例子。就是说，格莱斯和
斯特劳逊把表达式家族中的成员只能相互定义看成是一种普遍的情况，甚
至是无一例外的情况。因为是否曾给出过不这样相互定义的解释"是很可
疑问的"。这也就是说，这种相互定义"是我们所可能有的最好的'定
义'"。

　　目前的循环定义是我们所可能有的最好的"定义"，这似乎回击了对
现有的循环定义的指责。但实际上倒不如说是帮了蒯因的大忙，因为这论
证了对"分析的"作适当的定义是不可能的。因为"循环定义"绝不是适

---

①　Grice，Strawson 1956，p. 148

当的定义。实际上，"循环定义"不是定义！我们必须再三强调，定义不能是循环的，否则把一切代入"A 是 A"中的 A，就把一切都定义了。所以，禁止循环定义是定义理论中的首要规则。这正如逻辑学中命题不能是自相矛盾的，因为自相矛盾能推出一切命题；所以矛盾律是逻辑学中的首要原则一样。

在这里，我们是不同意格莱斯和斯特劳逊的把表达式家族中的成员只能相互定义看成是一种普遍的情况，甚至是无一例外的情况。我们觉得这种情况是否那么普遍也是"是很可疑问的"。

如果这种相互定义"是我们所可能有的最好的'定义'"，如果我们所能给出的只能是用分析性概念家族中的概念来定义"分析性"，从而无法回避循环定义的指责，那么我们还能怎样为分析性概念辩护呢？主张二分论的人难道是毫无根据的吗？格莱斯和斯特劳逊在 1956 年合写的对蒯因的著名反驳文章——"捍卫一个教条（In Defense of a Dogma）"①中，提出了一个有利于二分论的有力的经典论证。因为这个论证的核心是在表明：某种有利于二分论的普遍的先行条件（prior presumption）是具备的，且这种先行条件的力量不会由于阐明该区分的失败而受损，因此，分析的与综合的区分是成立的。所以我把这一论证简称为"先行条件论证"。由于该论证较长②，所以我将在下节对之进行扼要的剖析。

§3 有利于二分论的先行条件论证

格莱斯和斯特劳逊首先指出，有多种方式批评和拒斥一个区分，而很多对一个区分的批评并不否认该区分的存在，这样的批评甚至"倒不如说是阐明该区分的前奏"③，但是蒯因对分析和综合的区分的批评则否认该区分的存在。格莱斯和斯特劳逊这样写道：

他（蒯因）宣称，或者说看起来宣称，该区分不仅仅是无用的，或者

---

① Grice, Strawson 1956, pp. 141 – 158
② Grice, Strawson 1956, pp. 142 – 157
③ Grice, Strawson 1956, p. 141

说没有作出适当地阐明，而且该区分根本就是一个幻觉，相信这个区分的存在是一个哲学上的错误。……所以他对该区分的拒斥看来就等于否定它的存在。①

就是说，格莱斯和斯特劳逊认为，蒯因的论题是：

（QT1）：人们对陈述所作的"分析的"与"综合的"的区分并不存在。

此处我们首先要弄清"否认该区分的存在（denial of the existence of the distinction）"是什么意思。因为 QT1 显得有些自相矛盾。正如蒯因在"论何物存在"② 中指出的，否定存在是有很多问题的，它是"常常把奥康剃刀的锋刃弄钝了"的"柏拉图的胡须"③。蒯因对这类问题的处理办法是，不认为"存在"是谓词，而把它重新解释为量词。我们当然也要对"否认该区分的存在"这个短语加以重新解释。当人们把集合 W 区分为两个部分 K 和 J，作为人的行为的"区分（distinguish）"和作为这种行为的后果的"区分（distinction）"或"区别"当然都是存在的，因为 K 和 J 是不同的。但是在下面两种情况下，我们也会说对 W 的区分并不存在：1. K 或 J 之中有一个是空集。因为此时的另一个是整个的 W，W 没有被分割。2. 尽管 K 和 J 均非空，且 K 和 J 没有共同的元素，我们还是可以在一种意义上说 K 和 J 没有什么区别。例子见下。只要在某种意义上可以说 K 与 J 没有什么区别，则 W 在这种意义上也就没有被区分。

例如，某学校的某个年级的学生分为一班和二班这两个班，但并不是一个班是重点班、另一个班是普通班，而是平常人们所说的平行的两个班，即各方面都差不多的两个班，在这个意义上人们可以说一班和二班没有什么"区别（difference）"。尽管我们可以找出一班与二班之间的许许多多的区别，例如学生甲在一班不在二班就是一个"区别"，但人们会倾向于说"一班二班没区别"。与此相对照，如果一班是重点班、二班是普通班，或者一班全部是男生、二班全部是女生，则人们又会倾向于说"一班

---

① Grice, Strawson 1956, p. 142
② 蒯因 1951/1987, pp. 1 – 18
③ 蒯因 1951/1987, p. 2

和二班有区别";哪怕这两个班的课程设置与任课老师全都一样,人们也只会说"一班和二班在老师方面没区别",而不会一般地说"一班二班没区别"。因此,日常语言中的"区别"表现出灵活而又模糊的特征,使得我们在一定场合既可以说"一班与二班有区别"又可以说"一班与二班没有区别",但这并不矛盾,因为"区别"是什么意思没有固定下来,它在这两句中可以有不同的意义。

因此,现在我们要做的就是把"区别"的意义确定下来,使得我们不能去说形式上有矛盾的话。下面我们这样使用"区别"这个词,使得说"两个不同的对象其实没有区别"是有意义的。所以,我们所说的"区别"并不等于"不同",而是指两个在比较的对象具有某种性质上的差异,或者具有某种"实质性"的不同。照这样理解,蒯因论题 QT1 可以解释为如下的另一个蒯因论题 QT2,

(QT2):人们所说的"分析陈述"与"综合陈述"这两类陈述之间其实没有区别。

这里的"区别"的意思是:所有的分析陈述,除了类别都为"分析陈述"以外,还有某种共同点,这些共同点为每个综合陈述所无;或者所有的综合陈述,除了类别都为"综合陈述"以外,还有某种共同点,这些共同点为每个分析陈述所无。

而格莱斯和斯特劳逊则主张分析和综合的区分是存在的,"分析陈述"与"综合陈述"之间是有区别的。他们认为有充分的证据表明这一区分是存在的,他们把这种证据称为"有利于这一区分存在的先行条件(prior presumption in favor of the existence of the distinction)"。这个先行条件是建立在人们对词"分析的"和"综合的"的已有的哲学用法和日常用法上。格莱斯和斯特劳逊对 QT1 和 QT2 的反驳所用的论证是:

(GS2):我们可以斥之于这样的事实,即,使用词语"分析的"和"综合的"的人们在如何使用这些词语上是相当地一致:人们使用"分析的"是在差不多相同的情形,拒绝用"分析的"也是在差不多相同的情形,对是否用"分析的"感到犹豫不决的还是在差不多相同的情形。这种一致不仅体现在人们被教会用这些词来刻画的情形,而且延伸到新的情形。简而言之,"分析的"和"综合的"已经有了差不多是现成的哲学用法，这看来表明，说"不存在分析－综合的区分"是荒谬的，甚至是无意义的。因为，一般说来，如果某一对相互对照的表达式（a pair of contrasting expressions）习惯性地普遍地用于相同的情形，并且新的这类情形会不断地呈现（these cases do not form a closed list），那么就有充分的理由说存在着该对表达式适用的情形，且该对表达式标识一种区分（mark a distinction）只需要这些。①

人们既然已经一致地在各种情形使用表达式"分析的"和"综合的"，那么，说"存在着该对表达式适用的情形"当然是对的。

GS2 中为什么说"该对表达式标识一种区分只需要这些"呢？因为，对于任一元素多于 2 的集合 W，假如人们随机地把其中一部分元素称为 K，其余部分称为 J，这样把 W 二分为 K 与 J（即 W = K∪J），由于是随机的划分，所以 K 与 J 并不因此就标识一种区分。诚然，K 与 J 是 W 的不同的两部分，但对于新的元素 e（即 e∉W），令集合 W1 = W∪{e}，（这里 W1 与 W 属于同一开放类），若按照 K 与 J 继续把 W1 二分，即 W1 = K1∪J1，这里 K⊆K1，J⊆J1，但我们无法知道 e 是属于 K1 还是属于 J1。因为，对于随机的划分，e 既可属于 K1 也可属于 J1。但是 GS2 指出，"这种一致不仅体现在人们被教会用这些词来刻画的情形，而且延伸到新的情形"，即此时相应的 e 是属于 K1 还是属于 J1 是确定的，这就反过来证明了"分析的"与"综合的"划分绝不是随机的划分！即它们实实在在地标识了一种区分。换句话说，分析陈述与综合陈述之间的确存在区别，二者有性质上的不同。

因此，格莱斯和斯特劳逊的论证 GS2 是有力地驳斥了蒯因论题 QT1 与 QT2，连蒯因的实质性支持者普特南也承认，"他们的这一论证，即在该对表达式（指'分析的'与'综合的'）是一致地应用于开放类（open class）的地方，因而必然有某种区分存在，这在我看来是正确的且重要的，可能这一论证是在蒯因发表他的论文后所出现的唯一一个有创新的论证。"②

①　Grice, Strawson 1956, pp. 142–3
②　Putnam 1962/1975, p. 35

但格莱斯和斯特劳逊还不满足于此，他们进一步想，智慧者如蒯因，也许已经料到有这种论证；如果是这样蒯因仍然反对该区分的存在，一定是我们弄错了什么。所以，格莱斯和斯特劳逊认为，"人们可以开始怀疑，是否蒯因真的持有那种极端观点"①，因而：

蒯因论题可能可以更好地表达为：

（QT3）：人们在使用"分析的"和"综合的"这样的表达式的时候，并不是它们所标识的两类对象之间完全没有区别，而是，运用这些表达式的人们完全误解了那种区别的本性，以及造成这种区别的原因。他们关于那种区别所设想的充满了错觉。②

蒯因论题 QT3 如何消解了论证 GS2 对蒯因论题 QT1 和 QT2 的反驳呢？格莱斯和斯特劳逊给出了如下的说明：

（GS3）：哲学家经常遇到各种幻觉，经常弄出错误的理论。假定有一个关于语言或知识的错误理论 T，根据理论 T，某些陈述（或命题或句子）看来具有某种特征 C，另一些陈述看来没有特征 C，其余的陈述看来不能确定是否具有特征 C。而实际上任何陈述都没有特征 C，甚至可能假定任何陈述具有特征 C 是没有意义的，任何没有受理论 T 影响的人都不会认为有什么陈述具有特征 C。那么，受理论 T 影响的哲学家们就会用一对相互对照的表达式，例如说用"分析的"与"综合的"，来标记陈述是具有特征 C 或不具有 C。现在，即使在这种情况下，我们仍然不能说，使用这些表达式作标记所标识的区分根本不存在。因为至少有我们刚才所述说的一种区别，即看来具有特征 C 的陈述与看来没有特征 C 的陈述的区别，而且它们之间很可能还有其他的能够解释这种看起来的区别的区别。当然可以说，这些哲学家们用这些表达式所标记的他们自己以为的区别根本不存在，且可能这样使用该对表达式是无意义的（假定说任何陈述有特征 C 是荒谬的）。我们只需假定错误理论 T 是看似很有道理的和具有吸引力的，以便把这对表达式已经有了现成的哲学用法这一事实，与这对表达式所标识的区分根本不存在这一断言，而不是与所标记的两类陈述之间根本没有

---

① Grice, Strawson 1956, p. 143
② Grice, Strawson 1956, p. 143

任何区别这一断言调和起来。①

说明 GS3 在论证 GS2 的基础上进一步论证了 QT1 和 QT2 的错误，并且表明 GS2 与 QT3 并不矛盾。GS3 还显示出了 QT1 与 QT2 之间的细微区别：QT1 是含糊的，它可以解释为 QT2，也可以解释为下述的 QT4。

（QT4）：人们所以为的分析陈述与综合陈述之间的区别并不存在。

注意，GS2、GS3 并不与 QT4 矛盾，因为 QT4 涉及的是认识心理问题，而不是逻辑问题。GS3 甚至可以看做是对蒯因论题 QT1（此时作 QT4 解）的一种辩护。也就是说，如果有利于该区分存在的先行条件的基础只是"分析的"和"综合的"有着一致的哲学用法这一条，那么 GS3 就表明，这对表达式所标识的区别仍然可以根本不存在！

所以，现在的问题是，如何驳斥蒯因论题 QT3 和 QT4 呢？

试想，就算哲学家常常弄出错误的理论，常常说一些无意义的话，而"分析陈述"与"综合陈述"主要是哲学家们所用的术语，二者的区分实际上毫无意义；但总不能在没有足够的证据的时候，也这样指责人们的日常用语也毫无意义吧。

在日常生活中，人们也常常谈论说某个句子是有意义的，某个句子是无意义的。我们刚才还说哲学家的某些话无意义。再例如，我们说"林黛玉哭了"是一个有意义的句子，它的意义不同于"林黛玉笑了"；而"木头哭了"这个句子，在"木头"不是一个人名而是指树木时，就是一个无意义的句子。而翻译正是根据一个语言中的句子构造出与之意义相同的另一个语言中的句子。如此等等。如果把"句子的意义"作为有意义的概念，在以此为前提的条件下，格莱斯和斯特劳逊论证了下述论题：

Ts3.1：关于句子的同义与否的谈论是有意义的。对于任意两个句子 S 与 T，说"S 与 T 同义"与说"S 与 T 不同义"是有区别的。并且这个区别不同于说"S 与 T 真值相同"与说"S 与 T 真值不同"之间的区别。

论证 Ar3.1：

如果关于句子的同义（sentence-synonymy）的谈论是无意义的，那

---

① Grice, Strawson 1956, pp. 143-4

么，看来说句子有意义的谈论也就是无意义的了。因为，如果说句子有意义、或意谓着某种东西的谈论是有意义的，那么就预定了问"它意谓着什么?"是有意义的。而如果对一个句子问"它意谓着什么?"是有意义的，那么句子的同义就可以大致地定义如下：两个句子是同义的，当且仅当，任何对其中一个句子的提问"它意谓着什么?"的正确回答，也是对另一个句子的同一个问题的正确回答。当然，我们并不宣称这一定义有什么阐明问题的力量。我们只是指出，如果我们把句子的同义这个概念作为无意义的概念而抛弃，我们也必须把句子的意义（sentence – significance）这个概念作为无意义的概念而抛弃。但这样的话我们可能也要抛弃意义（sense）这个概念。①

如果对于任意两个句子 S 与 T，说"S 与 T 同义"与说"S 与 T 不同义"没有区别，那么说"S 与 T 同义"就是没有意义的。但上面已经表明关于句子的同义的谈论是有意义的。

彼此不同义的句子超过两个，但真值只有两个（即真与假），因此存在一对句子不同义但真值相同，所以句子同义与不同义之间的区别，是不同于句子的真值相同与不同的区别的。

证毕。

定义 DGS1：两个谓词是同外延的是指它们对同样的对象为真。

Ts3.2：关于谓词的同义与否的谈论是有意义的。对于任意两个谓词 P1 与 P2，说"P1 与 P2 同义"与说"P1 与 P2 不同义"是有区别的，并且这种区别不同于说"P1 与 P2 同外延的"与说"P1 与 P2 不是同外延的"之间的区别。同义的关系更为精细，也就是说：凡同义的一定同外延，而同外延的不一定同义。

论证 Ar3.2：

考虑事实 F："单身汉"与"未婚男人"是同义的，也是同外延的。

---

① Grice, Strawson 1956, p. 146

而"有肾脏的动物"与"有心脏的动物"是不同义——假定它们是同外延的。①

事实 F 表明：对于谓词而言，同义的与同外延的是不同的关系。因此，关于谓词的同义与否的谈论是有意义的。

事实 G：我们不能说"有肾脏的动物"与"有心脏的动物"是同义的。

事实 F 与 G 的例子表明：对于任意两个谓词 P1 与 P2，"P1 与 P2 是同义的"与"P1 与 P2 不是同义的"是有区别的。并且同义的关系比同外延的关系更为精细。

证毕。

Ts3.3：关于表达式的同义与否的谈论是有意义的。对于任意两个表达式 E1 与 E2，说"E1 与 E2 同义"与说"E1 与 E2 不同义"是有区别的。并且这种区别是不同于外延相同与否的区别，或真值相同与否的区别。同义与否的区别看来没有别的替代物。

论证 Ar3.3：

当所考虑的表达式是句子或谓词时，Ts3.1 与 Ts3.2 已经表明 Ts3.3 是成立的。

事实 F：我们经常谈到各种表达式的同义关系的存在或不存在，这各种表达式——例如，合取，各种小词，整个句子——此时看来没有明显的通常的同义性概念的替代物。②（因为在谓词的情形下，有人以同外延性为同义性替代物，尽管即使是对谓词而言这也是不对的）。

事实 F 表明：关于表达式的同义与否的谈论是有意义的。

所以，对于任意两个表达式 E1 与 E2，说"E1 与 E2 同义"与说"E1 与 E2 不同义"是有区别的。否则关于表达式的同义与否的谈论就没有意义了。

事实 F 还表明：同义与否的区别看来没有别的替代物，也就是说，我

---

① Grice, Strawson 1956, p. 146
② Grice, Strawson 1956, p. 146

们以"……与……同义"与"……与……不同义"所标识的两种不同的关系，不同于真值的同与不同所标识的两种不同的关系，也不同于外延的同与不同所标识的两种不同的关系，以及不同于由什么别的词语或概念所标识的两种不同的关系（没有替代物，至少看来如此）。

证毕。

Ts3.4：人们所以为的用词"分析的"和"综合的"所标识着的区分，也是实际存在的。也就是说，蒯因论题 QT3 和 QT4 是错误的。

论证 Ar3.4：

用反证法。假定我们自以为的那种区别——这个区别是用词"分析的"和"综合的"标识着的——其实并不存在。

（GS4）：在分析性这一概念家族中有一个概念，蒯因称之为"认识的同义性"，蒯因承认分析性概念至少能借助于这个概念被正式地加以解释。

（GS5）：说两个表达式 x 和 y 是认识同义的（x and y are cognitively synonymous），看来大致相当于我们通常所说的 x 与 y 有着相同的意义（x and y have the same meaning），或者 x 的意谓如同 y（x means the same as y）。如果蒯因在主张其极端论题时是一致的，那么看来，他不仅必须要主张，我们自以为的用词"分析的"和"综合的"标识着的区分并不存在，而且也要主张，我们自以为的用表达式"……与……同义"和"……与……不同义"标识着的区分也不存在。[1]（格莱斯和斯特劳逊认为由 GS4 可以得出 GS5。）

由上可得，我们自以为的那种区别——这个区别是用表达式"……与……同义"和"……与……不同义"标识着的——其实并不存在。也就是说，它们实际标识的区别，不是我们以为的那种区别。根据 Ts3.3，它们实际标识的区别，不同于真值的同与不同所标识的区别，也不同于外延的同与不同所标识的区别，而是比这两种区别更为精细。那么我们所以为的区别与这个实际标识的区别有什么根本的不同吗？如果我们所以为的区别与这个实际标识的区别真的有什么根本的不同，这不是意味着其中一个是

---

[1] Grice, Strawson 1956, p. 145

另一个的替代物吗？但这与 Ts3.3 的论点相冲突。如果这两者是相同的，即我们所以为的区别正是这个实际所标识的区别，这就是说，我们自以为的那种区别——这个区别是用表达式"……与……同义"和"……与……不同义"标识着的——是存在的。这样我们就得到矛盾了。

于是，我们所以为的用词"分析的"和"综合的"标识着的区分，也是实际存在着的。

证毕。

至此，格莱斯和斯特劳逊的先行条件论证才完成了。当然，有一些细节他们是省略了的，并且有一些普遍的结论是用例子来说明的，算不上严格的证明，但那似乎不是根本性的困难。至少格莱斯和斯特劳逊表明了，他们的结论是有相当充分的理由的：

现在，因为这次他（指蒯因）不能断定，所讨论的一对表达式（即"……与……同义"和"……与……不同义"）是哲学家们的专有财产，上面简述的、反对该先行条件的方案在这儿就不再有效了（或者至少不那么可信了）。[1]

因为，现在表明了，"先行条件"的基础除了"分析的"和"综合的"有着一致的哲学用法这一事实之外，还有十分普遍的日常的各种关于意义的用法的支持。并且，不管所论的区分是否得到适当的阐明，先行条件总是成立的，这个先行条件即有利于认为"分析的"和"综合的"表示了一个真正的区分的那个先行条件。总之，二分论是有充分理由的。

至此，在争论双方的对话中，站在 D 方的格莱斯和斯特劳逊似乎给出了一个漂亮的、正面的论证，Q 方将对此有何回应呢？

§4　对先行条件论证的反驳与反反驳

4.1

其实，Q 方却没有被 D 方的振振有词所打动。因为 Q 方如蒯因等人，

---

[1]　Grice，Strawson 1956，p. 145

本来就是意义怀疑论者；他们反对论证 Ar3.1，主张抛弃意义这个概念，主张把句子的意义这个概念作为无意义的概念而抛弃，把句子的同义这个概念作为无意义的概念而抛弃。论题 Ts3.1 对他们来说是错误的。Q 方大将哈曼（Gilbert Harman）就宣称过"意义之死"（the Death of Meaning）[①]。我们可以站在 Q 方作如下论证。

Ts3.5：句子的同义这个概念是无意义的。

证明 Ar3.5：

如果"句子的同义"是有意义的，那么它应该具有对称性和传递性，即：如果句子 A 与 B 同义，B 与 C 同义，那么 A 与 C 同义且 B 与 A 同义。（前提一）

如果句子 A 与 B 同义，B 与 C 相矛盾，则 A 与 C 也相矛盾。（前提二）

根据蒯因的翻译不确定性论题（the indeterminacy of radical translation），在始点翻译[②]的情况下，"两套同所有言语行为倾向同样相符的分析假设可能给出相反的答案"[③]，即对于一门来自陌生文化的土著语言，可能存在一个并非自相矛盾的句子 S，按照一种分析假设可以译成我们语言的句子 S1，按照另一种分析假设可以译成我们语言的句子 S2，但 S1 与 S2 是矛盾的。（前提三）

但是，如果说一个句子是另一个句子的翻译，那也就是说这两个句子是跨语言同义的。因此 S 与 S1 同义，但前提三说 S1 与 S2 矛盾，故由前提二知 S 与 S2 相矛盾。因为 S 与 S2 同义（S2 是 S 的翻译），刚才又得到 S2 与 S 相矛盾，故再由前提二知 S 与 S 矛盾。这与前提三中假设 S 是非自相矛盾的这一点相矛盾。

这就用反证法证明了前提一中的条件"'句子的同义'是有意义的"是错误的。

---

① Harman 1967, p.124

② "始点翻译"是朱志方老师对"radical translation"的译法，见（朱志方 2008，p.41）。陈启伟等人则译作"彻底翻译"，见（蒯因 2005，p.77）。

③ 蒯因 2005，p.76

证毕。

当然，D方不会同意蒯因的"翻译不确定性论题"，因而论证 Ar3.5对他们无效。

4.2

为了反驳格莱斯和斯特劳逊的先行条件论证，哈曼提出了也很有名的"女巫（witch）论证"。其中有这样一段话：

（H1）：在看来是分析的真理与看来是综合的真理中存在区别（对于接受这种区分的人来说），这种区别隐藏于人们对于开放的陈述类中的陈述在使用"分析的"和"综合的"时候是普遍地一致的。但是，把这种区别称为分析—综合的区别，就如把看来是女巫的人和看来不是女巫的人之间的区别认作是女巫—非女巫之间的区别（对于相信女巫的人来说）一样。①

这实际是反对论题 Ts3.4 的论证，用的是类比推理，即把"分析—综合的区别"与"女巫—非女巫的区别"进行类比。我们知道，类比推理的可靠性远比不上演绎推理，而格莱斯和斯特劳逊对于 Ts3.4 的论证用的是演绎推理 Ar3.4。所以 Q 方应该给先行条件论证予以更有力的打击才能有说服力。

Q 方注意到，D 方的先行条件论证认为，人们的日常语言用法支持先行条件，支持在分析陈述与综合陈述之间存在区别的观点，那怕这一区分没有得到适当的阐明，这种区别仍然不会是幻觉。对此，Q 方论证说：日常语言的某种用法，不管出现得多么频繁，在人群中运用得多么广泛，仍然不可信赖！哈曼的"女巫"类比可以看成一种这种论证：

（H2）：（所谓的分析与综合的区分），更像是女巫—非女巫之间的区分，实际上没有作出任何区分，因为没有任何事物是女巫。他（蒯因）这样断言是因为他主张，分析性这个属性就象巫术这个属性一样，导致人们作出不正确的解释。……他会论证说，关于分析性的哲学谈论，并不能表

---

① Harman 1967, p. 138

明存在分析性这种事物；正如以前关于巫术的大量谈论，并不能表明存在过女巫。他也会否认这种区分可以通过陈述典型的分析真理和综合真理来直接指明，正如他会否认可以这样来指明女巫—非女巫之间的区别一样。①

这个论证相对于要证明的结论"日常语言大量出现某个词，并不表示这个词所标示的对象存在"而言，是充分的。大量的关于分析性的哲学谈论，当然并不表明存在分析陈述。同理，意义的存在、分析—综合区分的存在，也不能是依据日常语言的大量出现"意义"等词。

的确，日常语言中人们也大量地公开地谈论编造的东西、不存在的东西，这当然不意味着这些东西的存在。或许这样来表述稍强一点：日常语言中把某个东西当作真实存在的东西来大量谈论，但这仍然不意味着这些东西真的存在。

但是哈曼似乎没有注意到，先行条件论证中，除了"谈论句子的同义与否是有意义的"这一点是建立在日常语言的运用基础上之外，其他的，包括分析—综合区分，都不是建立在日常语言的大量运用上。"女巫类比"在这方面是无损于先行条件论证的。论证 Ar3.1 倒不如说是这样的论证："如果'句子的意义'、'意义'等这些概念都被抛弃，我们的日常语言在需要表达这类思想时该如何表达？"，这里并没有把意义作为某种实体（entity）来看待。格莱斯和斯特劳逊在这里是斥之于言说的底线。例如，当我们说：

（4）"林黛玉哭了"是有意义的，而"木头哭了"是无意义的。

我们只是在（4）中使用"意义"这个词，这丝毫没有说存在"意义"或不存在"意义"。你也不能因此说"（4）没有意义"，何况这样说你也在用这个词。说得直接一点，该论证可以这样询问蒯因和哈曼：你们能够不用"意义"或诸如此类的与此等价的词来重新写你们的这些论文吗？与"意义"相比，"女巫"远远不是这种底线上的词。

女巫论证如果要成立的话，它的这样一个环节不可缺少：当我们去考察那些曾被看成是典型的"女巫"的人，发现她们没有一个真的是女巫，她们都没有与妖魔连在一起的超自然的能力。让我们也去考察那些曾被看

---

① Harman 1967, pp. 125 - 6

成是典型的"分析陈述"的句子，如

（5）所有的单身汉是未婚的。

（6）红是一种颜色。

（7）所有的猫都是动物。

如果这些陈述也被认为没有一个真的是分析陈述，那么"女巫论证"的说服力就很强了。哈曼果然就是这么做的，他论证说，（5）、（6）、（7）在有的哲学家看来也不是分析陈述①，这当然是对 GS2 的有效攻击。对于这些典型的例子，我们在后面还要进行详细的考察。但现在已经可以这么说，它们与"女巫"的情形还是不一样的。在科技发展的现时代，几乎没有一个人认为真的有女巫，但是绝大部分人会认为（5）、（6）、（7）是真的，并且只要懂得（5）、（6）、（7）的意义的人就会认为它们是真的，即绝大部分人会认为（5）、（6）、（7）是分析的。所以，分析与综合的区分，并不能完全类比于女巫与非女巫的区分。哈曼的"女巫论证"并不能有效地驳斥先行条件论证，虽然有一定的力度，但没有它看起来那么有力量。

4.3

2003 年索阿密斯（Scott Soames）在其两卷巨著《二十世纪的哲学分析》（*Philosophical Analysis in the Twentieth Century*）中，第一卷五个部分中整整有一个部分共两章专门讨论与蒯因"两个教条"中的论证有关的问题②，其中有对格莱斯和斯特劳逊的先行条件论证的评价。

为了说明索阿密斯的看法，我们有必要跟随他回顾一下历史。索阿密斯认为，在蒯因写作"两个教条"的年代，人们普遍相信实证主义者的如下两个信条：

（T1）：所有的必然真理（和所有的先天真理）都是分析的。

（T2）：解释必然性（和先天性）的合法性需要分析性。

不仅逻辑实证主义者和早期维特根斯坦相信 T1 和 T2，很多其他学者也相信 T1 和 T2。而且这种信念一直保持在维特根斯坦晚期和牛津的日常

① Harman 1967，p. 139
② Soames 2003，pp. 351 – 405

语言学派直到 20 世纪 60 年代初。因为维特根斯坦和实证主义者有下述考虑：

（WS1）：一个句子要述说某种东西，要提供某种信息，它的真就要排除世界的某种可能的状态。

（WS2）：因为必然真理没有排除任何东西，所以没有述说任何东西。因为它们关于世界是怎样的没有述说任何东西，所以世界是怎样的对它们的真没有任何贡献。因此它们的真必定只是由于它们的意义。

（WS3）：实证主义认为，关于世界的一切知识都依赖于观察和感觉经验。

（WS4）：因为先天真理可以独立于观察和感觉经验而被知道，因此它们必定不是关于这个世界的。如果它们没有告诉我们关于这个世界的任何东西，那么它们的真必定只是由于它们的意义。①

WS2 论证的是所有的必然真理都是分析的，WS4 论证的是所有的先天真理都是分析的。而这正是 T1。另一方面，分析真理也被认为是必然的和先天的。这样，无论是像定义 DA6 那样直接用必然性定义分析性，或先用必然性定义同义性、再像 DA2 那样用同义性定义分析真理；还是像定义 DA8 或 DA9 那样用先天性来定义分析性，都被认为是对分析性的正确刻划。蒯因在"两个教条"前几节中的论证（索阿密斯称为"循环性论证（circularity argument）"）表明这三个概念（必然性、先天性、分析性）虽然可以相互定义，但都是不清晰的和成问题的，需要加以阐明；最后两节表明它们是错误的概念，是教条。索阿密斯认为，蒯因的论证至多只是成功地否定了关于分析性的某些概念和实证主义者的某些观点；蒯因并没有给出一个反对分析性的一般论证，也谈不上成功地反驳了分析性，因为蒯因和实证主义者们一样认为只有在 T1 和 T2 正确的情况下这三个概念才有意义②。

至于格莱斯和斯特劳逊的先行条件论证，索阿密斯把我们§3 节的蒯因论题 QT2 称为"强解释"（strong interpretation），把 QT3 和 QT4 称为

---

① Soames 2003，pp. 353 – 4
② Soames 2003，p. 361

"弱解释"（weak interpretation）。索阿密斯对驳斥强解释的论证 GS2 提出了两点质疑：

第一，他对 GS2 的前提"人们对分析陈述和综合陈述的划分基本一致"提出了质疑，认为格莱斯和斯特劳逊没有作经验的调查研究以证实这一前提，实际情况比他们想的要复杂。他认为，这种划分——以必然的、先天的、分析的陈述为一方，以偶然的、后天的、综合的陈述为另一方——既不是必然的，也不是有定论的，甚至不是自然的。因为今天人们已经知道，并非所有的必然真理是先天的，并非所有的先天真理是必然的。"许多情况下需要经过仔细的分析和论证才能得到正确的划分。因此，不能简单地期望普通人，在给出了'必然／偶然'区分和'先天／后天'区分的基本引导之后，从这四个范畴中随机选出新的例子给他们，他们给出的划分能非常准确或非常一致"①。

第二，他对 GS2 论证的有效性提出质疑。用的论证可以说还是哈曼的"女巫论证"，即假定人们相当一致地认为某些人是女巫而其他人不是，那么用类似如 GS2 的论证可以得出：在被人们称为是女巫的人（可能由于某种可疑的言谈举止）（A 类）和不被人们称为女巫的人（B 类）之间真的有区别。但事实是没有人真的是女巫，即 A 类和 B 类人都不是女巫，即在这一点上 A 与 B 其实是没有区别的。所以得到了"矛盾"。因此 Q 方有理由认为 GS2 论证不是有效的。

据此，索阿密斯说，"蒯因，与其批评者格莱斯和斯特劳逊，双方都没有完全成功。（蒯因的）循环性论证没有表明不存在分析—综合的区分，也没有能指出关于分析性的错误信念是什么。格莱斯和斯特劳逊的关于人们运用的一致的论证至多只表明已作出了某种区分，但不能排除没有分析真理的可能性"②。

我们认为，索阿密斯的第一点是有道理的。但是如果要指责格莱斯和斯特劳逊没有作经验的调查研究，就应该自己以实际的经验调查为依据。因为实验结果也许与格莱斯和斯特劳逊所设想的吻合。索阿密斯的第二点

---

① Soames 2003, p. 372
② Soames 2003, p. 373

则是错误的，在他的"女巫论证"中，虽然 A 类和 B 类人在都不是女巫这一点上是没有区别的，但这不等于说 A 类与 B 类之间没有别的区别。比如 A 类人都有某种可疑的言谈举止而 B 类没有，这就是区别。所以 GS2 论证是有效的。

这样，索阿密斯对针对强解释的 GS2 论证的评价就是错误的。

索阿密斯对驳斥弱解释的论证的理解是：格莱斯和斯特劳逊认为，主张分析真理可以通过同义词替换归结为逻辑真理没有错，主张同义性可以用必然性来定义也没有错，等等①。如果哲学家们的这些主张没有错，那么他们对分析性的理解是对的，因而就不能说人们误解了那种区别的本性。分析性概念家族中的概念"可以相互定义并不表明它们是有问题的。也不表明它们被错误地描述，或被错误地理解，除非这些概念之中有一个被认为是先于其他概念、是理解其他概念的基础"②。

如果蒯因承认分析真理可以通过同义词替换归结为逻辑真理，这样驳斥弱解释当然是可以的。但是我认为格莱斯和斯特劳逊实际并不是这样做的。我认为格莱斯和斯特劳逊实际给出的先行条件论证比索阿密斯所说的更为精当、更为有力。因为，格莱斯和斯特劳逊要驳斥的是蒯因，而蒯因并不认可这种用分析性家族中的一个概念去定义其中的另一个概念。所以，需要证明的恰恰是"分析真理可以通过同义词替换归结为逻辑真理、同义性可以用必然性来定义"等这类主张，因为弱解释说的正是人们误解了分析性。格莱斯和斯特劳逊没有把要证明的东西当作前提。

事实上，并非所有的分析真理可以通过同义词替换归结为逻辑真理，例如卡尔纳普分析性陈述就是。因此，用索阿密斯所述的方式驳斥弱解释是不成功的；但是格莱斯和斯特劳逊的先行条件论证，由于"该先行条件一点也不被事实——所说的区分在某种意义上没有得到适当的阐明——（如果这是事实的话）所动摇"③，却是可能成功的。注意，没有得到适当的阐明并不等于误解。人们对很多基本概念如"真"、"事实"等也未能给

---

① Soames 2003, p. 374
② Soames 2003, p. 375
③ Grice, Strawson 1956, p. 147

出定义，也可以说它们没有得到适当的阐明，但人们也没有误解它们。弱解释并不是指责人们不能阐明分析性。（实际上，蒯因认为人们不可能阐明分析性）。弱解释主张的是人们误解了"分析性"。所以我认为，索阿密斯没有真正理解格莱斯和斯特劳逊的驳斥弱解释的先行条件论证。

4.4

但是我们也不认为先行条件论证是无懈可击的。因为论证 Ar3.4 中的前提 GS4（从而 GS5）不成立，或者由 GS4 得不出 GS5。因为 GS4 认为，"蒯因承认分析性概念至少能借助于认识同义性这个概念被正式地加以解释"；但这是对蒯因的一种误解。蒯因的确认为由分析性可以直接给出同义性，见 Ts1.10。但没有认为由同义性也可以直接给出分析性。我们多次说过，仅用同义性无法说明"卡尔纳普分析性陈述"。在"两个教条"中，蒯因实际的意思是，假如不怀疑逻辑真理的分析性（所谓第一类分析性），那么利用定义 DA2，即利用同义性可以建立他所谓的"第二类分析性"。但是蒯因并没有把逻辑真理作为理所当然的分析陈述，因为蒯因的立场是，不认为有合理的分析概念，逻辑真理也是可修改的。

现在让我站在 Q 方立场，提出一个不利于先行条件论证的如下论题[1]。

Ts3.6：日常语言中运用某个词时，不管该词出现得多么频繁，在人群中运用得多么广泛，该词仍然可能只是某个不合法的概念的名称，更不用说该词所意指的对象完全可能不存在。特别地，不能因为日常语言中人们经常运用词"意义"，就认为存在一门以意义为主题的科学，即所谓语义学。

证明 Ar3.6：

日常语言中，普通人经常运用词"……导至（cause）……"、"……造成……"、"因为……，所以……"。但不能因此就认为存在一门以"因果关系（causation）"为主题的科学。在某种涵义上，全部科学就是一个关于因果关系的理论；但这不是在用词"导致"所说的那种意义上的因果

---

[1]　这一论证是普特南作出的，见（Putnam 1970, pp. 146-7）。但他的这一论证并不是用来驳斥先行条件论证。我这里是把它作为一个对先行条件论证有攻击力的论证。

关系。

同理，日常语言中，普通人经常运用词"意义"。但不能因此就认为存在一门以意义为主题的科学，即所谓语义学；任何关于语言使用的发达的成功的理论将在某种涵义上是一种意义理论；而不必是在使用词或话语的"意义"这样的概念的涵义上是一种意义理论。

证毕。

普特南用这一论证的本意是要说明以意义为研究对象的语义学不一定是必需的。但它用在这里，确实对格莱斯和斯特劳逊的先行条件论证构成威胁。另外，我们也同意索阿密斯，论证 GS2 的前提是需要进一步研究的，因为人们真的那么一致吗？

所以，尽管格莱斯和斯特劳逊的先行条件论证有根有据，论证严密，但 D 方仍然没有终结性地解决问题。D 方认为存在分析陈述和综合陈述的区分，这既有已有的哲学传统作基础，又有人们的日常用法和直观作基础，又有先行条件论证作保障，但是 D 方仍然没有能说服 Q 方。普特南说：

格莱斯和斯特劳逊的论证只是证明二者之间的区分，却没有阐明这一区分，但要求阐明这一区分却是蒯因的挑战。换句话说，我们现在是知道存在分析与综合的区分，但是还不能把这一区分的性质是什么弄得很清楚。……不同意蒯因的哲学家们最近发现他们处于这一状况：他们知道存在分析与综合的区分，但是对它的特性还不能给出一个令人满意的解释。[①]

普特南这里说"要求阐明这一区分却是蒯因的挑战"，与前面 §1 节中米勒说的"现在轮到蒯因来解释为什么'分析性'是属于那种需要得到那种高要求的阐明的概念"对比一下，是很有意思的。

所以，D 方一方面要努力阐明分析陈述（和综合陈述）的特性；另一方面要以其人之道还其人之身，即攻击 Q 方的论证。也许攻击对方还要简单一些和更为有效一些。下面我们就开始对第一章给出的怀特和蒯因的诸论证进行考察。

① Putnam 1962, p. 35

§5 对怀特的反驳

5.1

学界对怀特的考察不多，也许是被蒯因的过于耀目的光芒所遮盖。早期还有人如麦特斯（Benson Mates）这样攻击怀特的 Ts1.5 "按照行为主义的标准，分析与综合的区分是一种程度之分"，其论证是：

论证 Ar3.7：

（M1）：可以用一个经验的标准来判定一个分析句子的真。例如，尽管我可以用一台加法机器来确定 "$238 \times 426 = 101388$" 是真的，但这并不意味着这个句子就是经验的。

因此，

（M2）：即使怀特对分析性给出了一个经验的标准（在他的这个词的意义上），也不能由此而得出 "分析的" 是一个经验的或事实性的谓词。

同样的，

（M3）：从标准的性质推断出 "该区分是一种程度之分" 是不正确的，无论该标准具有什么性质。

证毕[①]。

在这个论证中，麦特斯从 M1 得出 M2，再用类比推理从 M2 得出 M3。M1 是真的，这用的是例证，令人信服。但由 M1 得出的 M2 则颇令人费解。用 M2 想说明的大概是：从标准的性质推不出用该标准来判定的句子或命题的性质。但是，类比于 M2 的 M3 却直接扯到区分的性质——"该区分是一种程度之分"，所以，这是一个不合逻辑的类比，麦特斯的这个论证是得不出 M3 的。另一方面，就算 M3 是对的，也没有驳倒 Ts1.5，因为 "根据标准 C 推出分析与综合的区分是一种程度之分" 与 "根据标准 C

---

① Mates 1951, p. 527

的性质推出分析与综合的区分是一种程度之分"是很不一样的，后者是错的不等于说前者也是错的。所以，我们认为论证 Ar3.7 没有说服力，不足以驳斥怀特的论题 Ts1.5。

5.2

怀特的主论证是论证 Ar1.1（见第一章§3），即证明陈述

（9）所有的人是理性动物。

既不是分析的，又不是综合的。由于存在这类陈述，所以二分论是不正确的。

但是怎么证明陈述（9）既不是分析的，又不是综合的？这当然依赖于分析陈述的定义。怀特提到了两个定义，即定义 DA1 和 DA2。按照定义 DA1，也不能立即断定（9）是分析的还是综合的，这依赖于对"自相矛盾"的解释。若"自相矛盾"作狭义的解释，即定义为具有"A 且非 A"或"有些东西是 P 且不是 P"这种形式的陈述，则"所有的人是理性动物"不是分析陈述；而"所有的人是人"之类的陈述才是分析陈述。论证 Ar1.2 是对的。但是这个时候主论证 Ar1.1 中不能说"显然，（9）不是综合的"，怀特应该给出理由。我们要问怀特对综合陈述的定义是什么？可惜怀特没有给出相应的对综合陈述的定义。如果怀特说他的对综合陈述的定义跟通常人们的见解差不多，所以没有必要给出。那么我们说，怀特的对分析陈述的定义 DA1 却跟通常人们的见解不一样，因为通常人们认为"所有的单身汉是未婚的男人"是分析的，但是定义 DA1 却否定这一点。大概怀特这里不会有兴趣去谈论与通常人们的"分析陈述"和"综合陈述"概念名称相同但涵义或定义完全不同的概念，所以定义 DA1 的这种解释可以不管了。

若"自相矛盾"作广义的解释，但这又遭到怀特自己的论证 Ar1.3 的否定。定义 DA1 的确应该抛弃。但是要判断（9）是否是分析的，还是要有一个定义。现在让我们跟随怀特考虑一下定义 DA2。按照这个定义，怀特的论证 Ar1.4 表明：我们无法知道"所有的人是理性动物"是不是分析陈述。（我们姑且不去挑论证 Ar1.4 的毛病）。但是这时，就得不出主论证中的"（9）也不是分析的"，从而主论证 Ar1.1 因前提不成立而失效。

5.3

那么怀特的论证 Ar1.5 以及它所得出的论题 Ts1.5 又怎样呢？对于它所考察的两个陈述：

（9）所有的人是理性动物。

（11）所有的人是无毛的两足动物。

根据行为主义的某种标准，对于给定的土著部落 N，调查的结果表明：土著人更相信如下的推理一，

（推理一）：因为 A 不是理性动物，

所以，A 不是人。

而不是那么相信推理二，

（推理二）：因为 A 不是无毛的两足动物，

所以，A 不是人。

尽管他们也相信推理二。调查结果还告诉我们，N 中人们认为（9）与（11）都是真的。但是我们调查不出，N 中人们对于（9）与（11）哪个是分析的哪个是综合的，会怎么看。问题在于：我们调查不出来 N 中人们的这方面的看法，就能得出 N 中人们不能区分（9）与（11）何者是分析的何者是综合的吗？这至多只能说明我们没有办法调查出我们想知道的情况，只能说明我们的无能。也许部落 N 中的人们还没有分析与综合陈述的概念，因为他们之中还没有出现过像康德这样的哲学家。但是为什么不去调查一下别的部落，比如去问一下卡尔纳普，问他（9）与（11）何者是分析的何者是综合的，卡尔纳普会说他不能区分吗？

就算 N 中人们不区分分析陈述与综合陈述，也不能得出分析陈述与综合陈述之间的区分不存在。正如我们不能因为 N 中人们不区分行星和恒星（假定他们没有天文学），而得出恒星与行星的区分不存在一样。

那么怀特的另一个结果——N 中人们更相信推理一，说明分析—综合的区分是程度的区分——的根据是什么呢？正如我曾指出的，不能从信念有程度之分而推出相关的知识有程度之分[①]，我们觉得怀特的结论没有充

---

① 周文华 2009，p.488

分的根据。相反，这一调查结果至少说明，对 N 中的人们来说，陈述（9）与（11）是有区别的。但这究竟是程度的区别还是性质的区别，我们还需要更多的调查。在调查之前，我们可以预期，这个问题与 N 中人们怎样理解"人"有关，与 N 的文化传统有关。对于另一个部落 M1，假如 M1 中人们认为，有 0.0001% 的人一生下来就是植物人或白痴，从来没有过理性，但是有 0.0008% 的人有三只脚或像猴子一样身上长满了毛。这样，虽然 M1 中的人们不认为（9）与（11）是完全真的，但是 M1 中的人们也像 N 中的人们一样更相信推理一。但是，M1 中的人们显然认为（9）与（11）都是综合的，而不会认为（11）比（9）更是综合的。现在，想像一个部落 M2，M2 中人们的观念与 M1 非常类似（或几乎完全相同），差别只是 M2 中没有人一生下来就是植物人或白痴，每个人都是理性的；也没有人有三只脚或像猴子一样身上长满了毛，每个人都是无毛的两足动物。只是 M2 中人们认为可以有 0.0001% 的人一生下来就是植物人或白痴，从来没有过理性，可以有 0.0008% 的人有三只脚或像猴子一样身上长满了毛。这样，M2 中的人们也认为（9）与（11）都是真的，不过不是必然地真，并且也更相信推理一。现在，对 N 的调查结果与对 M2 的调查结果完全一样了，但是 M2 中的人们认为（9）与（11）都是综合的，而不会认为（11）比（9）更是综合的。

所以，怀特的论证 Ar1.5 是成问题的。

§6 对蒯因诸论证的考察

王路说："奎（蒯）因关于分析和综合的批判论述非常出名，但是人们一般只接受他的论证，而不接受他的结论"[1]。如果蒯因的论证前提没有错，那么不接受他的结论的人们是不是意识到自己的自相矛盾呢？不管蒯因的结论如何极端、如何"石破天惊"，只要他的前提是正确的、论证是有效的，我们就得承认他的结论。此外，我们只有一个办法，那就是仔细地考察他的论证。

---

① 王路 1998，p.1

与关心怀特的论证的人寥若晨星相比，考察蒯因论证的人可谓门庭若市。因此，我们对蒯因诸论证的考察倒可以尽可能地简略，因为没有必要重复别人已经说过的。况且，本章以上诸节很多内容实际上也是对蒯因的某些论证的考察。

6.1 理论体系的起点问题：分析性、同义性和意义

蒯因在论证 Ar1.7 中认为，意义理论要加以探讨的首要问题是语言形式的同义性和陈述的分析性。（这时意义理论已经与指称理论分开了）。意义本身，当做隐晦的中介物，则完全可以丢弃。因此，蒯因在意义理论的起点问题上，毫不犹豫地认为"意义"这个概念是不能作为起点的，不能作为"无须定义的原初概念"。作为起点的只能是语言形式的同义性和陈述的分析性。这是他在 Ar1.7 中否定定义 DA4 的理由。因为在定义 DA4 中，意义是起点，分析性这个概念是由意义建构出来的。但蒯因不认为"意义"能作为起点，"意义"必须由别的概念来说明，并最终由起点概念来说明，即要由"分析性"来说明意义，因而 DA4 是循环定义。

分析性和同义性这两个概念，在明确它们是意义理论要加以探讨的首要问题之后，它们间的关系在理论体系中只能有这四种情况：（一）分析性概念是起点，同义性由分析性概念建立。（二）同义性概念是起点，分析性由同义性概念建立。（三）两者是相互独立的，即都是起点。（四）两者不是相互独立的，都可以作起点建立另一个概念。

蒯因的论证 Ar1.10 说明，以分析性作起点，可以建立同义性，因而否定了情况（三）。蒯因也不认可用同义性作为起点建立分析性，这才是他反对定义 DA2 的原因。他说："因为在上面的描述中我们要依靠一个和分析性自身同样需要阐释的'同义性'概念。所以我们仍然没有对于第二类分析陈述，因而一般地对于分析性的特点作出恰当的说明"[1]。但是在谈到用分析性阐释同义性时，他却没有这类说法。正因为"同义性"不能作为起点，所以他继续找，看有什么可以用来阐释"分析性"。通过对"定义"进行考察，发现"定义"也不能作为起点，"定义"甚至要以"同义性"

---

[1]　蒯因 1951/1987，p. 22

来说明。所以他反对定义 DA5。副词"必然地"也不能用来阐释分析性，他说："这个副词真的有意义吗？假定它是有意义的，便是假定我们已经充分了解'分析性'的意义"①。因此"必然地"也要用"分析性"来定义，所以他反对定义 DA6。再看"语义规则"，他说"这些规则告诉我们这样那样的陈述，而且只有这些陈述是 L0 的分析陈述。现在这里的困难恰好在于这些规则含有'分析的'一词，这是我们所不了解的"②。这意思也是说"语义规则"要用"分析性"来定义，所以他反对定义 DA7。所有这些都说明，只有"分析性"才能作为理论的起点。用其他的概念作起点，最终还是要回到"分析性"上来，从而都是循环定义。所以情况（二）和（四）也被否定了。只有（一）没有被否定，而是不断地被肯定。

这种对理论的起点的思维探索可以说是"两个教条"的前四节的写作的一条主线。但是直到文章的结束，也没有能确立"分析性"为起点，因为，蒯因发现，根本就没有任何陈述是分析的。"分析性"是一个幻觉。既然分析性是一个幻觉，一个只能以分析性为起点的理论体系也是幻觉。可以用分析性建立起来的一系列的概念：同义性、定义、必然性、语义规则等也全部掉进了这个后来被人们称为"分析性概念家族"了。家族中概念的相互可定义性，蒯因本人并没有认可，只是众多批评者们的想当然罢了。例如"大于，小于"这样的超小家族概念，可以定义"A 小于 B"为"B 大于 A"，也可以定义"A 大于 B"为"B 小于 A"。但是对于一个大的家族概念，其间概念的关系错综复杂，并不是每一个都可以用另外一个来定义的。

"分析性"的确被逻辑经验主义作为他们的意义理论的起点："任何陈述要么是分析的，要么是经验地可确证的或可检验的，才是有意义的陈述"。但是蒯因最终认识到，有意义的单位不是单个陈述，而是整个理论体系。

令人奇怪的是，既然蒯因认准"分析性"是意义理论的起点，却又一

① 蒯因 1951/1987，p. 28
② 蒯因 1951/1987，p. 31

直叫嚷他不明白"分析性"。难道他不明白，任何理论体系的起点都是无法定义的？要求给起点概念以定义，是一种自相矛盾。那么，他只能要求给起点以一定的阐释。蒯因希望能理解"分析性"，这是可以的。但是我们在§1节已经看到：蒯因要求的理解是高标准的，而麦特斯的"理解"可以是模糊的。现在我们看到，蒯因要求给"分析性"一个定义是一个不合理的要求。特别是由于蒯因坚持"同义性"、"必然性"、"语义规则"等概念意味着"分析性"已经被了解，这也就是说他坚持"分析性"是起点概念。实际上，他的这些说法也意味着他对"分析性"已经有了一些了解，绝不是一无所知。实际上，起点概念只要有直观性就足够了。而麦特斯说过："人们对分析性和同义性有着'直观的'概念"，因此，对麦特斯等人而言，分析性和同义性完全可以作为理论体系的起点。

在任何一个理论体系中，其起点概念合不合理，是要由整个理论体系的结构来评价的。当整个理论体系内容丰富而结构清晰，不含矛盾，从而整体上易于让人理解；并且同样的内容无法用别的方式组织得更清晰，更易于让人理解；那么这个起点就是合理的起点。

6.2 分析性、同义性与定义

蒯因把一切分析陈述分为两类，第一类分析陈述是逻辑真理，第二类分析陈述是能通过同义词替换而变成逻辑真理的陈述。这是许多人以为同义性可以说明分析性的根源。但这样的话，"任何物体不比它自身大"这样的公认的分析陈述就不能包括在这两类之中。所以蒯因这里"犯了一个小错误"，DA2 当然不能作为对分析性的定义。但这无损于蒯因的论证，因为他的用意是否定有所谓的"分析陈述"，其论证的有效性并不依赖于这样的分类。

我们在§1节已经看到，麦特斯、格莱斯和斯特劳逊都驳斥过蒯因的所谓不能理解"分析的"一词的根据。其实，怀特和蒯因的不理解"同义性"也是遭人诽诉的。蒯因自己建议过用"在一切语境中具有保全真值的互相替换性"来定义语言形式的同义（见第一章§4.5节 Q3），但他又以这涉及别的"不清楚"的词而否定了这一方案。在"两个教条"中，这个不清楚的词是"必然的"；在《逻辑哲学》中，动词"认为（think）"也被认为"不清楚"（lack of clarity）①。索阿密斯正确地指出②，"必然地"并不能定义出真正的"同义性"；例如下面两个句子：

（8）必然地所有且只有等边三角形是等角三角形。

（9）必然地 $2^{10} = 1024$。

是真的，但是"等边三角形"与"等角三角形"并不同义，2^{10} 与 1024 也不同义。也就是说，"同义性"比"必然性"要更精细。也就是说，在模态结构

（10）必然地……

中具有保全真值的互相替换性的两个语言形式并不一定是同义的，但是在下面

（11）X 知道/相信/认为/说……。

所表示的认知结构中具有保全真值的互相替换性则是同义的。这表明蒯因的论证 Ar1.11 中有错误：因为，就算把握"必然地"需要"分析性概念已先被了解"，但是把握"知道"③ 并不需要"分析性概念已先被了解"。当然，不难看出，论题 Ts1.11 还是正确的。

因此，把表达式的同义性定义为在（11）这样的认知结构中具有保全真值的互相替换性，既可以不预设"必然性"，又得到我们所要的意义相同性概念。如果"同义性"可以定义④，那当然也可以被人理解。

另外，蒯因对定义的看法也惹起争议。蒯因说过："定义这个概念并不掌握同义性和分析性的关键（key）"，原因是"定义——除了明显地根据约定引进新记号的极端场合——是以在先的同义性关系为转移的"。对此，格莱斯和斯特劳逊批评说：

（GS6）：现在让我们考察他所说的那些极端场合。他说："这里被定义词和定义词所以是同义的，纯粹因为它是为了和定义词同义这个目的而特意被造出来的。这里我们有了同义性被定义所创造的真正明显的例子；但愿一切种类的同义性都是同样地容易理解就好了。"这里如果我们严格对待蒯因

---

① Quine 1970/1986, pp. 9 – 10
② Soames 2003, pp. 362 – 5
③ 把"知道"换成"相信"、"认为"、"说"中的任一个都一样。
④ 对"同义性"存在多种定义，一种蒯因式的定义见（Pagin 2001, pp. 7 – 32）。

所说的这些话，那么从整体来看蒯因就是不一致了。就像一个这样的人，我们试图对他解释，一事物配合着另一事物，或两事物相互配合，他说："当制造出一事物使之配合另一事物时，我懂得说一事物配合着另一事物，或两事物相互配合的意思；但在其他的情况下我不懂得说这句话的意思。"①

格莱斯和斯特劳逊这里通过类比说明了蒯因宣称不理解同义性的荒唐：能理解人为制造出的相互配合的人，也就能理解天然的相互配合；同理，能理解由立法定义建立的同义关系，也就能理解自然语言中本来有的同义关系。所以同义性是可以理解的。而有了同义性，就有可能在此基础上理解分析性。也就是说，"定义"可以成为理解同义性和分析性的钥匙（key）。

但是 Q 方对此的回答是，定义建立的同义性只是暂时的。在该定义存在的语境中它建立了被定义项和定义项的同义，但是这不能阻止该被定义项以后被用于新的语境、拥有新的意义。这在自然语言中的确是经常发生的事。两种语言形式的同义，的确不都是由于定义所带来的。在汉语中"西施"与"美女"经常是同义的，这不是定义造成的，而是由于历史上那位名为"西施"的人是一位美女。并且只有在一定语境中"西施"与"美女"才同义，在另一些语境中"西施"与"美女"是不同义的。因此，同义性是可以理解的。有了在先的同义性，就可以判定某个词典中的"定义"是否正确。但词典中的"定义"只是阐释定义。在科学研究中，在一个理论体系中，我们尽量不要采用这类定义。

在严密的理论体系中的定义都应该是立法定义，这种定义建立的同义性，至少在该理论体系中是稳定的。其实，这也就够了。被定义项的其他意义，一定是脱离了该理论体系的其他语境才有的，因此它对于理论体系本身没有什么危险性。只是喜好双关语的人要记住，他们对语言的使用常常偏离科学理论的要求，因而他们的研究活动也可能是非科学的。

6.3 对蒯因在"两个教条"中的论证的大致评价

上面我们谈到了蒯因在"两个教条"中的论证的一些问题。蒯因论证中的其他问题我们在别的地方再谈。这里我只谈一下我对蒯因论证的总的

① Grice, Strawson 1956, pp. 152 - 3

看法，以结束这一节和这一章。

蒯因反对有所谓的分析陈述，反对一切陈述可以分为分析陈述和综合陈述，反对单个陈述是意义的单位，在哲学上的确提供了深刻的洞见！他的陈述就是指的句子，或者说陈述句。就此而言，我完全赞同蒯因的结论，也认为他给出的论证是有力的，虽然有不少错误。但是我不同意蒯因对意义和内涵的完全否定，因为这在哲学上导致更大的困难，即言说的困难。对这一点论题 Ts3.1 和论证 Ar3.1 已有所揭示。拒绝一个句子有意义或无意义这类说法，将冲击言说的底线，也无法保证换一种说法会更好。当蒯因已经拒绝区分句子的有意义和无意义，这也表明"句子"已经不适合作为哲学叙述的真正单位。

但是几千年来哲学一直在叙述，从柏拉图的"对话"到康德的"批判"，到罗尔斯（John Rawls）的"正义论"，等等。哲学家们知道他们说出来的是句子，但也知道它们决不只是句子，而一定以为它们是有意义的句子。句子并不重要，重要的是这些句子所负荷的意义，同一种意义换句话说未尚不可。哲学家们经常把他们所说的称为"命题"。句子只是命题在特定语言中的表现形式。但是蒯因却反对"命题"和"意义"这样的概念，这是我们所不能同意的。

从下一章开始，我将力图证明"命题"和"意义"是合理的概念。命题是可以被语言中的句子所表述的，但又绝不依赖于某个特定的句子。哲学家们说出的命题才是真正重要的东西。庄子说："语之所贵者意也"①，又说："言者所以在意，得意而忘言"②。如果我们把握了哲学家们所述说的命题，又何必在乎表达这些命题的句子的一些瑕疵呢。但是对于命题，我却主张，一切命题可以二分为分析命题和综合命题。这是康德引入这一对概念时本就以为是理所当然的东西。但是经过蒯因的质疑，却成了不可回避的问题。真的存在不同于句子的命题吗？命题真的可以二分吗？蒯因关于陈述的那些论证用于命题上会怎么样？这就是我们下一步要研究的问题。让我们先看看句子是什么。

---

① 《庄子·天道》
② 《庄子·外物》

第四章 句子与意义

在第一章§5 我们提到，二分的对象根本上有两种：句子和命题。我们还想追问，这二者的关系究竟如何？是否命题可以归结为句子？因此有必要对相关的问题进行深入的探讨。先让我们弄清楚什么是句子。

§1 什么是句子？

1.1

什么是句子？[①] 当我们想妥当地回答哪怕像这样一个看起来很平常的问题，我们也要费一番脑筋。因为，对同一个问题，可以有多种回答。

对于"什么是 A"这类问题，人们可以用下列方式之一来回答。第一，通过举例来回答。即指出一个或若干个人们熟悉的对象 a，或 a_1、a_2、a_3，等等，说"a 是 A"，或"a_1、a_2、a_3 等等是 A"。例如"什么是句子"这个问题，通过举例说："下雨了"、"我在这儿"、"It is raining"、"I am here"等等是句子，前二者是中文句子，后二者是英文句子，这就算回答了问题。第二，给出一种普遍性的回答。一般是指出具有什么样的性质的对象是 A，这通常是给出对象是 A 的充分条件。或者是指出是 A 的对象具有什么样的性质，这通常是给出对象是 A 的必要条件。第三，给 A 下定义。这通常是给出对象是 A 的充分必要条件。或者，如果我们同意有"本质属性"这种说法，那么给 A 下定义也就是揭示 A 类对象的本质属性。不同方式的回答虽然都给人以一定的满足，但满意度是不一样的。下定义大

---

① 本章的部分内容，与发表于（周文华 2009a，pp. 49 – 51）有少量重复。但那篇文章意在提出和解决有关"句子"和"意义"的悖论，因而主题与本文的不同。另外，本文所说的"句子"，除了特别申明的地方外，均指作为 type 的句子，而不是指作为 token 的句子；因为这也是一般人通常用"句子"一词所指的东西。

概是对这类问题的最好的回答，但是给出令人满意的定义却是最困难的。第二种方式接近定义但不是定义，不能保证完整地给出 A 的内涵或外延，不能保证所说的是关于 A 的一些本质的东西。第一种方式离定义最远，因为只有全部枚举才是定义，仅仅是（不完全的）举例不是定义，甚至让人不知所云，至多只能给人一些直观的映象。

1.2

当我们试图给出句子的定义的时候，我们面临两种研究方法，即规范的方法和描述的方法。规范的方法指出句子应该是什么，不合乎规范的哪怕在实际的言语现象中经常以"句子"面貌出现的声音或文字形式，也不会被"承认"是句子，而被当做类似小学生的错误造句而排斥。但这样下去的弊端也很快显示。人们会很自然地问这样一个问题：规范性的依据是什么？权威的语法书与实际的活生生的不断在演化的语言现象相比，实际的语言是决不会迁就语法书的，它们的差别越大，原来的语法书就越会被抛弃。于是，规范性的语法要以对语言的准确描述为基础。

但是描述并不是一个容量充分大、性能充分好的录音机或书刊扫描仪就能做的事情，这些仪器肯定不能回答"句子是什么"这样的问题，它能做的也就是准备了一大堆材料。需要我们自己去对这些材料进行切分、筛选。但是我们怎么去对这些材料进行切分、筛选？我们需要有效的指导原则，这些原则要能让我们行动起来，要有"可操作性"，而不是让我们对着一堆材料发呆。

对于任何一堆这样的材料，我们要从中找到句子，以说明什么是句子，这首先是一个切分的工作。但是怎样切分呢？怎样切分出来的正好是句子呢？人们认为，句子是语言中的单位。但是语言中的单位太多了，有词，有词组，有句子，还有段落篇章。句子在这些单位中既不是最小的，也不是最大的，这使得对它的切分和定义更加困难了。并且，一门自然语言通常有两个系统：视觉的系统（文字）和听觉的系统（声音），即文字系统和口语系统。这两个系统的单位划分各有其特点，文字系统中，最小的单位是（如汉语的）**字**或（如英语的）**字母**；口语系统中最小的单位是音位（phoneme）；这些最小的单位还谈不上"意义"。再往上的单位是语素（morpheme），它是由最小的单位构成的，被认为是"最小的有意义的语言成分"①。由语素构成词，再由词构成短语（phrase）和句子，由句子构成段落，由段落构成篇章，等等。我们能否在这个阶梯等级中把其中的"句子"确定出来呢？例如，认为语素、词、短语、句子虽然都是有意义的语言形式，但是只有句子才是"具有完整的意义的语言形式"，这样就把句子从中区分出来。但是词与语素的区分又是什么呢？例如把词定义为"最小的能够独立活动的有意义的语言成分"②，于是词与语素的区分就是它"能够独立活动"。可是"活动"是物体的空间的运动形式，词又不是物体，词的"活动"只能是比喻。因此，这样给词下定义违背了我们第二章所说的定义规则 R3。词能"独立活动"而语素不能"独立活动"，这是什么意思呢？这是不是说词的意义比语素的意义要完整呢？例如"们"是一个语素，不是词，而"我们"才是词，后者的意义比前者的意义要完整。朱德熙自己也指出，"所谓'能够独立活动'可以有种种不同的理解"，他提到的第一种理解就是"能够单独成句"，而句子是"具有完整的意义的语言形式"。这就表明修饰语"能够独立活动的有意义的"实际是"具有完整的意义"的一种不同的说法而已。我这里的用意不是要反对朱德熙的上述定义。我只是想说明，用"具有完整的意义的语言形式"这一点并不能把句子同语素、词、短语等区分开。何况一个句子的意义也只是相对的完整，同其他的句子相结合会让其意义更完整。

为了确定什么是句子，让我们用描述主义的眼光去看看现实中的活生生的五花八门的语言现象。于是我们看到人们之间的大量的对话，当然也有独白。语言是人们之间的信息交流的主要形式。于是我们想到一个这样的原则：

（P1）：人们之间的言语交流的单位是句子。不能作为言语交流单位的语言形式不是句子。

1.3

让我们根据这个原则对生活中的人们的对话作一些考察。人们曾经把

---

① 朱德熙 1982，p. 9
② 朱德熙 1982，p. 11

词分成名词、动词、形容词、代词、数量词、副词、介词、连词、助词、叹词、象声词这十一类。[①] 比词更小的语言形式当然是不能作为句子的。那么词可不可以作为句子呢？于是我们可以通过两个人（A 与 B）之间的下列对话，由原则 P1 得出一些结论。

（1）A：谁是新中国的第一任国家主席？

　　　B：毛泽东。

所以专名（如"毛泽东"等）可以是句子。

（2）A：他们吃的是什么？

　　　B：大米。

所以普通名词可以是句子。一般说来，任何名词都可能作为句子。

（3）A：你想不想我呀？

　　　B：想。

（4）A：马上回来。

　　　B：是！

（5）A：要不要和他打个招呼？

　　　B：不。

动词可以是句子。特殊动词"是"、"有"、"在"和否定词"不"也可以是句子。

（6）A：她穿的上衣是什么颜色的？

　　　B：白色的。

形容词可以是句子。

（7）A：谁打了张三？

　　　B：他。

代词可以是句子。

（8）A：他买了多少？

　　　B：一斤。

数量词可以是句子。

---

① 这里姑且以汉语为例。词类的分法姑且依（张静 1987，p. 217）。但这里的论证方法可应用于任何语言。

（9）A：她能来吗？

　　　B：能。

有些副词（如"能"、"也许"）可以是句子，有些副词（如"很"、"最"）不能是句子。

（10）B："唉"！（叹息声）

叹词可以是句子。

其他类型的词，就是说，**介词**（如"被"、"把"、"关于"、"按照"等）、**连词**（如"与"、"或"、"如果"、"因为"、"何况"等）、**象声词**（如"哗啦啦"、"汪汪"等）、**助词**（包括语气助词"吗"、"呢"、"么"等，时态助词"了"、"着"、"过"等，结构助词"的"、"地"、"得"等）都不能是句子。

以上这些例子能说明什么呢？说明一个句子不一定有主语（subject），不一定有谓语（predicate），甚至不一定有动词（verb），但是一定得具有意义。所有的实词都能是句子，因为它们都有独立的意义。而介词、连词、助词可以说是广义的结构词，它们是构成复杂句子的骨架，能标示句子的不同部分之间处于一定的关系，离开句子的其他部分，它们自身是没有意义的，所以它们不能单独作为句子。

副词的情形比较复杂。其实副词是个大类，可以分为两个小类，一类是修饰动词的副词，这类副词可以是句子；另一类是修饰形容词或其他副词的词，就是说，这类副词是修饰修饰词的（2 阶或更高阶修饰词），修饰词的意义依赖于被修饰词，故这类高阶修饰词不能单独作为句子。

1.4

让我们继续以描述主义的观点考察现实生活中的语言材料。不妨设有一段语言材料是记录 A 与 B 之间的如下对话的：

（11）A：今天武汉下雨了。

（12）B：是吗？

……

（13）A：这个星期什么时候轮到你值日？

（14）B：今天。

......

（15）A：快去阳台收衣服。

（16）B：怎么了？

（17）A：下雨了。

......

（18）A：舅舅去哪儿了？

（19）B：武汉。

（20）A：今天武汉下雨了，太好了，我也想去啊。

......

根据原则 P1，对话中，每个人所说的一段或者是一个句子，或者是若干个句子，（除开这些句子，不应该有多余的不成句子的部分）。然后是另一个人开始说话。

假如在所有的语言材料中都没有"今"单独作为句子，也没有"武"单独作为句子，加上它们又不是结构词，那么根据（14）和（19）可知"今天"和"武汉"都是单词句。姑且不管单词句的情况，至少由（14）、（19）、（17）知，语言形式"今天"、"武汉"、"下雨了"都可以是句子。有了这些背景，现在让我们来考虑 A 所述的（11）这个语言材料，A 所述的要么是一个句子，要么是若干个句子。这样，（11）有可能切分成三个句子："今天"、"武汉"和"下雨了"。这正如（20）可以切分成三个句子"今天武汉下雨了"、"太好了"和"我也想去啊"一样。

我们当然知道把（11）切分成三个句子是错误的。但是，持描述主义观点的不懂汉语的外星球语言学家 K 由于上述考虑，认为（11）很可能是三个句子组成的。就算他能确定"今天"和"武汉"都是单词也是如此。如果真是这样，K 大概永远弄不懂汉语了。

因此，绝对的描述主义是解释不了语言能被理解和运用的奥秘的。语言学家仅仅只拥有原则 P1 是不够的。句法学家说每一个句子都得有主语和谓语是有道理的。让我们把它作为第二个指导性原则加入到描述主义的方法中去：

（P2）：每一个句子都由主语和谓语组成。（写成符号就是：S→NP ＋ VP）

但是这个原则与所遇到的许多单词句的语言事实相冲突。然而句法学家是有办法的，他不能说我们所举的例句（1）B-（10）B 这些单词句不是句子，也不能以它们不合规范来避开它们。但句法学家仍然有理由，他会说它们分别是下述的句子（21）B-（30）B 的省略形式：

（21）B：毛泽东是新中国的第一任国家主席。

（22）B：他们吃的是大米。

（23）B：我想你。

（24）B：我马上回来。

（25）B：我不要和他打招呼。

（26）B：她穿的上衣是白色的。

（27）B：他打了张三。

（28）B：他买了一斤（白菜）。

（29）B：她能来。

（30）B：唉（我实在没有办法了）！

而这些句子都是有主语和谓语的，只是在特定的语境中它们被更省略的形式代替。他们甚至想提出一个这样的"经济性原则"[①]：

（P3）：一般情况下，人们的言语会尽量经济，即只说出对方不知的或对方需要的信息，其他的能省略就省略。

我们不妨把（21）B-（30）B 这样的句子称为省略原句，相应的省略句（1）B-（10）B 称为省略后句，则在一定语境中，人们可以根据省略后句得出省略原句。

1.5

引入指导性原则 P2 以及与之配套的经济性原则 P3，它与描述主义的理想已经有所偏离。实际上，即使是这样仍然无法完全按照描述主义的观点来运用 P1：因为实际的语言交流中难免有错误、有误解发生（描述主义

[①]　这一原则实质同于格莱斯（H. P. Grice）的合作原则四范畴中关于量范畴的第二条准则。格莱斯的表述更全面，见（马蒂尼奇1998，p. 301）。这里是以描述主义的角度来表述的，即自然语言中人们就在运用经济性原则，即经济性是客观特征。而格莱斯则是站在说话者主体角度来表述的，即我应该运用经济性原则来讲话。

甚至不好定义什么是错误的话语，尤其是经常出现的错误）。如果正确的语言交流中的最小单位确实是句子，而 P1 要求根据实际中人们的言语交流单位来确定一个语言形式是否是句子，这样得出的语言形式也许确实是人们最后所以为的"句子"。那么错误的交流呢？（如耳朵有点聋的人与正常人交流时发觉他听错了的那样；但两个耳朵都有点聋的人的错误交流可能不被发觉）不相关的交流呢？一句话没有说完就被打断了呢？或者在特殊情况下一句话没说完而改口重说另一句话呢？在这样的话语中的语言形式显然不是句子，却如何在运用 P1 时被挑出来而排除呢？这些情形是存在的，很多人都知道，因为有时候，实际中的人们会发觉他们讲错了话、说漏了嘴，因为他们的耳朵同时在听自己讲了什么。不过有的人说错了纠正，重复说一遍正确的；有的人则因某种原因未作任何更正。所以不能一般地依据这种更正和重复而把错误的语言形式排除出句子之外。总之，描述主义的方法很可能不能从根本上解决问题，当然它有助于解决问题。

所以，为了弄清句子究竟是什么，我们还是要采用传统的规范主义的方法，即给句子下定义，说明句子应该是什么。虽然这一条路也不一定好走，但我们至少应该走一走看，这样也许能够明白，困难在什么地方。如果运气好，也许我们就真的走通了。

§2 句子的定义

2.1

关于"句子"的定义，张静这样说过：

据说外国语言学家给句子下过一百多种不同的定义。中国语言学家给句子下的定义至少也有几十种，几乎是一家一说，甚至一家数说。[①]

句子的定义这样多，并不是因为给句子下定义很容易，相反，给句子下一个令人满意的定义很困难。《牛津简明英语语言词典》在词条"sentence"（句子）中这样说：

---

① 张静 1987，p. 423

句子难以定义是出了名的：人们给出了大量的对句子的定义，但发现它们都有欠缺。①

句子也许是语言现象中最突出的一类对象，但索绪尔（Ferdinand de Saussure）指出，"我们无论从哪一方面去着手解决问题，任何地方都找不着语言学的完整的对象"②，这意味着连句子都算不上语言学的完整对象。"句子属于言语，而不属于语言"③，"有一种流传得相当广泛的理论认为唯一的具体单位是句子……如果句子属于言语的范围，我们就不能把它当做语言单位。就算把这个困难撇开不谈，试设想全部能够说出的句子，它们的最明显的特征是彼此间毫无相似之处。"④即各类句子之间没有共同的特征，因而不可能下定义。很多语言学家著书立说时就不给句子下定义。

2.2

让我们还是参考一下那些已有的对句子的定义。例如：亚里士多德说过：

（D1）：句子是一连串有意义的声音，它的每个部分都有其独立的意思，但只是作为表达，而不是作为肯定命题或否定命题。⑤

约公元前 100 年的斯拉克斯（Dionysius Thrax），在西方最早的关于语法的文集中给出了这样一个经典的定义：

（D2）：一个句子表达了一个完整的思想。⑥

叶斯柏森（Otto Jespersen）的定义是：

（D3）：句子是人类说出的一段（相对）完整和独立的话语——这种完整和独立性表现在它能够单独存在。⑦

而萨丕尔（Edward Sapir）的定义是：

（D4）：句子……是一个命题的语言表达。它把说话的主题和对这个主

---

① McArthur 1998，p. 539
② 索绪尔 1980，p. 29
③ 索绪尔 1980，p. 172
④ 索绪尔 1980，p. 150
⑤ 亚里士多德 1990，p. 51
⑥ McArthur 1998，p. 539
⑦ 李学平、潘欢怀 1987，p. 98

题的陈述二者联结起来。①

霍凯特（Charles F. Hockett）在《现代语言学教程》中是这样定义句子的：

（D5）：**句子是不跟任何其他语法形式处于结构中的一种语法形式，即句子是结构体而不是成分。**②

亚里士多德的定义 D1，斯拉克斯的定义 D2，萨丕尔的定义 D4 实质上都是用意义来定义句子——尽管他们的表述稍有不同。亚里士多德说句子是有意义的声音，就不用说了。斯拉克斯说句子是完整的思想，但什么是一个"完整的思想"？既然是思想，当然有其内容、有其意义。萨丕尔对句子的定义明确依赖于另一个更复杂的概念——"命题"。如果我们把这里的"命题"理解为句子的意义，那么这也是一个从意义出发的定义。（第五章我们将说明命题具有意义。）

不过，叶斯柏森的定义 D3 和霍凯特的定义 D5 则与上述定义不同，乍一看它们不是建立在意义这个概念的基础上。叶斯柏森用"话语"来定义"句子"，有循环定义之嫌，不过他强调了句子的完整和独立性。这里的"完整"显然不是指的形式方面，而是指的"话语"的意义方面达到句子那样的完整性。所以叶斯柏森的定义仍然隐含地用意义概念作为支撑。叶斯柏森的定义 D3 还特别指出"这种完整和独立性表现在它能够单独存在"，这无非是说句子是人们的语言交流单位，但是能够成为语言交流单位的原因还是它具有某种意义。对于定义中所用的"完整"和"独立"这两个词，我们后面还有较详细的剖析。

至于霍凯特的这个颇具特色的定义，确实只从形式方面讲而不涉及意义。但是什么叫"语法形式"？"不跟任何其他语法形式处于结构中"是对语言现象的描述性总结，还是对"句子"这种语法形式的规范性规定？如果是对语言现象的描述性总结，那么在描述时必须已经有"句子"的概念，但这意味着有循环定义的危险。如果是规范性规定，那么，符合这一规定的语法形式都是句子吗？再说，什么叫做结构也是一个问题！

---

① 萨丕尔 1985，p. 31
② 霍凯特 1986，p. 248

以上扼要地摘述和评析了一下国外的语言学大师对句子的定义。下面我们看看国内这方面的研究。

2.3

张静曾总结说，中国语言学家给句子的定义有四种类型：

1. 从意义出发的定义，认为只要意义完整的就是一个句子；2. 从功能出发的定义，认为只要能独立表达思想的就是一个句子；3. 从语音出发的定义；4. 意义和功能相结合的定义，认为意义完整，而且能独立的才是句子。[①]

让我们给每一种类型列出一个有代表性的对句子的定义：

（D6）：句子是能够表达一个相对完整的意思的语言单位。[②]

（D7）：句子是语言的基本运用单位。[③]

（D8）：一个句子是两头被停顿限定的一截话语。这种停顿应理解为说话的人有意作出的。[④]

（D9）：句子是表达完整意思的、语言运用的单位。[⑤]

但是对于所有这些定义，张静都不满意，都进行了批评。他的结论是：

总之，上述各种关于句子的定义，都没有全面地从语法意义和语法形式方面揭示句子的本质特征，特别是没有揭示出语法形式方面的语调这一特征。[⑥]

从意义出发的定义把"意义完整"或"意思完整"作为句子定义的一个非常重要的方面，这没有问题。那么什么叫"意思完整"呢？张静指出，"根据传统语法学的解释来看，大概都是指能够表达一个逻辑判断的，意思才算完整，才叫句子。逻辑上的判断是由两个概念构成的：一个概念是判断的主语，一个概念是判断的谓语。这种判断的表达形式就是句子，

---

① 张静 1987，pp. 423 – 5
② 黄伯荣、廖序东 1980，p. 280
③ 胡裕树 1981，p. 346
④ 赵元任 2001，p. 41
⑤ 张志公 1959，p. 24
⑥ 张静 1987，p. 427

因而，能够表达完整意思的句子也必须有主语和**谓语**"①。但是张静本人并不同意对"意思完整"的这种解释，理由有三：第一，一个句子不一定是一个逻辑上的判断；第二，有的句子无主语或无谓语；第三，有主语和谓语的语言结构（如主谓词组，分句）也不一定都是句子。

张静自己对"相对完整的意思"的解释是，"能够简单地肯定或否定一件事情，或是提出一个问题，或是发出一种请求，或是抒发一种感情，并能叫听的人明白。也就是能反映出说话人对客观部分现实的态度，起到交际作用"②。这样，"意思完整"也就成了具有或判断、或提问、或请求、或感叹这些语言交际功能的同义词了；没有实现这些功能中的某一种，就叫做意思不完整了。如果"意思完整"只能作这种解释，那么对句子的定义的1、2、4这三种类型实际也就成了同一个类型，可以概括为"句子是能完成一定交际功能的语言单位"。反过来，能实现某种功能的句子当然是具有意义的句子，意义用法说（use theory of meaning）、意义功能说甚至主张意义指的就是具有某种功能。所以这三种类型的定义也都是要求句子一定要具有意义，从根本上看也都是从意义出发的定义。至少，具有意义是一个语言形式是句子的**必要**条件。当然，具有意义不是一个语言形式是句子的充分条件，因为词、语素也都要求具有意义。

张静自己对句子的定义是：

（D10）：句子是由词或词组按照一定语法规则构成的、具有一个语调、表达一个完整意思的独立的语法单位。③

我们不赞同张静的这个定义，因为按照这个定义，不能确定其语调的书面的语句，就不能算是句子了。我们认为文字语言与声音语言（口语）在重要方面都是对应的。在文字语言中语调常常被忽略，这至少说明语调没有那么重要。

张静对传统的定义中使用"独立"一词了也作了批评，认为"一般地理解，所谓'独立'可能还是指有主谓、谓语的语言单位"。但是他自己

---

① 张静1987，p. 425
② 张静1987，p. 428
③ 张静1987，p. 427

的定义中还是用了"独立"一词。他的"独立"是什么意思呢？张静认为，语素是词内部的语法单位，当然没有独立性，即依赖于词而存在。词、词组（或短语）也都是语法单位，但它们是从句子里分析出来的句子内部的语法单位。而句子则不包括在其他语法单位之内，能够独立担负交际使命。即句子相对独立于其所在的段落、篇章和语境，而词等成分却不独立于其所在的句子。同一句子可以出现于不同的段落、篇章和语境，但是同一词也可以出现于不同的句子之中呀。这样，"独立"的意思只能是句子能独立担负交际使命、句子是语言交流的单位而词不是。当词成了交流的单位时，那它就是单词句了。所以，说句子是独立的，意思也就是说句子是语言交流的单位，但没有后者的意思明确，容易引起误解。就是说，"独立"一词是含混的，用于定义中违犯了定义规则 R3（见第二章§2 节）。

现在再来看对句子的定义第 3 种类型。我们认为，**纯粹**从语音出发的定义是没有的。张静说这种定义在汉语语法著作中只见于赵元任所给的定义 D8。但是我们注意到赵元任的这个"定义"中有些含糊之处，这就是说话人的"有意"是什么意思？说话的人难道是可以随意停顿的吗？当然不是。那么说话人是根据什么来停顿或继续呢？当然不是纯粹根据语音。我们认为，说话人还是根据意义来作出是否停顿的选择。

2.4

现在，我们可以对所有的被人们认可的句子的定义作一个总结了。我们考察了十个定义（D1 至 D10），它们代表着所有的四种类型的句子的定义（也许 D5 不在这四种类型之中）。所有这四种类型的定义，或者是从意义出发的，或者直接要求句子具有一定的意义，或者以句子具有一定意义为前提。大多数定义不仅指出句子必须具有意义，而且这种意义要具有"完整性"和"独立性"。而"独立性"指的就是句子可以作为信息交流的单位；但句子这种语言形式必须含有意义、含有信息才能如此。"完整性"还说明，句子不仅一般地具有意义，并且它的意义达到了某种丰富性和确定性，比仅仅是词的语言形式的意义要丰满。只有达到了一定的确定性，才谈得上完整二字。因此，不了解"意义"的意义，句子的定义就是无法理解的。

霍凯特的定义 D5 中，"句子是结构体而不是成分"太空泛了。我们要问：凡是结构体的语言形式就一定是句子吗？段落和篇章不能有结构吗？如果不把段落和篇章算做**语法**形式，那么"语法"的概念是什么？语法不正是关于句子等语言形式的规则吗？因此语法的概念依赖于句子这个概念。"语法"一词对句子的定义不会有什么实质性的贡献。因此，霍凯特的定义 D5 说出了某种东西，对明确句子的概念有所增益，但恰恰不能作为句子的定义，因为这样违犯了定义规则 R1，即定义过宽了。

附带说一句，有些句子的定义（如 D5、D10）的定义项中使用了"语法"这个概念，由于对语法的定义需要使用"句子"这个概念，所以犯了循环定义的错误。

综上所述，要对句子下定义，无法避开意义。所以，我们认为，"意义"是比"句子"更为基本的概念，后者要借助前者才能定义。（下一节我们将说明对"意义"的定义并不要借助对"句子"的定义。）因此，任何讨论意义和句子的理论体系，不应该认为"句子"比"意义"更为基本，至多只能说句子可以看得见（或听得见）而意义看不见（也听不见）。

当然，已经有的句子的定义仍是差强人意的，因为给句子下定义是困难的。我们想说的是，如果有句子的定义，那它一定假设了意义这个概念，或者与它相当的东西。就算无法给句子下定义，但这无妨一个掌握了语言 L 的人能够凭语感而相当准确地判断一个语言表达式是否是 L 中的句子。不过，现有的句子的"定义"，或者说有关句子的一些看法，可以作为我们继续研究句子的基础。

但是"意义"同样是一个难以定义的概念，或者说是一个更复杂的概念。而且，有人反对从意义出发来定义句子，例如，结构主义语法认为，"一组词能否作为一个单独存在的句子不是取决于内容或意义的问题，而是取决于形式的问题"[①]。这样的结果就是容许有无意义的"句子"，例如句子"木头笑了"，而这里"木头"并非人名，而是指通常的木头。下面就让我们正视"意义"这个难题。

---

① 李学平、潘欢怀 1987，p. 97

§3 什么是意义？

"什么是意义"这个问题，的确更难回答。

首先，"意义"是个歧义的词，或者说有多种意义。中文的"意义"与英文的"meaning"是最为接近的。奥格顿（C. K. Ogden）和理查兹（I. A. Richards）在他们的《意义的意义》（*The Meaning of Meaning*）这本书中列出了"meaning"这个词的 22 种定义[1]。中文词"意义"同样有很多意义，例如说：

（31）这句话的**意义**是什么？

（32）这个词的**意义**是什么？

（33）中国自己设计制造的载人卫星首次成功升空和回收是一件有历史**意义**的事件。

（34）既然有了后果，再这样做就没有什么**意义**了。

……

但是像（33）、（34）两句中的"意义"（它相当于"价值"、"重要性"）则不是我们所要研究的。我们这里要研究的是词、短语或词组、句子等语言形式的意义，它的近义词是"意思"、"含义"、"涵义"、"内涵"等，英文对应词是"meaning"、"significance"、"sense"、"intension"等。但是，语言形式的意义也是多种多样的。单就句子而言，杨喜昌认为，句子的意义就可以分解为 13 种意义成分[2]。

对意义进行细致的区分是很有价值的事，但是我们这里关心的，是对哲学论断有影响的区分。一切形式的问题可以分为三类：是什么？为什么？怎么样？科学首先回答怎么样，然后回答是什么，并且因此而间接地回答了为什么。但哲学则首先回答是什么，然后回答为什么，并且因此而间接地回答了怎么样。

我们要研究的是语言形式的意义。语言形式**为什么**具有意义？因为它

---

① Ogden & Richards 1923/1946, pp. 186−7
② 杨喜昌 2000, pp. 36−78

是符号。一个对象**为什么是符号**？因为这个对象对我们而言，不只是它自身，而且是一个他物；或者首先是一个他物，它自身反而被遮蔽。

这样的其显现就是它的遮蔽的对象，就是符号。而那个使对象成为符号的他物，就是符号的意义。这个他物，并不自身显现，而是借着某个对象而现身，这就决定了它不是直接感知的对象；因为如果它是直接感知的对象，它就自身显现了。所以，意义不是能直接感知的。但是，这个他物既然借着某个对象而现身，就证明它参与了存在，就证明了它是在场的。它既然在场，所以它就有可能被发觉。它既然在场，它就无法不发挥它的影响。实际上，由于符号首先是他物，这表明意义是首先感知出来的。所以，说"句子意义之不同正如句子之不同**一样可以辨认**"① 是有根据的。

事物显现自身是自然的物理过程，但是符号"自身"既然是被遮蔽的，这意味着符号显现的过程同时是一个非自然的联系发生的物理过程。这种非自然的联系是符号之为符号的一个本质特征。对这种非自然的联系的重视体现在格莱斯对自然意义和非自然意义的区分上面。

3.1 自然意义与非自然意义

格莱斯指出，尽管都是"A means B"这种形式，下列的句子②应该分为两组：

（35）Those spots mean measles. （这些点点意味着麻疹。）

（36）The recent budget means that we shall have a hard year. （最近的预算意味着我们今年经济上将是很紧张的。）

（37）Those three rings on the bell of the bus mean that the bus is full. （公共汽车的铃声响了三下的意思是公共汽车上的人满了。）

（38）That remark, 'Smith couldn't get on without his trouble and strife', meant that Smith found his wife indispensable. （注记"史密斯无法避开生活中的麻烦和冲突了"的意思是史密斯发现不能没有他的妻子了。）

句子（35）、（36）是一组，其中的表达式"means"表示 B 是 A 的**自然意义**（natural sense）。（37）、（38）是另一组，其中的表达式"means"

---

① 周文华 2009，p. 488
② Grice 1989，pp. 213 – 4

表示 B 是 A 的**非自然意义**（nonnatural sense）。A 的自然意义与 A 有一种客观的联系，这种联系独立于语言，甚至独立于语言共同体的文化和历史。科学家与医生可以发现"某人身上的点点"与"麻疹"这种病态的联系，这种联系不是人为建立的。社会学家与经济学家可以发现"预算数据"与"经济状况"之间的联系，这种联系也不是靠任何人的意志而建立的。这种联系也不能人为地加以改变。相反，A 的非自然意义与 A 的联系则是基于人们之间的约定，与社会的文化和历史相关。人们可以破坏这种联系，例如公共汽车的铃声响了三下但是公共汽车上的人并没有满，因为摇铃的车务员操作错误。因此，A 的非自然意义与 A 的联系并不能单纯从现象的规律性中获得，因为这种"规律"常常被打破，但你又不能否认它的存在，只是这种联系通常都很复杂。例如，句（38）似乎表明史密斯很需要他的妻子的帮助，但如果接着的是这样的句子"But in fact Smith deserted her seven years ago"（但事实上史密斯七年前就遗弃了她），人们就会改变对（38）的解释，因为这使得"史密斯发现不能没有他的妻子"成了一种假象，但整个故事仍然是连贯和可信的。自然意义的联系表现为**规律**，非自然意义的联系表现为**规范**。例如："冒烟**意味着**着火了。"（Smoke means that there is a fire.）"着火了"是"冒烟"的一个自然意义，一般不会有人人为地用冒烟来表示着火了。如果有地方冒烟则一定是那儿着火了，这是一种规律。又例如："史蜜丝的招手**意味着**她要走了。"（Smith's hand wave means that she is leaving.）"史蜜丝要走了"是她"招手"的一个非自然意义，史蜜丝用招手来示意她要走了。完全可能史蜜丝只是招手却不打算走。一定的社会共同体中流行用招手来打招呼或告别，这是一种规范。

　　语言形式的意义与语言形式本身的联系（符号的意义与符号自身的联系）正是这种"非自然意义"的联系，它不是物理的规律，而是社会性的规范。这体现了语言的约定性和复杂性。复杂性在于，语言符号与其非自然意义既不是必然联系，又不是一一对应的；从语言符号得出其意义要有许多因素的共同参与，即是什么意义要依赖于语境才能确定；并且可以不断地被重新解释，如在例句（38）中的情形就是如此。

3.2 说话者意义，受话者意义，规范意义

在区分了自然意义与非自然意义之后，格莱斯的又一个重要贡献是对会话过程进行了仔细的分析，使相关的因素得以区分而又能明了这些因素在一个整体中的各自的作用。例如，格莱斯的一个对"U 通过说 x 来意谓某种东西"的典型分析是：

（Gr1）：对某个听众 A，U 希望他说的话 x 能够在 A（身）上起某种效果 E；在 A 上达到效果 E 是通过 A 认识到 U 的这一意图而实现的。[①]

当然，Gr1 只是格莱斯的一种分析，他还有更复杂的分析。但 Gr1 已经使多种要素的相互作用露出了冰山一角。在这里，说话者 U，U 说的话 x，听话者（受话者）A，是这个会话剧中的三个主要角色。我们把 U 以为话语 x 的意义 u（x）称作**说话者意义**，A 以为话语 x 的意义 a（x）称作**受话者意义**，u（x）与 a（x）当然都与语境有关。但是，话语 x 在语言共同体 G 中（U 与 A 都是 G 中的成员），应该也有一种被 G 中的绝大部分公认的意义，记为 g（x）。显然，g（x）与语境无关，我们称其为**规范意义**。抛开 U 讲错话、A 听错话等少数特殊情形，容易看出 u（x）与 a（x）都依赖于 g（x）。说话者意义、受话者意义都依赖于具体的个人。规范意义则独立于任何具体的个人，而只与某个语言共同体有关。在某个语言共同体中的任何合格的（这样排除刚学话的儿童和学习这种语言的其他人）讲话者，他讲的话都会受到某种规范的制约，因此说话者意义是受规范意义的影响的；受话者理解任何话语，首先是基于那句话的规范意义。

如果我们把会话剧中的故事背景即语境暂且放在一边，U 的意图也放在一边，这出剧中的其他角色也都放在一边，这时，就会看出 u（x）、a（x）都在靠近 g（x）。而 g（x）既独立于语境，又独立于个人，所以是语言哲学研究的适当起点。g（x）的特点是，它回答 x 这句话的意义**应该**是什么这个问题。因为这样使问题得到了简化，而又没有放过对语言哲学来说是真正重要的东西。这时，问题"U 通过说 x 来意谓某种东西"变成了"g（x）是什么东西"或"g（x）的意义是什么"这样一个简单得多的

---

① Grice 1989, p. 122

问题。

而 g（x）的意义问题正是语言形式的意义问题。但是现在我们可以撇开语境和说话者听话者个人来研究这个问题。

3.3 意义的定义

语言形式的意义是什么？布龙菲尔德（Leonard Bloomfield）的回答是：

（BL1）：我们曾经给语言形式的意义（meaning）下的定义是：说话人发出语言形式时所处的情境和这个形式在听话人那儿所引起的反应。[1]

但是这种行为主义的意义观在实际运用中遇到很多困难：

行为论的一个困难是，很多语词似乎并不引起什么反应，……另一个困难是：……听到不同的话，人们可能作出同一的反应，听到同一句话，人们可能作出不同的反应。[2]

布龙菲尔德也承认，"我们没有办法确定大多数的意义和证明意义的稳定性"[3]，"语言学家没有能力确定意义"[4]。这里遇到的复杂性我们在前面§3.1 节中已经谈过。但是我们也已经明了，我们可以撇开语境和说话者听话者个人的反应，因此，我们应该试试新的方法。

在第二章我们已经提到，意义怀疑论者蒯因只认可刺激意义，他甚至给刺激同义性下了定义。但是他悲观地认为，从刺激同义永远达不到普通意义的同义性，他甚至对能否给出比刺激同义性更精细的关系都是怀疑的。不过穆厄勒表明，能够给出至少要比刺激同义性更精细的关系[5]。但是，蒯因的刺激意义的定义实际上只是 BL1 的一种具体的形式，并且是它的最难实现的形式，因为它是要对每一个人每一个句子都有定义的，而每一个这样的定义涉及所有的刺激的类，并且它只考虑听话人的同意和不同意的反应，而漏掉了所有其他的反应。所以，它只是理论上有助于说明问题的一种模型，而绝不是一个可行的对意义的定义。

因此，我们遇到两个方面的困难：一方面，作为理论体系，"意义"

---

[1]　布龙菲尔德 1985，p. 166
[2]　陈嘉映 2003，p. 54
[3]　布龙菲尔德 1985，p. 172
[4]　布龙菲尔德 1985，p. 174
[5]　Mueller 1998, pp. 93 - 5

通常是起点，给起点概念下定义，犹如站在澡盆中想把澡盆举起来一样愚蠢。另一方面，"意义是什么"，涉及本体论，在没有合适的本体论的情况下，如何说明这个"是什么"的问题呢？是的，我们能说意义不是什么，例如意义不是物体、意义不是事件、不是事实，意义不属于外在的物理世界。意义属于人的心理世界吗？但它并不等同于人的意识，不同于人的感觉，因为意识和感觉是个人性的，而语言形式是公共的，它的意义也必须是公共的。意义是抽象的，离开语言形式便无法捉摸。而且，语言形式也是多种的，不同的语言形式，如词与句子，其意义可能完全是不同的东西。

所以，我们或许需要把有意义的语言形式分一下类。这是人们早就做了的，主要有六大类，即语素（Morpheme）、词（word）、词组或短语（phrase）、子句（clause）、句子（sentence）、篇章（text）。这六类中，前三者的中心是词，因为以词为基础，可以解释语素和短语；后三者的中心是句子，因为，以句子为基础可以解释子句和篇章。

于是，我们看到意义理论分为两大类，即关于词的意义理论和关于句子的意义理论。

在意义理论中，最重要的划分是弗雷格的涵义（sense，也可译为意义）与指称（reference）的区分。例如，"明朝的开国皇帝"和"朱元璋"是两个不同的表达式，意义（涵义）不同但却指称相同，即都指朱元璋这个人。学界一致承认这种区分，但之后的意义理论就五花八门了。

意义的理论可能十分复杂，那么"有意义（meaningfulness）"的理论是否可以简单一些呢？例如，也许我们可以说，一个表达式有意义，当且仅当它有非自然意义。通常，我们说不出一种语言形式的意义是什么，但是我们的语言能力让我们有一种清楚的语感，我们能知道什么样的语言形式是有意义的，什么样的语言形式是没有意义的。例如，我们知道"林黛玉哭了"有意义，但是"木头哭了"却没有意义。我们知道"春天"有意义，但是"春天的重量"却没有意义。对于具体的语言，这种语感甚至被描述出来，这就是语法（grammar），它包括句法（syntax）和词法（accidence, lexical grammar）。但是没有一本语法书能完善地描述任何人的语感。

因此，我们把给意义下定义的任务暂且放一放，也许这是一个根本完不成的任务，或者是一个无须完成的任务。维特根斯坦说得好：

划定了界线才能使这个概念有用吗？根本不是！正如在没有"一步 = 75 公分"这个定义以前，"一步"这个长度单位还是有用的。假如你想说"在下这个定义前，它仍然不是一个精确的长度单位"，我就会回答说：好吧，它是一个不精确的长度单位。——但你还没有告诉我"精确"的定义。①

所以，够了，让我们来看看现有的各种意义理论是怎么来谈语言形式的意义的。首先我们来看看词的意义。

3.4 词的意义

关于词的意义是什么，主要有下列几种理论②：a. 指称论（referential theory），认为词的意义就是词的指称。b. 观念论（ideational theory），认为词的意义就是词所代表的观念。c. 行为论（behaviorist theory），它是行为主义的意义观，前述的布龙菲尔德的观点就是。d. 验证论（logical positivist theory），它是逻辑实证主义的意义观③。e. 用法论（use theory），认为词的意义即其用法。f. 不确定论（indeterminacy theory），认为词没有确定的意义。g. 途径论（mode of reference theory），认为词的意义是通达词的指称的途径，或者说是确定指称的方式。h. 情境关系论（relation theory），认为词的意义是情境类之间的制约关系。i. 词的摹状词意义理论（description theory），认为词的意义等价于一个或一组摹状词。

但是，所有这些理论实际上也只是着眼于某些词类的意义理论，而不是所有的词的意义理论。因为词实际上分为"实义词"和"结构词"。例如在"我的枪"这个词组中，"我"和"枪"都是实义词，其存在"意义"非常明显，前者称为代词，后者称为名词；但是其中的"的"也是一个词，即结构词，通常称为"助词"，这里它表示"枪"与"我"

---

① 维特根斯坦 1992，p. 47
② 对这几种理论的一个简要的评述，见（周文华 2004，pp. 79 - 82）
③ 周文华 2004，pp. 81 - 2

的关系，即枪属于我。而"枪的我"就没有意义了。所以不能说词
"的"完全没有意义。还要注意的是，结构词在一个句子中的出现有时
分为两个或多个部分，不能把它们误以为是两个或多个词，如"因为
……，所以……"、"如果……，那么……"以及"或者……，或者
……，或者……，或者……"。例如结构词的意义就被指称论、观念论、
验证论、途径论等忽略。也许它只被用法论概括在内。但是用法论几乎
等于什么也没说，因为如果一个词在语言中都没有它的使用，那它还能
叫一个词吗？

不过，这个源于维特根斯坦的用法论，近年来有了特别的发展，
它发展成推理角色语义学（inferential role semantics）或概念角色语义
学（conceptual role semantics）。因为，用法论的缺陷很明显：很多东西
有用法，例如衣服、车子，但它们却不是意义。概念角色语义学认为，
理解一个表达式也就是能够依据它作出一些推理，例如关于"单身汉"
这个词，我可以从"X 是单身汉"得出"X 是未婚的"、"X 是成年男
人"等等。所以，表达式的意义就是它的推理角色。如果人们给出有
关一个表达式的所有推理，那么也就给出了它的全部意义。但是，推
理首先涉及的是句子的意义。

下面就让我们探讨句子的意义这个与我们的主旨更为相关的问题。

§4 句子、意义与真

4.1 句子的意义

专门关于句子意义的理论却不多，主要有行为主义的意义理论（be-
haviorist theory of meaning），逻辑经验主义的意义证实论（verificationist the-
ory of meaning），戴维森（Donald Davidson）的真值条件语义学（truth -
conditional semantics），塞拉斯（Wilfrid Sellars）、哈曼（Gilbert Harman）
和布洛克（Ned Block）等人的推理角色语义学或概念角色语义学。

4.1.1 行为主义的意义理论

兰姆赛（Frank Plumpton Ramsey）在 1927 年说过："句子的意义通过

断定该句子会导致的行动来定义，或者粗略地说，通过可能的因果来定义"①。蒯因的"刺激意义"也属于这种行为主义的意义理论。但是我们已经指出，这种理论很难有进一步的收获。

4.1.2 逻辑经验主义的意义证实论

早期的意义证实论曾被卡尔纳普总结如下：

（CR1）：当且仅当一个语句是可证实的时，它才是有意义的，而它的意义即是它的证实方法。②

它既回答了句子什么时候有意义的问题，即给出了句子有意义的充要条件；又回答了句子的意义是什么。但卡尔纳普也指出了它的问题③，建议用"确证代替证实"，因为绝对的证实是不可能的。但是亨普尔则指出了这种意义标准的更多问题，"单独一个句子通常并没有经验蕴涵"，"孤立地谈论……一个句子的'经验意义'是不正确的"④。即导致了对"句子的意义"这一提法的否定。因为如迪昂—蒯因论题（Duhem - Quine's thesis）所表明的，证实的单位不是单个的句子，而是整个的理论系统，这导致意义的单位不是单个的句子，而是整个的理论系统。

4.1.3 戴维森的真值条件语义学

戴维森（1967）早就提出：

（DD1）：给出句子的真值条件，是一种给出句子的意义的方法。⑤

他把塔斯基（A. Tarski）的真理理论改造为一种意义理论。但我在另外的地方已经表明⑥，这种改造并不成功：一方面，两个句子若是真值条件不同，则这两个句子意义必然不同；另一方面，两个真值条件相同的句子，意义也可以完全不同。这表明，意义与真值条件并不总是一致的，意义是更加精细的概念。

---

① Ramsey 1978, p. 57
② 洪谦 1982, p. 70
③ 洪谦 1982, p. 71
④ 洪谦 1982, pp. 102 - 27
⑤ Martinich 1996, p. 96
⑥ 周文华 2009a, p. 51

4.1.4 推理（或概念）角色语义学

根据推理角色语义学，可以认为一个句子的意义（或一个句子的语义值）是：

这样一个有序对，其第一个元素是以这个句子为结论的所有推理的集合，第二个元素是以这个句子为前提的所有的推理的集合。[①]

所以，推理角色语义学主张意义整体论。但意义整体论在语言学习等实践问题上和命题理论等理论问题上均有重大问题，见我们第七章对此的有关论证。维庭（Daniel Whiting）指出，推理（或概念）角色语义学除了遭遇"a）整体论、组合性和分析性"方面的问题外，还遭遇"b）专名，c）外部论，d）真值、指称和意向性，e）不确定性，f）有缺陷概念和保守主义，g）循环解释"等多方面的问题[②]。

以上我们只是说明了，目前没有一种句子意义的理论是能令人满意的，意义理论是困难的。

4.2 句子与意义

意义的理论虽然是困难的，但一个语言形式有没有意义或意义是什么，却是懂得该语言的人通常瞬间就能判断的事情。

语言作为规范性的现象，无论是自然语言还是人工语言，都存在语法。语法不一定是成文的（即不一定写成文字），却是人们的语感所体现出的事实。语法中，有关于什么是一个合格的句子的形式规定。例如"木头哭了"是合乎语法的，但是却没有意义；卡尔纳普会说这个句子违犯了语言的逻辑句法，但逻辑句法却是不成文的。

由于意义是句子的灵魂，让我们把无论有没有意义只要合乎句子的形式规定的语言形式称为**准句子**。一个准句子，如果又是有意义的，那就是句子了。

以下是关于句子和意义的一些重要的事实，让我们以例子来证实它们。

---

① Block 1993，p. 44
② Whiting 2007，4.

Ts4.1：同一个句子在不同的语境下可以有不同的意义。

论证 Ar4.1：

这种情况很多。最常见的如"今天下雨"这种例子，在今天为真，在昨天为假。真值都不同，可以证明在不同的语境下其意义是不同的。意义的确不同，因为它的"今天"所指的时间不同，另外地点也可以不同。让我们再举一例：设 A 对 B 说了下面的话，

（39）我希望你现在就走。

说这话的语境 C1 是这样的：A 与 B 在谈论一件很急切的事。（39）这句话只表示 A 的心情确实很急切，他希望 B 立即去办这件事。尽管他很喜欢 B，喜欢与 B 待在一起。

说这话的语境 C2 是这样的：A 非常讨厌 B，以至于语言中也流露出来他不愿与 B 待在一起。

所以，同样的一句话（39）在 C1 和 C2 中意义不同。

证毕。

类似地，同一个词在不同的句子中意义不一样也很常见。但是也有在同一个句子中意义不一样的词。

Ts4.2：同一个句子中相同的词可以有不同的意义。

论证 Ar4.2：

例1：一个女孩指着一张照片说：

（40）他是我哥哥，他是我弟弟；你看，他站在他的右边，多帅呀！

这个女孩说的话（40）中，第一个"他"与第二个"他"意义不同，第三个"他"与第四个"他"意义不同。

也许人们认为这只是代词的例子。下面给出其他词类的例子。

例2：A 气愤地对 B 说起 C：

（41）他这人不是人！

这句话中，第一个"人"指 C，所以（41）中第一个"人"与第二个"人"的意义不一样。

例3：下面是一段文学评论：

（42）"门槛"在小说中被赋予了多解的含义。它是新年的门槛、世纪的门槛、千禧年的门槛，同时又是经济的门槛、文化的门槛、科技的门槛，当然更现实更重要的是对人物个体而言的人生的门槛。（方克强，《文汇报》1999 年 3 月 14 日）

这段评论中，"门槛"一词出现多次，当然意义有不相同的。下面是古代语言中的例子：

例 4：孔子对曰：

（43）*君君，臣臣，父父，子子。*[①]

这里第一个"君"与第二个"君"意义不同，其他词情况类似。

证毕。

4.3 意义与翻译

句子的意义独立于句子，是"意义"概念的合法性的明证。不同语言中的一些句子彼此互为对方的译文，是句子的意义独立于任何具体的句子的明证。因此，翻译的可行性，是"意义"概念的合理性的证明。不仅如此，准确的翻译说明存在句子之间的同义性，根据这种同义性可以形成一些分析陈述。

蒯因深明此理，所以他提出翻译的不确定性。朱（志方）老师在"翻译何以可能"[②] 一文对蒯因的翻译不确定性论题给出了有力的批判，并且提出了富于启发性的构想，即以指称的相同和人类基本经验的相似作为翻译的基本根据。

况且，翻译的不确定性只能说明意义问题的复杂，并不能否定意义的存在，因为只有诉诸意义，才能谈论一个句子是不是另一个句子的翻译。所以，翻译现象的存在，就已经证明"意义"的存在，因为不同语言之间的句子可以毫无共同之处，这些句子之间的联系只能是意义的联系，只能是由于"意义"它们才有这种联系。翻译预设"意义"概念的存在和合理性。说"意义"存在，并不是说它是某种实体，因为意义是一种抽象的对象。

---

① 《论语·颜渊第十二》

② 朱志方 2008，pp. 40 - 6

翻译也有两种根本不同的原则：直译与意译。直译是以句子成分（词和句子结构等）为翻译单位的，而意译则是以句子甚至更大的单位（句组、段落等）为翻译单位的。在许多场合下它们的结果可能不一致。

例如："这个房子哭了"。这句话无法意译却可以直译为英文为"This house cried"（或 This house is crying）。还有："质数很有精神"（Prime numbers are energetic）、"他不是人"（He isn't a human being）。这些准句子是没有意义的（在童话里也许有意义），被认为不符合逻辑句法，尽管合乎语法。但是在我们日常生活中，我们可以听到人们说"他不是人"，这当然是一句近乎骂人的话，是有意义的，这句骂人的话可以意译。

无法意译是一个语言形式没有意义的证据。

4.4 句子与真

一般认为，句子的类型有：陈述句（declarative sentence）、祈使句（imperative sentence）、疑问句（interrogative sentence）和感叹句（exclamatory sentence）。而且，陈述句可以作为一切句子的语义基础。如：

祈使句 = 陈述句 + 说话者的主观意愿（对听话者的态度）

疑问句 = 陈述句 + 说话者的疑问态度

感叹句 = 陈述句 + 说话者的情感态度

人们都认为，祈使句、疑问句没有真值。由此也可以推知，陈述句也一定没有真值。

但命题是有确定的真值的，所以由此也可以推知，句子不是命题。

有人说句子也有真的和假的，虽然不是所有的句子都为真或为假，但是有的句子有真假，这也是一种颇为流行的观点。例如蒯因就是这种看法。但是，蒯因的句子有真值的观点与他的意义的单位不是句子、而是整个理论有矛盾！因为，没有意义，如何有真值？

蒯因对主张有命题、并且只有命题有真值的人这样说："句子是真的，当它的意义是一个真命题时。这里如有任何不可理解之处，那都是命题主张者的错误。"[①] 问题是，句子只有在一定的语境下才有确定的意义，才可

能表达一个真命题。同一个语句，在第一个语境下是真的，可以在第二个语境下是假的。所以，离开语境，句子无所谓真假。

实际上，没有什么句子能永远保持为真，任何句子都无确定的真值。因此，不存在蒯因所认为的固定句（eternal sentence）。我们在第六章将证明，那些乍一看无疑永远是真的句子，甚至是表达逻辑同一律的句子，在某些语境下也是假的，只是那种语境出现的的概率非常小。

任何句子都不能永远为真，总存在它为真的语境和它为假的语境。这是自然语言的特点，语言是高度灵活的，它的用途就是把说者之意传达给听者，为达此目的，怎么方便，怎么都行。而真，诚如蒯因所言，是接触实在的，"没有句子为真，除非实在让它为真"①，但是句子并不接触实在，除非使用该句子的人让它接触实在，即让它成为一个命题。当我们谈及任何一个句子，并不限定使用这个句子的是什么样的人，以及他（她）是在什么样的情境下使用这个句子，因此，这个句子是真是假，这是不可能预先确定下来的。人们可以使用这个句子，也可以只是提及它，所以句子本身是无所谓真假的。

为了更清楚地看到这一点，让我们看下面的例句：

（44）毛泽东于1976年逝世。

这是一个大家熟知的历史事件，时间不可能改变这一事实，可能会认为这个句子是蒯因所说的固定句，应该永远为真吧。但是，如果有别的人的名字叫"毛泽东"，而那个人并不是于1976年逝世的呢？（44）就可能不为真了。要知道，中国同名的现象十分普遍。也许我们该这样说：

（45）1950年为中国国家主席的毛泽东于1976年逝世。

这下句子（45）该是真的吧。但是这也不行！由于我们可以编故事，使得任何句子可以在两个不同的模型中得到运用，因而真值不同。如：在孪生地球上，1950年为中国国家主席的毛泽东并非于1976年逝世，而是在1971年9月被林彪杀害。

---

① Quine 1970/1986, p. 10

第五章 命题与事实

§1 命题是什么？

1.1 传统理论

斯塔尔内克（Robert Stalnaker）指出："命题是人们在作出预言或保证、下达命令或给予忠告时所表达的东西。它们也是人们怀疑、假定、相信很可能和希望是真的东西。"[1] 但是在说了这些之后，他接着问："它们是一种什么样的东西呢？"可见前面所说的并没有使人们足够清楚"命题"是什么。而要弄清楚"命题"是什么，这并不是一件轻松的事。

就中文的"命题"而言，此处它并非"给予一个题目"之类的意思，而是对英文的"proposition"的翻译。而英文的"proposition"，除了哲学和逻辑学上的"命题"这一意义之外，还有"主张"、"建议"（proposal）之义；它源自拉丁语的"propositio"，意即"用语言开头"，但在学界很早就做现代的"命题"解。据努且曼（Gabriel Nuchelmans）考证，词"propositio"成为一个专门性术语、表示作出断言的话语或命题，始于公元 2 世纪的阿普莱乌斯（Apuleius）或任何写逻辑著作《佩里·赫门奈阿斯》（*Peri hermeneias*）的人的著作中[2]。人类使用"命题"这个概念就更早了，麦克格拉斯（Matthew McGrath）认为，公元前 3 世纪斯多噶学派（the Stoics）的芝诺（Zeno）等人就使用了现代西方哲学传统意义上的命题概念，不过他们用的词是"axiomata"[3]。使用相近的概念还要早，见于柏拉图的《智者篇》（*Sophist*，260c – 264d）、亚里士多德的《解释篇》

---

① 马蒂尼奇 1998，p. 722

② Nuchelmans 1973，p. 108

③ McGrath 2007，1.

(*On Interpretation*)① 等处。

那么现代西方哲学传统对"命题"的主要看法是什么呢？比勒（George Bealer）在"命题"一文中指出：

传统命题理论的一些核心原则有：

（1）命题是必然性、偶然性、不可能性、真和假这样一些性质的主要载体。

（2）命题是独立于心灵的、外在于语言的抽象对象。

（3）一个信念状态就在于一个主体相信某个命题，命题是该信念的内容。（对其他的内在状态——欲望、决定、记忆等等也是类似的。）

（4）命题是典型的公共性的东西：人们通常相信同一个命题，这是成功交流的先决条件。

（5）命题是陈述句表达或意谓的东西。

……今天，传统的命题理论是占主流的观点。②

这五条核心原则真的都同时成立吗？比如这里的第一条，会不会有这样的问题：某种对象是真和假的载体，却不是必然性和偶然性的载体；而那些是必然性和偶然性的载体的对象，却又不是真和假的载体？也就是说，我们首先面临的问题是，存不存在一种对象同时满足这五条原则？如果不存在，我们自然要研究，是否存在满足其中部分原则、或某条原则的部分内容的对象，并且这些对象就是我们传统上所说的命题？如果存在，那么除了命题以外，有没有别的对象也同时满足这五条原则？

因此我们要研究，命题的适当的定义是什么。为了研究的方便，让我们像以前一样，把各种对命题的定义简记为"DP"，其后加上数字编号以便区别，这里"DP"是英文"Definition of Proposition"的缩写。不过，这里我们无意于搜集各种可能的对命题的定义，或者历史上某位学者对命题的定义是什么。这里，我们的兴趣不在历史方面。因此，当我们说某个定

---

① Aristotle 1938, p. 114, p. 120, 16a, 17a
② Bealer 1998, pp. 1 – 2

义来源于某一文献时，这绝不是说该文献的作者是该定义的创立者；相反，我们尽量从最新的文献中引用他们对于命题的看法。因为，我们的任务只是要找到适当的对命题的定义，并且希望尽快找到这样的定义。

1.2 定义

定义 DP1：**命题**是指态度的对象和真值承担者。[①]

对于这个定义，可以有两种理解：一是"任何态度的对象都是命题，任何真值承担者也都是命题"；二是"任何态度的对象且同时是真值承担者的都是命题"。但是对于第一种理解，有这样的问题：态度有多种，如"相信/怀疑"，"喜欢/厌恶"，"尊敬/轻视"，"认真/马虎"等等。我们可能喜欢一个人，我们也可以相信一个人，可以认真对待一件事情，但是人和事情都不是命题。这意味着只应该采纳第二种理解。

那么，这个定义中"态度的对象"是必需的吗？换句话说，如果我们把所有的"真"和"假"的载体，所谓的"真值承担者（truth bearer）"都称为命题会怎么样？首先，我们注意到，在自然语言中，"真"和"假"至少有两种承担者，一种是对象，包括物体和事情，例如《西游记》中的真孙悟空和假孙悟空，真哈姆雷特（Hamlet）和只是哈姆雷特演员的假哈姆雷特，真金和假金，真的事情和虚构的故事，等等。另一种是我们所说的命题。此外，有人主张，句子、信念和心灵状态才是真值承担者。[②]。所以，真值承担者并非都是命题。因此，"态度的对象"这一限制也是必需的。

现在，我们担心的是同时为"态度的对象"和"真值承担者"的是不是都是我们所想说的命题。例如，我相信这块金子 G 是真金。G 是我的态度的对象，同时又是真的；但 G 显然不是命题。对于这个例子，支持定义 DP1 的人可以这样解答：这里的问题在于，我相信的是"G 是真金"，而不是相信 G。表现在语言上，可以说"我相信 G 是真金"，但不能说"我相信 G"。就是说，这个例子中态度（相信）的真正对象是"G 是真金"，

---

① By our stipulation, 'proposition' is used to pick out the object of the attitudes and the bearer of truth and falsity. (McGrath 2007, 3. 1.)

② Russell G. 2004, p. 67

而不是 G。

那么，我们来考察这样的两个例子：①当我们相信一个人 P 并且这个人也是真的（即是真人，不是虚构的人）时候，这个人 P 仍然不是命题。②当国王克劳迪斯（Claudius）怀疑哈姆雷特时，不管这个哈姆雷特是真的还是假的，哈姆雷特仍然是人、或者是莎士比亚（Shakespeare）剧本中的一个角色，而绝不会是命题。

从语言上看：可以说"我相信 P"、"国王怀疑哈姆雷特"，又可以说"P 是真的"、"哈姆雷特是真的"。因此，这两个例子不能像前面的"金子 G"例子那样可以轻易地解释为不符合定义 DP1 的。

不过，在例子①和②中，相信一个人 P 并不是指的相信这个人是真人（不是机器人或是因长相像而假冒的），而是指的相信这个人所说的话是真的（或怀疑为假话）；国王怀疑哈姆雷特并不是指的怀疑哈姆雷特是真人或是冒充的，而是怀疑哈姆雷特所做的事和所说的话到底是发自内心的自然的所作所为和真话，还是假装的疯狂和说的是假话。因此，在这两个例子中，相信和怀疑的对象是那个人（P 或者哈姆雷特）所讲的话（以及那个人是否言行不一致），相信或怀疑那个人讲的话是真是假，而不是那个人本身是真是假。但在自然语言中，相信和怀疑某个人所讲的话，也可以说成是相信和怀疑那个人。

因此，定义 DP1 并不适当。同时为"态度的对象"和"真值承担者"的，并不一定都是命题。这个"态度"还应该与"真值承担者"的"真值"有一种内在的联系，而不是仅仅与"真值承担者"的其他方面有某种联系就够了。在例子①和②中，如果真值承担者是人，态度（相信或怀疑）的对象也是人，但是这个态度与人的真值（真人还是假冒的人）没有关系。例子①和②中的这个态度关心的是那个人讲的话是不是真话。

也许有人认为，例子①和②可以轻而易举地被驳斥：人、金子等都没有真值，命题、信念、心灵状态才有真值。但也有人认为，心灵状态和信念也没有真值，只不过信念的内容有真值；而信念的内容正是命题。因此，这种观点好比是说，只有命题有真值，其他的对象都无真值。我们认为，这恰恰是我们要证明的。所以这样驳斥①和②等于是窃题或循环论证。

还有，人们通常所说的命题可以是态度的对象，但不一定是态度的对象。我们可以思考（think）一个命题，也可以叙述（say）一个命题，也可以知道（know）某个命题是真的或是假的。"思考"、"叙述"和"知道"也都是人们的一种态度吗？似乎不宜这样说。而且，当人们在思考或叙述时，一定有思考或叙述的内容，但不一定有思考或叙述的对象，人们可以是漫无目标地思考或滔滔不绝地叙述，此时不宜说有思考或叙述的对象。

并且，并非所有的态度都能与命题相结合。设 p 是一个命题，我们可以说"我相信 p"，"我知道 p"，"我认为 p"，"我保证 p"，"我希望 p"，"假定 p"，等等。但却不能说"我恨 p"，"我害怕 p"，"我尊重 p"，"我怀念 p"、"我对 p 很马虎"，等等。

由于上述理由，让我们在 DP1 的基础上重新给命题下一个定义。

定义 DP2：**命题**是这样的真值承担者，它是相信、怀疑、知道、认为、假定、保证、建议、希望的对象，并且所相信、怀疑、知道、认为、假定、保证、建议、希望的内容是它的真（或假）。

由定义 DP2 可以得出：

Ts5.1：如果 p 是一个命题，S 是一个主体，那么"S 相信 p"与"S 相信'p 是真的'"是同义的。这里的"相信"也可以换成"怀疑"、"知道"、"认为"、"假定"、"保证"、"建议"、"希望"中的任何一个。

论证 Ar5.1：

当我们说"S 相信 p"，那么 p 就是 S 相信的对象。因为 p 是命题，根据定义 DP2，主体 S 相信的内容就是"p 是真的"。既然 S 相信的内容就是"p 是真的"，这当然也可以说成是"S 相信'p 是真的'"。反过来，说"S 相信'p 是真的'"，也等于是说"S 相信 p"。因而这两句话的意义是一样的。

容易看出，这种推理中的"相信"也可以换成"怀疑"、"知道"、"认为"、"假定"、"保证"、"建议"、"希望"中的任何一个。

证毕。

回到例子①和②所在的语境，我们发现"我相信 P"与"我相信'P是真的'"并不同义，"国王怀疑哈姆雷特"与"国王怀疑'哈姆雷特是真的'"也不同义。根据 Ts5.1，就可以排除 P 或哈姆雷特是命题。

Ts5.2：如果 p 是一个命题，p 当且仅当（p 是真的）。

论证 Ar5.2：

如果 p，那么 p 是真的。如果 p 是真的，那么 p。

证毕。

1.3 两条公理

以后我们会遇到不同的命题的定义。但是不管命题的定义如何，下面的两条是不同的定义都可以同意的，因而可以作为关于命题的公理：

公理一：每个命题都有确定的真值。即，给定一个命题，它要么是真的，要么是假的。

公理二：每个命题都可以用某种语言的句子来表达。

关于第一个公理，应该没有争议。几千年来，人们都把命题作为要么是真的，要么是假的对象。当亚里士多德说"并非任何句子都是命题，只有那些自身或者是真实的或者是虚假的句子才是命题"① 时，他也肯定了命题是真值承担者。定义 DP1、DP2 已经把公理一的内容纳入其定义中，就是说，从这两个定义分别都可以得出"公理一"。

关于第二个公理，我们需要说明一下。

主张有不能用语言来表达的命题，这是一种神秘主义的观点，为分析哲学所不取。这并不是说一切都能用语言来表达，当维特根斯坦说"凡是不能说的事情，就应该沉默"② 时，说明他认为有一些东西是不能用语言

---

① 亚里士多德 1990，p. 52
② 维特根斯坦 1962，p. 20

来表达的。但是，那不能用语言来表达的也不能称作"命题"，或者说不够资格被称为命题。"命题"在词源上就有言语、建议之意，正好说明它的通过言辞而显现的特征。

在定义 DP2 中，我们把命题规定为"相信、怀疑、知道、认为、假定、保证、建议、希望"的对象和内容。所以，任何命题 p 必定是某个人 A 相信的，或怀疑的，或知道的，或认为的，或假定的，或保证的，或建议的，或希望的对象，这个人能够用一种语言 L（例如他的母语）把它表达出来，哪怕是在内心中对他自己说，也是一种语言表达。假如 A 不能用语句把 p 表达出来，他何以知道自己或相信，或怀疑，或知道，或认为，或假定，或保证，或建议，或希望 p 呢？因此，说 A 不能用语言把 p 表达出来，是一种自相矛盾的观点。另外一种似是而非的观点是，存在着 A 不能准确地将其用语言表达出来的命题 p1。这里，p1 仍然指人 A 所相信的，或怀疑的，或知道的，或认为的，或假定的，或保证的，或建议的，或希望的对象。比如说，A 用句子 S 来表达 p1。但实际上 S 表达的不是 p1，而是 p2。除了偶尔的差错（因疏忽等原因）外，A 应该最终能察觉 S 表达的实际是 p2，不是他所想表达的 p1，这时候他会找到表达 p1 的句子 S1。如果 A **无法**察觉 S 表达的实际不是 p1，但由于到底 A 所相信的，或怀疑的，或知道的，或认为的，或假定的，或保证的，或建议的，或希望的是什么命题的权威只能是 A 本人，那么，还是要以 A 说出的句子 S 为准。任何他人都没有理由和权威判定那个命题是 p1 而不是 p2。除非 A 说的话不只句子 S，而是一个包含 S 的句子集 K，根据 K 有理由断定那个命题是 p1 而不是 p2；但这仍然是以 A 本人的话作为权威。当然，他人如有疑惑可以通过与 A 进行对话交流来弄清那个命题是 p1 还是 p2，但这一过程也同时有助于 A 意识到他所想表达的命题适不适合用 S 来表达。如果不适合，A 会找到表达 p1 的句子 S1；如果适合，这说明该命题确实是句子 S 所表达的命题 p2。无论是命题 p1 还是 p2，A 都有准确的句子 S1 或 S 将其表达。

句子 S 与其所表达的命题 p 的关系使很多人感到困惑：为什么 p 有真值而 S 无真值？这是由于句子 S 只有处于一定的情境中，或者只有相对于一定的模型来说①，才具有真值。但借助 S 而传达的命题 p 为何有真值呢？因为言者与听者总是处在一定的情境中，在该情境下 S 就恰当地传达了命题 p。S 在别的情境下当然可以表达别的命题或不表达任何命题。

1.4 一些结论

让我们先从定义 DP2（或 DP1）推出一些结论。为了便于与反方——如爱柯纳（Andrea Iacona）等人——争论，我用的例子也尽量与他们一致。

Ts5.3：存在命题。命题是公共性（public）的东西：人们通常相信同一个命题；命题可以借助语言而被交流。

论证 Ar5.3：

如果我们说汤姆（Tom）和玛丽（Mary）都认为海是蓝色的，那么看来我们就预定了他们所认为的内容是相同的，**即海是蓝色的**，尽管他们各自的"认为"是不同的思想行为。同理，如果我们说汤姆可以多次认为海是蓝色的，那么我们就承认了所涉及的心理过程可以发生多次而思想内容是相同的，**即海是蓝色的**。或者，如果我们说汤姆相信海是蓝色的，但是不知道海是蓝色的，那么看来我们就预定了同样的事物，即**海是蓝色的**，能被汤姆以不同的"方式"来思考。②

"海是蓝色的"是汤姆和玛丽所**认为**的对象，并且它是有真值的，它是真的（在我们地球上）。汤姆和玛丽既然认为海是蓝色的，一定认为海是蓝色的是真的。所以，根据定义 DP2，这里说的"海是蓝色的"就是一个命题。如果说这里的汤姆和玛丽可能是虚构的人物，因而会影响这个推理；那么，我，本文作者，一个真实的人，也认为海是蓝色的。这够了吧。

因此，命题存在。

像"海是蓝色的"这样的命题，能被汤姆和玛丽，和我，和很多很多人所共同相信，所以它是公共的。如果你也懂得汉语，那么我可以通过说"命题'海是蓝色的'"让你感受到这个命题。如果你不懂得汉语，但是你

---

① 周文华 2006，p. 88

② Iacona 2003，p. 325

懂英语，那么我可以通过说 "the proposition that the sea is blue" 让你感受到这个命题。然后，你可以告诉我你是否相信这个命题。所以，命题是可以通过语言相互交流的。

证毕。

定义5.1：一个实体 x **依赖于**一个实体 y，当且仅当，必然地如果 x 存在，那么 y 存在。即不可能 x 存在而 y 不存在。[①]如果实体 x **不依赖于**实体 y，那么也称为 x **独立于** y。

Ts5.4：命题是外在于语言的（extra – linguistic）。即给定任意一个命题 p，任意一门语言 L，命题 p 可以用一门完全不同于 L 的语言 L' 来表达。特别地，当命题 p 不涉及语言 L 中的符号，那么 p 独立于 L。

论证 Ar5.4：

例如我们在论证 Ar5.3 中提到的命题 "海是蓝色的"，记此命题为 q。可以用下列符号（句子）中的任意一个表示 q：

（6）海是蓝色的。

（7）The sea is blue.

（8）Il mare è blu.

其中（6）是汉语句子，（7）是英语句子，（8）是意大利语。（7）与（8）表明了，q 完全可以用一门完全不同于汉语的语言 L'（如英语）来表达。

容易看出，任意一个命题 p，任意一门语言 L，可以有类似的推理成立。因为根据定义 DP2，命题 p 必定是某个人相信的，或怀疑的，或知道的，或认为的，或假定的，或保证的，或建议的，或希望的对象，由公理二，这个人能够用某种语言 L1 中的句子 S 把它表达出来。当 L1 完全不同于 L 时，"命题外在于语言" 已经得证。当 L1 近似于 L 或同于 L 时，选择一个完全不同于 L 的语言 L2 来翻译 S，所得译句为 S2，于是 S2 和 S 在相关的主体看来表达了同一个命题 p。即 p 可以用一门完全不同于 L 的语言

---

① Iacona 2003，p. 327

L2 来表达，所以"命题外在于语言"得证。（这个论证**依赖于假设**：存在着多种完全不同的语言如汉语、英语等，并且它们之间可以相互翻译。另外，自然语言的词汇和概念是可以不受限制地扩充的：如果 p 中涉及一个概念 C 是 L2 中本来没有词汇来表达的，那么 L2 可以引入新的词汇来表达 C。经过一段时间的相互交流，L2 中可能最终有句子 S2 能较准确地翻译 S 的。——我们认为，这些假设都是可信的，至少可以说明绝大部分命题是外在于语言的。）

所以，命题是外在于语言的。

当命题 p 不涉及语言 L 中的符号，这意味着，即使 L 不存在，仍然可以用某种语言 L' 来表达 p，从而 p 依然存在，所以 p 独立于 L。

证毕。

Ts5.5：命题是独立于心灵的（mind – independent）。即给定任意一个命题 p，任意一个心灵 m，p 独立于 m。

论证 Ar5.5：

论证 Ar5.3 中提到的命题"海是蓝色的"（记此命题为 q）是独立于汤姆的心灵（记为 t）的。完全可能汤姆不存在，但由于玛丽或我等人也相信"海是蓝色的"，所以由论证 Ar5.3 知 q 依然存在。所以，根据定义 5.1，q 独立于 t。

显然，对任意一个命题 p，任意一个心灵 m，有同样的推理成立。

证毕。

由于所相信的东西一般来说也可以被怀疑，或被知道，或被人们认为，或被假定，或被保证，或被建议，或被希望；并且被怀疑、知道、认为、假定、保证、建议、希望的东西一般说来也可以被相信；所以，为了简化叙述和证明，我们也采用一个较为简单的对命题的定义，即：

定义 DP3：**命题**是这样的真值承担者，它是相信的对象，并且所相信的内容是它的真（或假）。

注意，这个定义不仅仅是比 DP2 更为简明，也许它比 DP2 要更准确或更好。因为，DP3 不会有替代问题（substitution problem）和客体化效应（the objectivization effect）。替代问题是这样的：对于任意表示命题的句子 S，任意主体 A，我们可以说下面的两个句子：

（9）A 相信 S。

（10）A 希望 S。

如果这两个句子中的"S"确实表示命题，似乎应该可以把这两句中的"S"替代为"命题 S"，这样就得到：

（9a）A 相信命题 S。

（10a）A 希望命题 S。

容易看出（9a）是正确的而（10a）是错误的。所以态度动词"希望"出现了替代问题，而"相信"则没有这个问题。客体化效应是这样的，考虑下面的两个句子：

（11）张三希望李娜今晚能来。

（12）张三记得李娜哭了。

如果动词"希望"与"记得"后面所接的句子是命题的话，替代后的句子应该意义不变。但这两个句子替代后的结果是：

（11a）张三希望命题李娜今晚能来。

（12a）张三记得命题李娜哭了。

这四个句子中，（11a）是错误的。（12a）虽然是正确的，却意义已经与（12）完全不同，莫尔特曼（Friederike Moltmann）称这个效应为"客体化效应"。可以看出，汉语与英语在这方面是一致的，即动词"希望"既出现了替代问题，又出现了客体化效应；而动词"相信"都没有这两个问题。对于这个问题的深入探讨超出本文的范围，可以参考莫尔特曼的文章①，但这不影响本文的主要结论。由此可知，定义 DP3 有重要的优于 DP2 的地方。

Ts5.6：命题是抽象的对象（abstract objects）。

---

① Moltmann 2003，pp. 77－118

论证 Ar5.6：

给定任意一个命题 p，由定义 DP3，它是某个心灵 M 在时间 t1 时所相信的对象。M 可以把 p 记下来或告诉另外一个心灵 N，根据 Ts5.3，这是完全可能的。在经过一段时间后，在 t2 时，M（或者还有 N）知道 M 相信过 p，并且在 t2 时的这个 p 仍然是 t1 时的这个 p。这证明 p 不随时间而变化。因此，p 不是现实世界中的具体的物理对象，因为这些对象都随时间而变化。p 也不是 M 心中的某种内心感觉，因为 p 独立于 M（见 Ts5.5），即 p 也不是具体的心理对象。既然 p 不是任何一种（无论是物理的还是心理的）具体的对象，所以 p 只能是抽象的对象。

证毕。

至此，我们表明了，由定义 DP2 可以得出传统命题理论的原则的大部分内容：（1）所说的"命题是真和假的载体"显然成立；（2）也由论证 Ar5.4、Ar5.5、Ar5.6 证明了；（3）由定义 DP2 立即得到；（4）则由论证 Ar5.3 证明了。

不过，我们这里的许多结论却遭到爱柯纳的否认，下面让我们来分析他的论证。

§2 驳斥爱柯纳

爱柯纳在 2003 年的《认识》（*Erkenntnis*）上发表"存在命题吗"（*Are there Propositions*?）一文[1]，对传统命题理论进行了系统地反驳。他首先列举了支持命题观点的三类论证，但这三类论证分别建立了不同的"命题"概念，第一类论证认为"命题"表示我们直观上认为的思考、相信等心理行动的对象；第二类论证认为"命题"是句子的意义；第三类论证认为"命题"是陈述或断言。然后他指出，这三类论证的共同点是，被称为"命题"的对象都能用形式为"that—如此这般"的从句来确认，我们可以简单地称这类从句为 that—从句（that-clause）。问题是，that—从句所确认

———————

① Iacona 2003，pp. 325 – 51

的对象都是命题吗？还有一个严重的问题是，爱柯纳没有说明，他所指的命题到底是哪一种概念。因为，第一类论证中的命题概念是不同于第二类的。前者符合定义 DP2，后者，我们认为是错误的，我们将在下节证明命题不是句子的意义。至于第三类，由于没有说明"陈述"与"断言"是什么，很像是一种循环定义。就是在这种没有确定的"命题"概念的情况下，爱柯纳开始了他的一系列的论证，以下我们一一给予反击。

2.1

爱柯纳的论点之一是"没有什么理由让我们认为命题是独立于语言的实体"，①"，其论证如下：

（Ia1）：假如玛丽说了句子（6）"海是蓝色的"，……但这却得不出命题海是蓝色的是独立于语言的。这不奇怪，因为我们没有独立于语言的接近命题的方法。尽管看来我们指称命题就像我们指称玛丽那样。我们确认和描述玛丽的方式在很大程度上独立于她是词"玛丽"的指称，因为这些确认和描述不能从我们对专名"玛丽"（或任何其他表达式）的使用作一个简单的分析而得出。我们能看到玛丽在我们面前，或是听到她的声音。但是看来要确认或描述命题海是蓝色，却无法独立于它是从句"that—海是蓝色的"（或某些其他表达式）的指称这一点。

……我们没有权利宣称，它们（命题）是独立于语言的，除非给出一些论证。②

对于爱柯纳的这个把"人玛丽"和"命题海是蓝色的"作类比的论证，如果我把其中的"命题海是蓝色的"换成"自然数3"会怎么样呢？它们都是不可见的没有声音的抽象之物。难道我们不可以说"自然数3"是独立于语言的实体吗？不过，爱柯纳此处的结论很弱，他只是要我们给出论证，这当然是合理的要求。但爱柯纳的论点却太强，他没有理由认为

---

① 本节的"实体"一词是对英文"entity"的一种翻译，不宜作过强的本体论解释。也许译为"事物"或"对象"更为妥当。
② Iacona 2003，p. 330

命题是独立于语言的实体不等于我们没有理由。爱柯纳的论证证明不了爱柯纳的论点。

注意，我们并不说"命题是独立于语言的实体"。我们的论题 Ts5.4 给的说法是"命题是外在于语言的"，我们的论证 Ar5.4 虽是不太严格的论证，但大体上足以支持论题。我们认为，"命题是独立于语言的实体"这句话有两种解释：一是"命题是独立于任何一门具体的语言的实体"，这是我们赞同的主张。另一解释是"命题是独立于整个语言的实体"，似乎命题与语言无关，但这并不是我们的观点，而爱柯纳似乎只注意到这后一种解释。

2.2

爱柯纳的第二个论点是"没有什么理由让我们认为命题是独立于心灵的实体"，其论证如下：

（Ia2）：假定玛丽所说的（6）"海是蓝色的"也是玛丽所相信的。即使我们承认玛丽所相信的内容不同于她的相信本身，且玛丽所相信的内容也能被别的人所相信，但从这得不出：即使像玛丽那样的思考者不存在，或者人类思维不存在，命题海是蓝色的仍是存在的。同前面的情形一样，我们确认和描述命题的方式并不给我们显著的理由以支持这个结论。①

这里"命题是独立于心灵的实体"又有两种解释：一是"命题是独立于任何一个具体的心灵的实体"，这是我们赞同的主张，见我们的论证 Ar5.5。另一解释是"命题与心灵完全无关"，对此我们并不赞同，而爱柯纳似乎也只注意到这后一种解释，所以他的说法不能否定 Ts5.5。

2.3

爱柯纳的第三个论点是"没有什么理由让我们认为命题是有结构的实体"，其论证如下：

---

① Iacona 2003, pp. 330 – 1

（Ia3）：没有什么理由让我们认为命题是有结构的实体，即它们（命题）是由某种独立于语言的成分构成的，这些成分的结合正好与表达它们的句子中的词的结合相匹配。命题"海是蓝色的"中没有任何成分能够以这样一种方式来确认或描述，这种方式在某种程度上是独立于对（6）的简单分析的。我们并不是通过确认它的构成成分以及这些成分的结合方式来确认命题"海是蓝色的"。相反，命题"海是蓝色的"能够有意义地被说成是有构成成分的唯一可能是，它的结构完全是由（6）得出的。①

但是命题结构为什么不能与表达命题的句子结构有某种联系甚至一样呢？能因为鞋的形状与脚的形状相一致而否认脚和鞋子都有某种形状吗？

2.4

爱柯纳的第四个论点是："命题的真与假与句子的真与假没有实质性的区别"。它是用来驳斥这种观点：

（Ia4）：第一，Ps 的真值条件不同于句子的真值条件。……句子的真值条件相对于它所在的语言，即它们是在英语中真，在意大利语中真，等等。因而，它们的真值条件是偶然地依赖于其所属的语言中的说话者们的实践。相反，Ps 的真值条件独立于任何语言，因而是必然的和本质性的。第二，Ps 有真值的方式与句子有真值的方式不同。句子的真值是相对于它所属的语言中的说话者在一定情境下如何使用该句子的方式的，因而情境不同真值便不同。相反，Ps 的真值并不是相对于一定的时间或空间的，因而它是以绝对的方式拥有其真值的。②

这里 Ps 即指命题。但 Ia4 这种观点是有严重错误的，这个错误也存在于爱柯纳对它的反驳之中。因为，命题要么是真的，要么是假的，它没有真值条件！句子本身无所谓真假，它在一定的语境中是真的，在另一种情境下是假的，所以句子才有真值条件，即使它为真或为假的条件。说"句子为真或为假"，是日常语言的一种不严格的方便说法。

爱柯纳把 that—从句等同于命题。例如他在对 Ia4 中的第一点的驳斥

---

① Iacona 2003，p. 331

② Iacona 2003，p. 328

中，他论证说：

（Ia5）：由于命题是通过嵌入句（embeded sentence）来辨识的，所以可以认为它的真值条件对相关的嵌入句的运用方式是敏感的，……如果人们要把句子的意义处理成是相对于世界的（world – relative），那么命题也被表明是一样地相对于世界的。在一定的可能世界中，通过从句"that – p"来确认命题 that p，这个从句嵌入了句子 p，而 p 是在该可能世界中的说话者所说的句子。所以，在该可能世界中命题 that p 的真值条件依赖于其中的"p"的运用方式。也就是说，一定的命题在一定的可能世界中的真值条件永远与一定的句子在该可能世界中的真值条件相一致，这个句子是嵌入在指称着该命题的 that—从句中的句子。①

这种等同是错误的。可以有两个不同的句子 p 与 q，但从句"that – p"与"that – q"所确认的是同一个命题。设今天是 3 月 1 日，那么"that it rains today"与"that it rains on the first day of March"所确认的是同一个命题。另一方面，同一个从句"that – p"也可以确认不同命题。例如今天说的"that it rains"与昨天说的"that it rains"当然确认的是不同的命题。没有这种等同，Ia5 中的论证就根本不成立。再说，that—从句是英语等语言才有的用法，汉语等语言没有，不能成为一般的确认命题的方法。而且，Ia5 中认为命题也要相对于一定的可能世界，是把命题混同于句子，这自然会得出错误的结论。

爱柯纳在对 Ia4 中的第二点的驳斥中也运用了这种错误的等同，所以其结论也是错误的。

2.5

爱柯纳的第五个论点是：假定存在命题不能解释任何现象。爱柯纳对此的论证可以分为两个部分，其一是：

---

① Iacona 2003, p. 332

（Ia6）：第一，哲学家们看来并不期望有什么经验的证据以确证存在
Ps 的假设。……第二，假设存在 Ps 能解释什么类型的现象呢？……需要
解释的是这样的一些事实：某些心理状态看来有其对象，某些句子看来有
不止一种意义，某些句子在一定的情境下是真的、在另一些情境下是假
的，that—从句看来像单称词项一样，等等。

但如果需要解释的是这些现象，那么我看不出来为什么最佳解释推理
能支持存在 Ps 的断言。最佳解释推理是……如果我们假设存在一个具有性
质 F_1，…，F_n 的 x，那么 A 类现象就可以得到解释，所以 x 存在。……但
是性质Ⅰ－Ⅳ[①]在解释所说的语言现象方面没有什么作用。以上所考察的
论证中，没有必要斥之于具有性质Ⅰ－Ⅳ的实体以解释那些现象。[②]

爱柯纳有什么理由认为命题只有性质Ⅰ－Ⅳ，而没有其他的性质？关
于命题本身的理论以及其他的语义理论加在一起可能能证明更多的性质，
而有助于说明 Ia6 中提到的相关现象以及其他现象。本文正是要利用"命
题"这个概念以解决分析—综合二分问题，用事实来说明它的作用。爱柯
纳的论证其二是：

（Ia7）：只有在存在其他的确认或描述某对象的方式时，把没有解释
力的性质归属于该对象的做法才得到理证。……但是在 Ps 的情形这种可能
性被排除了，我们没有办法描述这样的对象，它们被我们"设定"为我们
所相信的、所说的、所断定的等的事物（当我们用 that—从句来确认它们
时），而不能归结为我们所相信的、所说的、所断定的等的事物（当我们
用 that—从句来确认它们时）。也就是说，我们没有办法确认或描述 x，这
里 x 是不能归结为"在解释 A 类现象中起着如此这般作用的对象"的。我
们关于 x 所能说的是来自 x 打算加以解释的同类现象。

……正因为命题是用据说需要解释的语言现象来定义的，所以谈论命

---

① 性质Ⅰ－Ⅳ是指命题：Ⅰ独立于语言，Ⅱ独立于心灵，Ⅲ具有结构，Ⅳ具有真值。
② Iacona 2003, pp. 334－6

题事实上不能解释任何事情。①

爱柯纳在 Ia7 中想说明的是，用现象解释不了现象。但是，如果命题是由现象来定义的，这就证明了"命题"这一概念的客观性和合法性。

2.6

爱柯纳在其文章的第 4 节讨论了根据真理客观性而作的命题存在论证，认为由"命题的**真值**独立于作为认识者的我们"得不出命题的**存在**也独立于作为认识者的我们，我同意这一点。爱柯纳在其文章的第 5 节讨论了模态论证，即用模态逻辑来证明命题的存在，认为模态论证并不能得出命题的独立于语言和独立于心灵，对此我也同意。但这些论证也没有能否认我们在 §1 节所建立的结论。爱柯纳的这些考虑是防御性的而不是进攻性的，因此我们这里不去分析其细节。关于命题存在的论证，我们在 §4 节还要重点讨论，下面我们先考虑命题不是什么。

§3 命题不是什么

3.1 命题不是句子的意义

主张命题是句子的意义的观点由来已久。可以认为弗雷格就主张句子的意义是命题。因为弗雷格在其"论意义和指称（*Über Sinn und Bedeutung*）"一文中，论证了"陈述句的意义是它所表达的命题（Gedanke）"②。卡茨也多次说过："……句子的意义，即句子所表达的命题"③；并且指出："哲学家对命题（或陈述）的概念是用整个陈述句子的导出解读来重构的"④，这里"解读（reading）"是他用来说明意义的专业术语。蒯因当然

---

① Iacona 2003，p. 336

② 理由见（周文华 2006，pp. 18 - 9）。弗雷格原文为"Der Gedanke kann also nicht die Be - deutung des Satzes sein，vielmehr werden wir ihn als den Sinn aufzufassen haben."见（Frege 1892，p. 32），它在（涂纪亮 1988，p. 7）中译为"命题不可能是语句的指称，相反，它不能不被看作是语句的涵义"。

③ "The term *analytic* applies directly to senses of sentences, that is, to the *propositions* expressed by sentences, not to sentences themselves."见（Katz 1972，p. 174）

④ Katz 1966，p. 157

是不赞同"命题"、"意义"之类的说法，但是蒯因却一直把命题看作句子的意义。他说过："被看作句子意义的命题，只会是一种更确定的句子的意义"①。麦克格拉斯指出，"命题通常被当作是句子的意义，或者用更标准的术语说，是句子的语义内容（the semantic contents of sentences）"②。索阿密斯也把句子的语义内容看作是命题③。比招（Jean‑Yves Béziau）明确地说："一个命题是一个句子的一种意义。"④ 最近在 2009 年艾尔波内（Paul Elbourne）还指出："我用'命题'表示陈述句的语义值。"⑤

但是，我们认为，命题不是句子的意义，对此我的论证如下。

Ts5.7：命题不是句子的意义。甚至陈述句的意义也不是命题。

论证 Ar5.7：

陈述句，如"今天下雨"，是有意义的。但是这个句子并不表达某个确切的命题。因为根据公理一，每个命题是有确定的真值的。如果句子有真值，那么句子"今天下雨"（指的句子的 type）在天下雨时为真，在天晴时为假，即没有确定的真值。因此"今天下雨"这个句子的意义不可能确立一个命题。

如果命题是句子的意义，那么，由于句子必定是有意义的（我们在第四章已经证明意义是句子定义的一部分），这样一来，每个句子都有其句子的意义，于是每个句子都能确立某个命题。但这显然是错误的：且不说非陈述句肯定不表达命题，就是陈述句，如"今天下雨"，它也不能确立一个命题，这已经在上面证明。

所以，命题不是句子的意义。

证毕。

3.2 命题不是句子

在一些人看来，句子的存在是真实的，而命题则显得不可捉摸。于是希

---

① 蒯因 1990/1999，p. 69
② McGrath 2007，3.2.
③ Soames 2008，p. 267
④ Béziau 2007，p. 376
⑤ Elbourne 2009

望把命题归结为句子，或者把命题定义为某些句子。其实这种看法历史悠久，例如，亚里士多德就已经明确句子（λογος）与命题（αποφαντικος）是不同的概念，但他认为：

并非任何句子都是命题，只有那些自身或者是真实的或者是虚假的句子才是命题。真实或虚假并不为任何句子所有，例如祈祷就是既无真实也无虚假可言的句子。[1]

所以，亚里士多德可以说是主张：

定义 DP4：**命题**是具有真值的句子。

罗素也说过："人们可以说，命题是陈述句。"[2] 其实蒯因也是这种观点。只是蒯因不采用"命题"这个名称而已，因为他已经把"命题"作为"句子的意义"了。蒯因用的名称是"eternal sentence"，可以译为"固定句"或"恒久句"，是句子中的一类。蒯因很清楚一般的句子不能有真值，例如"在下雨"。但是他认为，固定句是有真值的。他把固定句定义为"永远保持为真或为假的，独立于说出或写出它们的任何特定的环境的句子"[3]。他认为是固定句的有算术句子，因为算术的主题明显地与时间空间无关；物理定律也是固定句；而且任何一个无关紧要的因果性事实陈述都能够变成一个固定句。

但是，我们在上章已经表明，没有什么句子能永远保持为真，任何句子无确定真值。实际上，蒯因在这里是自相矛盾的：蒯因自己说过"没有任何陈述是免受修改的"，这也就是说没有任何句子能永远保持为真，所以固定句是不存在的。另一方面，他也说过"在任何情况下任何陈述都可以认为是真的，如果我们在系统的其他部分作出足够剧烈的调整的话"[4]，这就是说任何句子都可看成是固定句。

让我们来证明下面的 Ts5.8，便可清楚地看出，命题不是句子。

① 亚里士多德 1990，p. 52
② Russell 1918/1985，p. 43
③ Quine 1970/1986，p. 13
④ 蒯因 1951/1987，pp. 40－1

Ts5.8：任何句子都不能确定一个命题。

论证 Ar5.8：

例如："今天下雨"。这已经是一个句子。但不能确定其真假，因而不够一个命题的起码要求。我们需要知道何时何地下雨。改为"2010 年 2 月 18 日武汉下雨"，这个句子该表达一个命题了吧。但是，假如这是一部小说中的一句话又怎么样呢？这句话还是没有真假的。任何其他句子也是如此，因为它们都可以是一部小说中的一句话。我们需要说什么才能使一个句子成为涉及现实世界中的命题呢？说什么都没有用！说得再多也没有用！全都当是一部小说中的一段话。因此，任何句子本身都不足以确定其是真还是假。但任何命题是有确定的真值的，所以任何句子都不能确定一个命题。

证毕。

论题 Ts5.8 表明，定义 DP4 是不适当的，因为没有具有真值的句子。

3.3 命题不是某一类句子的集合

把命题归结为句子的另一种方式，就是把命题定义为一个句子的集合。艾耶尔就说过："我们可以定义命题为这样一个句子的集合（class），对于懂得这个集中所有句子的任何人来说，该集中的任何两个句子都有着相同的内涵意义"①。

蒯因也有这种想法。因为蒯因认为解决命题个体化问题必定是借助对句子间的等价的适当定义，即认为命题实质上是一类所谓意义相同的（等价的）句子，所以建议只谈论句子和等价而不使用命题这个概念②。这里等价是指（认识）意义相同。但是，正如说雪色与墙壁的白色等都是白色，在颜色上是等价的，但仍然不能取消颜色这个概念。所以同样没有理由取消命题这个概念。

---

① （Ayer 1936/1949，p. 88）。我把原文中的"class"译为"集"而不是"类"，觉得这样符合中文习惯。

② Quine 1970/1986，p. 10

但是，艾耶尔和蒯因等人却没有认识到，所谓意义（涵义）相同的句子集合仍然无法等同于一个命题。也许意义相同的句子集所代表的是那个集中所有的句子的共同意义，它也许比某个句子的意义更加明确，但它仍然只是句子的意义，而与世界无涉，仍然谈不上真与假。而命题是有真值的。

那么，不是由同义的句子组成的句子集合，有没有可能构成一个命题呢？其实我们在论证 Ar5.8 中已经看到，这些句子一起也可以只当是一部小说中的一段话，仍然与世界无涉，仍然不能算得上一个命题。再说，这样的句子集如果能构成一个命题，由于是由不同意义的句子组成的，那么这个命题的意义究竟与其中的哪个句子的意义相近或相同，这些意义间的关系如何，都是难以解决的问题。

所以，命题不是某一类句子的集合。

这意味着，命题无论如何不能归结为句子。

3.4 命题不是可能世界、可能的个体等组成的集合论性的构造物

由于命题是抽象的，所以有些主张有命题的人把命题还原为别的他们以为是更基本的对象的构造物。这种做法和观点就是命题的还原论（reductionism）。例如，斯塔尔内克认为：

（St1）：一个句子的内涵——它所表达的命题——将是一个从可能世界到真值的函项。同样地，一个命题可以被认为是一个由可能世界组成的集合，这个集合的元有如下特点：表达了该命题的那个句子在其中指谓的值为真。①

但是可能世界是什么呢？虽然我们承认自克里普克以来，可能世界这个概念对模态逻辑的发展作出了重大贡献，但这只是一个技术问题，它不能作为本体论的最终结论。但是，如马蒂尼奇（A. P. Martinich）所描述的，"其他哲学家则对于这种在本体论上进行填充的观点持怀疑态度，他们以较中立的方式把可能世界解释为最大相容的命题集合"②，这与 St1 正

---

① 马蒂尼奇 1998，p. 723
② 马蒂尼奇 1998，p. 720

好是倒过来的，把这两者连在一起就犯了循环定义的错误。很多人正在犯这种错误。

这种还原论的一种，认为命题是句子在其中为真的环境的集合，被人们称为环境论（circumstantialism）。据爱德尔伯格（Walter Edelberg）介绍，有很多学者在环境论的命题概念旗帜下，取得了卓越的成果，这些学者有："希尔比伦（Risto Hilpinen 1981）、克里普克（Saul Kripke 1963）、刘易斯（David Lewis 1973）、蒙太格（Richard Montague 1974）、司各特（Dana Scott 1970）、斯塔尔内克（Stalnaker 1968）、托马斯（Richmond H. Thomason 1969，1970，1981）、托马斯和古普达（R. Thomason，A. Gupta 1980）"[1]。但是，索阿密斯（Soames）证明，命题不能等同于表达命题的句子在其中为真的环境的集合[2]。尽管最近艾尔波内对该论证提出质疑[3]，但环境论存在缺陷是明显的。

此处，我觉得比勒（Bealer）对还原论的反驳是有力的：

（Be1）：当我相信（怀疑、理证、断定）某个命题时，我也在相信（怀疑、理证、断定）某个函数吗？这看起来是不可信的。因此主张可能世界还原论的人缺乏"自然的眼光（the naive eye）"。

（Be2）：可能世界还原论者对此的回复可能是所谓的"不完全分析谬误（fallacy of incomplete analysis）"：表面上的不可信结果是由于错误地把分析了的概念和未加分析的概念混合在一起造成的；当分析全部完成，这种问题也就没了。

（Be3）：但是在传统命题理论的语境中，这种回答没有用。在这种理论中，当我们相信一个命题，那么我们与该命题处于一种二元关系中……当我相信我在做梦时，我是在相信一个函数。这肯定是不可信的。[4]

比勒抨击还原论的另一个理由是，

（Be4）：可能世界还原论意味着：所有必然地等价的命题都是相同

---

① Edelberg 1994，p. 1
② Soames 2008，pp. 267 – 76
③ Elbourne 2009
④ Bealer 1998，p. 5

的，——这个结果根本不可接受。①

我完全赞同比勒的论证。另外，莫尔（Joseph G. Moore）也论证说，将命题还原为某种抽象对象具有任意性，实际上命题是不可还原的，命题是独特的实体（sui generis entities）。莫尔对此的论证见他的论文"命题、数和任意等同化问题"（*Propositions, Numbers, and the Problem of Arbitrary Identification*）②。

我们反对各种形式的还原论，同意命题是不可还原的、独特的实体。赞同比勒和莫尔的观点和他们对此的论证。

§4 命题存在吗？

4.1 引言

在说明了命题的概念——即说明了命题是什么，命题不是什么——之后，一个很自然的问题是：命题存在吗？对此历来存在很多争论。反对命题这一概念的大名鼎鼎的哲学家不乏其人，首先是蒯因，他在《逻辑哲学》这本书中一开头就是反对命题这一概念的③。除了蒯因外，还有戴维森（Donald Davidson）、古德曼（Nelson Goodman）、贝那塞拉夫（Paul Benacerraf）、菲尔德（Hartry Field），以及我们前面详谈过的爱柯纳等人。

如果一个概念所直接涉及的对象是存在的，那么这个概念当然是合理的、客观的，反方反对这一概念是不理性的。但是，反过来并不成立，即一个概念也许是合理的，但它并不表示一个存在的对象。卡尔纳普等人区分观察词项和理论词项，理论名词并不一定对应某种理论实体，它只要在整个理论中有积极的作用，就足以说明它的引入是合理的。这也可以说是运用了最佳解释推理。但是，如果能进一步证明某个"理论名词"存在着所指的对象，该概念的合理性就得到了最充分的证明。

但是说命题存在是什么意思呢？我们说存在数 2，存在大于 1000 的质

---

① Bealer 1998, p. 5
② Moore J. G. 1999, pp. 252 - 6
③ Quine 1970/1986, pp. 1 - 12

数，等等。但是图形"2"（阿拉伯文字）本身并不是数（这正如说文字"外面在下雨"本身是句子而不是命题）。"2 有多长、多重、多高？什么颜色？什么形状？"这些问题都不能回答，或者说是不得要领的问题，因为 2 也是不可感觉的。2 是抽象的对象。自然数都是不可感觉的，我们不能说 2、3、5、14 等就给了我们对自然数的感觉。我们仍然承认自然数 2 的存在；但并非一切都存在，例如我们说不存在一个自然数大于 2 小于 3。同样，命题也是抽象的对象，对此我们也已经证明。那么，可以说命题存在吗？或者说有的命题存在，有的命题不存在？

下面，让我们分析一下麦克格拉斯提到的支持命题的三种论证。

4.2 多中之一论证

不同的句子被认为意义相同，甚至完全不同语言的句子也被认为是意义相同的，如中文句子"雪是白的"，与英文句子"Snow is white"，与法文句子"La neige est blanche"，与德文句子"Der Schnee ist weiss"的意义是相同的。麦克格拉斯指出，多中之一论证（One over Many[①]）的主要之点是：

（Mc1）：需要**命题**来充当同义的句子的共同的东西，来充当一个句子与它在另外一个语言中的译句之间的共同的东西。

麦克格拉斯本人给出了对这个论证 Mc1 的反驳：

（Mc2）：共同性并不必然需要与一个单一的实体有共同的关系。两个红的事物有共同的东西，因为它们都是红的，但这并不能得出它们与一个单一的实体——普遍的红——有共同的关系。同样，两个句子，由于它们是同义的，所以可以说有共同的东西，但这一事实单独并不能得出它们与一个命题有共同的关系。当一个关系 R 相对于某个域而言是对称的和自返的，也许可以这样谈论该域中的彼此之间有 R 关系的事物，即它们之间"有共同的东西"，也许这样谈论它们是有用的，但这得不出什么有本体论意义的东西。因此，结论是：我们需要对"共同性要求与一个单一的实体有共同的关系"这种思想给予论证。[②]

我们同意麦克格拉斯的这个论证。多中之一论证的确不能从一组句子

---

① McGrath 2007，4.1

② McGrath 2007，4.1

是同义的，得出有某一实体充当它们的共同的东西，作为它们共同的意义。但是我们还可以对麦克格拉斯的这个论证补充一下：即使能表明这些同义的句子与某单一的实体有共同的关系，这个实体还不一定是命题！句子有意义还远远不够说明它能表达一个命题。Mc1 是同义现象存在的证明，顶多是意义存在的证明，但不是命题存在的证明。

4.3 元语言论证

元语言论证（Metalinguistic Arguments①）是这样的：我们需要命题作为 that—从句的所指（在汉语中是，我们需要命题作为动词"相信"的宾语的所指），以便解释为什么有些论证是有效的，实际上是正确的。这种假设可以简化我们的语义学。

元语言论证的例子：

下面的三个推理都是正确的，

推理一：

张三相信月亮上有人，

李四也相信月亮上有人，

_____

所以，存在某种事情，这个事情是张三和李四都相信的。

推理二：

张三所说的李四都相信，

张三说月亮上有人，

_____

所以，李四相信月亮上有人。

推理三：

张三相信月亮上有人，

月亮上有人是假的，

_____

所以，张三相信某种假的事情。

---

① McGrath 2007，4.2

这三个推理中的动词"相信"的宾语是"月亮上有人",它是张三的信念的内容,并且有真值(假),按定义 DP3,它是命题。换上其他命题上述推理仍然正确。所以,如果把命题作为动词"相信"的宾语的所指,就可以解释我们语言中很常见的这类逻辑推理,并简化我们的语义学。

上述元语言论证在文献上的一个典型例子是帕逊斯(Terence Parsons)的文章"论指称命题和事实"(*On Denoting Propositions and Facts*)[①]。我们认可这个论证。因为"命题存在"是一个理论的假设,而只有一个更好的理论出现了,才能说现有的理论不正确。

4.4 形而上学 101 论证

麦克格拉斯重点讨论的是对命题存在的形而上学 101 论证(The Metaphysics 101 Argument)[②]。101 论证的步骤如下:

1. 对于任何信念,存在所相信的东西和对它的相信,这两者是不同的。

2. 所相信的东西可以被拒绝、被否认,可以不相信,等等;可以被多个主体相信,有时它可以是真的(或假的)。

3. 存在信念。

4. 所以,存在命题(即态度的可共享的对象和真值承担者)。

麦克格拉斯借助卡尔纳普的对内部问题和外部问题之分[③]来讨论形而上学 101 论证。既然外部问题是非认识的实践性的问题,那么,应该把命题的存在作为在一定语言框架内的内部问题来考察。但这样的话,信念内容的存在从而命题的存在正好是这个框架的基本公理。因而形而上学 101 论证是正确的,但又是浅显的(superficial and trivial)。接着,麦克格拉斯按虚构主义(fictionalism)看 101 论证,认为它是有效但不正确的推理,即前提不正确。最后,麦克格拉斯按照量词的两种解读来考察 101 论证:

① Parsons 1993, pp. 441 – 60
② McGrath 2007, 4. 3, 6. 1, 6. 2, 6. 3
③ 洪谦 1982, pp. 83 – 4

按照限域条件解读（domain – conditions reading），101 论证是有效的，但是前提 1 至少是可疑的，如果不是错误的话，那它在本体论上也是有争议的；按照推理角色解读（inferential – role reading），101 论证完全正确但又很浅显。

所以，问题很清楚了，101 论证的前提 1 中"*存在所相信的东西和对它的相信*"中的"*存在*"与结论 4"*存在命题*"中的"*存在*"，二者是不是意义一样？如果一样，这是浅显的论证；如果不一样，这是错误的论证。

4.5 命题的存在与句子的存在

证明存在句子很简单，方法之一那就是写下一个句子，例如写下"今天天晴"，然后说这就是一个中文句子。但是证明命题的存在则要复杂得多。因为命题并不是我们所看见或听见或摸到的东西，命题是抽象的，因而不能像句子**那样**呈现给人们。但是，命题是可以写成一个句子而呈现给人们的，例如句子"雪是白的"，它表达了——雪是白的——这个命题，同一命题可以用英文的"Snow is white"、或法文的"La neige est blanche"，或德文的"Der Schnee ist weiss"等来表达。但在同时懂得中文与英文、或法文、德文的人看来，它们表达了同一个命题。表达一个命题离不开句子，只从这一点看，人们说它是"句子的影子"似乎有理。但是，表达任何一个命题都可以离开任何一个特定的句子，例如，要表达——雪是白的——这个命题，我不用句子"雪是白的"来表达，而用英文的"Snow is white"来表达，也可不用这个英文句子而用法文的"La neige est blanche"或德文的"Der Schnee ist weiss"来表达。这足以表明命题是一个独立于任何特定句子的概念。

其实，人们质疑命题存在的理由也曾被用来质疑句子的存在。比方说，"没有人'看见'过命题，命题既没有气味又没有颜色。那么句子又如何呢？有人把句子与文字（inscriptions）混淆了。很久以前，列斯尼斯基（Lesniewski）就注意到句子并不是物质的对象，而是一个等形的文字集合，所以句子既没有气味又没有颜色"。[1]

那么，命题为什么存在？只用句子，不采用命题这个概念行吗？我们已经证明命题不是句子，也不是句子的意义，无法还原为句子或句子集。命题也不能还原为别的如可能世界等的集合。命题的这种无法还原性，并不能说明命题的不存在，恰恰相反，它证明了命题是一种独特的存在。因为命题无法还原，所以为了说明与信念、命题态度等有关的现象，命题的引入是不可避免的。命题虽然是抽象的对象，却无法用奥康剃刀除去。

§5 命题的表达与辨认

5.1 命题的表达

当我们说命题不是句子，甚至不是某一类句子的集合时，反对意见会说，如果是这样的话，那我们怎么能表达一个命题呢？难道我们不正是用句子来表达命题吗？这没说错。但我们每次用某个句子来表达一个命题时，都是处在一定的情境（circumstance）中，都是处在一定的语境（context）中，在这样的语境中，说话者与听话者之间约定用某个句子来表达某个命题，哪怕当事人没有意识到这是个约定。或者说，对于处在某个语境 C 中的说话者 A 与听话者 B，说话者 A 想表达什么样的意图和听话者 B 已经明了什么和期待什么的意图，在双方之间已经有所意会，故 A 讲出新的句子 S 的意义已经被 B 猜到不少，容易被 B 完全领会。

公理二已经断言，一切命题可以由句子来表达。而且大多数命题也只能由句子来表达，或者句子是最佳的表达方式。不过要注意，当句子没有能表达一个命题时，这不是说这个句子没有意义。有意义的句子，仍然需要语境才能确定它表达什么命题。这是因为，同一个句子在不同的语境中可以意义不同，况且同一个词在同一个句子中也可以有意义不同。我们在第四章已经通过多个例子表明这一点。

并非每个有意义的句子都在表达一个命题！例如："他来了。"由于

_____
[1]　Béziau 2007，p. 372

"他"可以指各种各样的人，因此，这个句子并不表达一个确切的命题。当然，在一定的语境中，"他"与"来了"可能均有确定的意思，因而可以表达一个命题。

命题虽然由句子来表达，而任何句子都是某个特定语言中的句子，但是命题却不涉及特定语言。这使得我们能有更多的手段来表达同一个命题，即，使用不同的语言，这样有可能使受话者容易确定、容易明白和理解说话者的意思。

在一个语言共同体 C 中（C 中也许有一种官方语言或流行语言；既然 C 被称为语言共同体，那么 C 中至少有一种语言是 C 中每个人都会使用的），假定 L 是 C 中人们一般使用的语言。对于每一个命题 p，设 S（p）是 C 中人们通常表达命题 p 的 L 语言的句子，那么我们称 S（p）为 p 在 C 中的**典范表示**。

设人们看到一个句子 S1，如果 S1 又正好是命题 p1 的典范表示时，人们会把这个句子理解为 p1，除非有关的语境反对这种理解。但是，句子 S1 除了能被理解为 p1 以外，肯定还可以作其他理解。因此，句子 S1 被理解为 p1，是基于一种约定。

所以，句子能表达一个命题是约定！但当我们要追问一个句子表达了什么命题的时候，我们往往会发现它也可能表达其他的命题，于是问题就来了。这正如科学哲学中陈述不可能得到最终的证实，而只能得到一定程度的确证一样，约定成分总是存在的。当我们觉得一个句子是真的或是假的时，这时我们便是把该句子作为一个命题看待。因为只有命题才有真值，句子是没有真值的。

5.2 命题的种类与表达形式

关于命题的种类，普通逻辑中关于命题的量（全称量词与存在量词的使用）、命题的质（肯定与否定）、命题的模态（必然与可能）、命题的式样（条件句和范畴句）等讨论已经很多，这里从略。我们这里稍提一下哲学上很重要、然而由于浅显以致被大家所忽视的关于命题的**内容**的分类。

命题可以区分为简单命题和复合命题。简单命题的内容不外乎三大类，它或者是说"某对象具有某属性"，或者是说"某些对象之间具有某关系"，或者是说"某对象存在"。

第一类某对象具有某属性，又可以分为三小类：（i）某对象具有某性质，如"张三个子高"。（ii）某对象处于某状态，如"张三今天生病了"。（iii）某对象的某种指标如何，如"张三身高 1.90 米"。状态与性质的不同在于：性质属于对象所固有，而状态则为对象所暂有，或为对象所偶然具有。指标则不定于是性质还是状态。

第二类说某些对象之间具有某关系，例如"张三与李四是夫妻"。

第三类是表达存在的，与本体论最为相关，例如"曾经存在恐龙"。

各类命题的符号逻辑表示如下：

第一类命题，当对象是个体，用"a"表示，属性用"P"表示，那么该命题便可用"Pa"表示。当对象是类（或概念）时，用 A 表示，属性用"P"表示；设 A 是 n 元谓词，那么该命题便可用"$\forall x_1 \cdots \forall x_n (Ax_1 \cdots x_n \rightarrow Px_1 \cdots x_n)$"表示。

第二类命题，设谈的是 n 元关系。当对象是个体，分别用"a_1"，……，"a_n"表示，关系用"R"表示，那么该命题便可用"$Ra_1 \ldots a_n$"表示。当对象是类或概念时，分别用"A_1"，……，"A_n"表示，关系用"R"表示，那么该命题便可用"$Q_1 x_1 \cdots Q_n x_n (A_1 x_1 \wedge \cdots \wedge A_n x_n \rightarrow Rx_1 \cdots x_n)$"表示；这里 Q_1，……，Q_n 都是量词，分别都可以为"$\forall$"或"$\exists$"等值。

第三类命题，学界对它的看法尚有争议。如卡尔纳普等人，认为"存在"是量词，不是谓词，故否认这类命题的合法性。另有学者将"存在"解释为关系谓词，例如将"曾经存在恐龙"解释为"地球上曾经存在恐龙"，因而该命题表达的是地球与恐龙这两种对象的一种关系，设这种关系用"E"表示，地球用"e"表示，恐龙用"d"表示，那么这个命题的符号表示就是"E（d，e）"。

5.3 命题的意义

命题必定是有意义的，否则，命题如何能谈得上真和假？因为说命题 p 等于说 p 是真的，所以命题是触及真理的，而一切真理对于科学而言是有意义的。任何非矛盾的命题 p 是有意义的还表现在，它与"非 p"是不同的，因为，如果它们相同，就意味着 p 是含有矛盾的。而且我们说过，命题或者是说"某对象具有某属性"，或者是说"某些对象之间具有某关系"，或者是说"某些对象存在"。所以，命题是含有信息的，因而命题是具有意义的。

一个命题的意义体现为表达这个命题的句子的意义。对于只承认"句子的意义"这种说法、认为命题就是句子的意义的人而言，我们可以约定命题的意义就是指的表达该命题的句子的意义。尽管同样表达该命题的句子可以有多个，但由于它们表达的是同一个命题，所以这些句子的意义是相同的，因此这个约定是可行的。

但是，命题的意义要超出表达命题的句子的意义。因为任何句子本身不足以表达一个命题。命题既然表明了对象的性质或关系，所以对于主体而言是知识。我们知道，对任何句子而言，有使用（use）和提及（mention）的区别，一个句子的提及不涉及真假。命题永远是一个句子的特别的使用，但并非任意一个句子的使用都是命题，例如询问和祈使都不是命题。因此，命题的意义包含着对一个句子的使用，而不只是提及它，所以命题的意义超出那个表达它的句子的意义。

5.4 命题的辨认

我们如何把命题指给人看？我们只能用一个句子来表示某个命题。句子就如石头、桌子、树木和人那样被辨认，无论它是用声音作介质还是用文字作介质。而命题则通过句子现身，但同一命题可以用不同的句子表达，这些句子的可感觉的部分可以毫无共同之处。例如中文的声音形式"雪是白的"与英文的文字形式"Snow is white"就是如此。因此，是人这个主体，是他（她）认为这些完全不同的句子表达的是同一个命题。

离开主体谈两种语言形式是否是同一个命题是荒唐的。

什么时候一个句子表达一个命题呢？当我们认为一个句子是有真值的，且其真值不随语境而变化，那么它就表示了一个命题。反过来也成立：如果一个句子表达了一个命题，并且只表达一个命题，那么它的真值就不变。因为，每个命题都有确定的真值。

命题是有内容的，是关于世界的。当它符合世界上的事实，它就是真的；当它不符合世界上的事实，它就是假的。因此，一个陈述句，如果它是关于这个世界的，那它就表达了一个命题。

那么，有没有与世界上的事实无关的命题呢？对此，我们要首先探讨"事实"的意义。

§6　事实

6.1　两种"事实"概念

在自然语言中，有两种"事实"概念经常混在一起。这两种事实概念对应于两类"事实"。第一类事实，我们语言中通常用"事实上，S"或"事实是S"或"S是事实"来表示，这里S是一个陈述句，S所述说的就是这种事实。英文也有相应的表示方法："In fact, S"或"It is a fact that S"或"That S is a fact"。这类事实有相应的否定性说法："事实上，并非S"或"事实不是S"或"S不是事实"；英文的表达方式是，"In fact, it isn't the case that S"或"It is not a fact that S"或"That S is not a fact"。这类事实源于日常语言。

第二类事实，也许源于休谟哲学。休谟的名句"人类理性（或研究）的一切对象可以自然分为两种，就是观念的关系（relations of ideas）和实际的事情（matters of fact）"中，前者用一个词概括，那就是思想（idea）；后者用一个词概括，那就是事实（fact）。前者"我们只凭思想作用，就可以把它们发现出来，并不必依据于在宇宙中任何地方存在的任何东西"；对于后者，则可以说"各种事实的反面总是可能的"。休谟认为，关于事实的知识都是建立在因果关系上的，"这种知识所以生起，完全是因为我们根据**经验**，看到某些特殊的物象是恒常的和互相连合在一块的"[①]。为了与第一类事实相区分，我们把这类事实称为**经验事实**。

第一类事实，包含第二类事实，即包括经验事实；此外它还指属于"观念的关系"方面的"事实"，例如"三角形有三条边"、"单身汉是未

---

① 本自然段所引的皆出于（休谟1957，pp. 26 – 8）

婚男人"、"1公斤等于1000克",它们分别说明"三角形"与"边"的关系、"单身汉"与"未婚男人"的关系、"公斤"与"克"的关系。但这些观念的关系,休谟不称它们为"事实",因为它们的反面是不可能的,在休谟看来,它们仍然属于观念。

第一类事实的概念,可以说被弗雷格的这句话揭露无遗:"什么是事实?一个事实是一个真的思想"①。这一点在语言上有反映:对于任何句子S,如果可以说"S是事实",那么也可以说"S是真的"(That S is true),反之亦然。因此,这种"事实"的概念,也就是"真"的同义语。因为一切真的事情都是"事实"。这种事实观在罗素那儿得到了较详细的阐述②,所以这种"事实"有很多种类,并且是这种事实使句子或命题③为真或为假,如:

①日常经验中的具体事实:

(Ru1):当我说"下雨了",在一定的天气情况下我所说的是真的,在别的天气情况下我所说的是假的。使我所说的句子为真[或为假]的天气情况就是我所说的"事实"。④

在科学中所说的边界条件和初始条件,往往是这类事实。

②历史事实:

(Ru2):当我说"苏格拉底死了",是由于很久以前发生在雅典的某个生理事件使我的这句话为真。⑤

③科学事实(当然包括天文学上的事实):

(Ru3):当我说,"万有引力与物体间的距离的平方成反比",那么,是天文学上的事实使我的这句话为真。⑥

这类事实说的是科学规律和符合科学定律的经验事实,这类事实在语言表达上往往具有普遍的形式,即普遍的事实。

---

① 弗雷格 1994, p. 134
② 对罗素的事实理论的一个较详细的阐释,见(周文华 2006, pp. 36 – 47)
③ 罗素认为命题是陈述句,见(Russell 1918/1985, p. 43)
④ Russell 1918/1985, p. 40
⑤ Russell 1918/1985, p. 40
⑥ Russell 1918/1985, p. 40

④数学事实：

（Ru4）：当我说，"二加二等于四"，那么，是数学上的事实使我的这句话为真。[1]

罗素接着说，上述同样的事实分别使得句子"苏格拉底还活着"，"万有引力与物体间的距离成正比"，"二加二等于五"为假。这里，前三类"事实"是经验事实，而"数学事实"则不是经验事实。当然，除了"数学事实"以外，还有许多别的种类的非经验事实。

让我们称第一类事实为"广义事实"，它包括经验事实和非经验事实。先让我们考察一下事实与真的关系。

6.2 事实与真

事实与真的关系，一直是哲学的焦点问题之一。真理的符合论（the correspondence theory）是说，一个命题如果与事实相符合，那它就是真的；否则就是假的。如果我们向塔斯基（Alfred Tarski）学习，把它写成双向条件式（又称 T 型等式 [T schema]），那我们可以写出三个：

（T1）："p"是真的，当且仅当 p。

（T2）：命题 p 是真的，当且仅当 p。

（T3）：p 是真的，当且仅当 p 是事实。

其中，p 是表示任意一个命题的句子，而"p"是句子 p 的名称。T1 是塔斯基原有的等式[2]，只不过我们把其中的符号 X 直接写成"p"。但是 T1 是建立在句子有真值的前提下，这对于形式语言是可以的，因为形式语言可以约定一个句子表达一个命题。而对于自然语言，我们已经表明这是错误的。T2 是霍尔维奇的[3]，它通过在 p 前加"命题"而约定 p 表示命题。但我们感兴趣的是 T3，因为它有助于说明事实与真的关系。

T3 中的"事实"显然是指广义事实，因为其中的 p 可以是一切命题。

---

① Russell 1918/1985, p. 40
② Horwich 1994, p. 116
③ Horwich 1994, p. xiv

为了弄清相关的概念，让我们向戴维森（Donald Davidson）学习。他认为塔斯基的真理理论同时也是一种意义理论，或者说可以改造为一种意义理论。他把塔斯基的"T 型等式"

（T）s 是真的，当且仅当，p。

改造成：

（M）s 的意思是：p。

这里，s 是一个对象语言中的句子，p 是元语言中的句子。在（T）中，p 给出了句子 s 的真值条件；相应地，在（M）中，p 给出了 s 的意义。于是 T1、T2、T3 相应地改造成

（M1）："p" 的意思是：p 。

（M2）：p 是真的的意思是：p 。

（M3）：p 是事实的意思是：p 是真的 。

当然，M1、M2、M3 比相应的 T1、T2、T3 要强得多，这种改造不是逻辑推理。但是改造的结果是很有启发性的。M1 是语义学的事情，而 M2 则解释"真的"意义，M3 则解释"广义事实"的意义，"广义事实"的奥秘其实就在于它只不过是"真"的不同的说法而已。这是一个来自日常语言的概念，是真正需要加以批判的，可是它却蒙过了许多哲学家（包括罗素和蒯因）的慧眼。我们在上面 6．1 所述的罗素的观点也可以说是：一切真命题为真的原因都是某种事实；是数学事实便得"2 + 2 = 4"为真。但如果追问那是一种什么样的数学事实呢？恐怕答案还是：这个事实是"2 + 2 = 4"。如果"2 + 2 = 4"是事实，那么一个事实能使另一个事实为真吗？或者一个事实使自身为真？这显然是荒谬的。他只能这样回答：是事实"2 + 2 = 4"使得命题"2 + 2 = 4"为真。因为他不能说：是命题"2 + 2 = 4"使得命题"2 + 2 = 4"为真。因为说一个命题使得一个命题为真同样是荒谬的。一个命题只能蕴含另一个命题，却不能使其为真，因为首先要解决这个命题自身是否为真。

但是，事实是怎样使得命题为真的呢？

6.3 事实与命题

当我们说"雪是白的"这个经验事实使"雪是白的"这个命题为真时，前者"雪是白的"是经验中的物理现象：雪看起来是白的；当在雪中掺上红墨水，那些雪就看起来是红的。雪可以不是白的。而后者"雪是白的"是抽象的命题，可以为我们的思考和推理所运用："如果雪是白的，那么下了一场大雪后，大地就是白茫茫一片了"。用波普（Karl Popper）的理论来说就是，经验事实是属于第一世界的，即物理世界的；命题是属于第三世界的；第三世界也是客观的，但却是抽象的。真与假成了沟通这两个世界的一种关系。

但是当我们说事实"2＋2＝4"使得命题"2＋2＝4"为真时，"2＋2＝4"这个"事实"却不是属于第一世界的，而是和命题"2＋2＝4"一道属于第三世界。那么，这时谈论真与假有什么意义呢？我们需要知道事实"2＋2＝4"，才能知道命题"2＋2＝4"是真的吗？情况并不是这样。在数学上，我们是先确立一些公理（如关于自然数的皮亚诺公理［Peano axioms］）和定义，能借助公理和定义而逻辑地演绎出来的即可证明的命题是真的；它的否定是可证明的是假命题。然后，我们才把真命题称作是"事实"，如果我们要这么做的话。因此，对于"2＋2＝4"这种抽象的对象而言，它的真不是依据经验的事实。相反，因为它是真的，所以才被称作事实！这就是前面6.2节中M3告诉我们的真理。

除了数学真理是因为真的而被人们称为事实以外，还有像"1公斤＝1000克"、"单身汉是未婚男人"这样的真理，或许可以称它们为约定真理或规范真理。根据T3，既然它们是真的，它们就是事实了。但是这种事实是它们为真的原因吗？显然不是。因为说它们是事实，除了等于说它们是真的以外，没有别的意义。

因此，经验事实可以说是相应的命题为真的原因；但是把这种说法推广到一切命题，这是在维持"事实使命题为真"的教条。

在我国，"1斤＝10两"现在是真理，因而也是事实，记此事实为F1。但是在过去（例如说100年前），"1斤＝16两"是真理。如果照这种逻辑，"1斤＝16两"也是事实，记此事实为F2。那么，是否可以说F1与

F2 这两个事实是矛盾的呢？但是，两个事实相互矛盾的这种说法是不是也很荒谬呢？罗素说过："没有不相容的两个事实。不相容的是两个命题，……"①

怎样解决这个问题？让我们说，F1 是现在的事实，F2 是过去的事实，以此来解决问题。但这样的结果是："事实"在变化。但是我们已经指出，每个命题是有确定的真值的，如果每个命题有相应的事实，那么事实就不应该变化。

当然，日常语言中有"事实在变化"这种说法，但那是说经验中的现象在变化。而"自然规律"如果在变化，那就是说它不是真正的规律。

所以，正确的说法是，"1 斤 = 16 两"不是事实，起码不能一开始就是事实，而只是一种规定或约定，即被社会或语言共同体规定为一种真的关系。由于它在共同体或社会中是真的、有效力的两个计量单位之间的关系，所以，它就被说成是事实。而这不等于它真的就是事实。但是这个共同体的权力机构后来使这种关系无效，使它不为真，废止了它，而使"1 斤 = 10 两"成为真。如果"1 斤 = 16 两"是事实，那它就不可能被废止。因为事实是不能改变的！它成了事实，所谓"生米煮成了熟饭"，就意味着它不能改变。

因此，有很多命题为真不是由于事实。相反，是因为它们为真，才被说成是事实。

---

① Russell, B. 1918/1985, p. 77

第六章 论没有分析句子

前面我们区分了句子和命题。现在，我们就继续来考察蒯因论题。我说过，当陈述是指句子时，我完全同意蒯因的意见，即不只是句子不能二分为分析的和综合的，甚至根本没有任何合理意义上的分析句子。当然，这一点需要论证。虽然蒯因给出了很多论证，但是在第二章我们已经看到，有很多对分析性的定义是那时的蒯因没有考虑到的。而且在第三章我们还看到，蒯因的论证中存在很多错误，反方（D 方）是有很强的理由的，Q 方并没有真正占据上风。而且还有人认为，蒯因对二分的否定依赖于他的整体论。但整体论并不是没有争议的。所以，我们在此还要继续蒯因的事业，在§1 节中，我将证明，没有第一组分析性定义意义上的分析句子。在§2－7 节中，我将证明，没有第二组分析性定义意义上的分析句子。在§8 节中，我将证明，没有第三组、第四组分析性定义意义上的分析句子。总之，我们证明了不存在任何合理意义上的分析句子。并且，我们的证明是不依赖于整体论的。

§1 没有第一组分析性定义意义上的分析句子

1.1

第一组（狭义的）分析性定义是：

定义 DA0：对于任何判断"A 是 B"，如果谓词 B 的概念是包含在主词 A 的概念之中，则称它是**分析判断**。

定义 DA1：**分析陈述**是其否定为自相矛盾的陈述。

定义 DA2：**分析陈述**分为两类：第一类分析陈述是逻辑真理；第二类分析陈述是能通过同义词替换而变成一个逻辑真理的陈述。

定义 DA3a：S 是**分析的**，当且仅当 S 在每一种 P 在其中成立（P 是意义公设）的状态描述下都是真的。

定义 DA5：S 是**分析的**，当且仅当 S 通过定义可以归结为一个逻辑真理。

定义 DA7：S 在语言 L 中是**分析的**，当且仅当 S 仅根据 L 的语义规则便是真的。

定义 DA11：S 是**分析的**，当且仅当，证明 S 只运用了普遍性的逻辑定律和定义。

定义 DA12：S 是**分析的**，当且仅当，只用逻辑就可推出 S。

定义 DA13：S 是**分析的**，当且仅当，S 的真只是由于其形式。

其中，DA3a 的出现是直接由于蒯因的论证 Ar1.6 成功地攻击了定义 DA3，所以卡尔纳普才提出新的分析性定义 DA3a。这一组中定义 DA0 的"包含"是指逻辑包含，即对任何对象 a，"如果 Aa，那么 Ba"是逻辑真理。

这一组定义的特点是，把逻辑真理都放在分析陈述之中，所以这一组定义涉及一个核心问题：逻辑真理是不是都是分析的。如果不是，这一组定义全错。如果是，我们还要问：分析真理比逻辑真理多了些什么？

如果"没有一个单身汉是已婚的"是分析真理而不是逻辑真理，不是由于其形式而为真，那么分析真理与逻辑真理就不是一回事，DA12、DA13 就不是合适的定义（从而 DS12、DS13 也不是合适的定义）。

而对第一组其余的定义，我们已经看到蒯因的拒斥：

定义 DA0 "有两个缺点：它局限于主—谓词形式的陈述，而且求助于一个停留在隐喻水平上的包含概念。"①

定义 DA1 中的"自相矛盾"只能作出广义的解释，但"广义的自相矛盾概念，正像分析性概念本身那样有待于阐明"。

定义 DA2 依赖于同样不清晰的"同义性"。

定义 DA5（定义 DA11 也一样）中的定义项出现"定义"，它指的那种不清晰的广义的"定义"，这种广义的"定义"并不能解释同义性，而是依赖于在先的同义性。如果定义 DA5 中的定义项中出现的"定义"指的

---

① 蒯因 1951/1987，p. 19

是狭义定义，即我们说的立法定义，而不含阐释定义，那么定义 DA5、DA11 就和 DA12、DA13 一样了，因而也不是合适的对分析性的定义。

至于定义 DA7，在蒯因的论证 Ar1.12 中，人们可能不同意他的"L0 的语义规则的内容无非是：如此这般的陈述，并且只有这样的陈述，才是 L0 中的**分析陈述**"。因为语义规则的内容可以是：如此这般的陈述是 L0 中的**真陈述**。但是在接着的论证 Ar1.13 中，蒯因清楚地表明，如果不是一切真理都是分析的，如果"分析的"不是任意规定的谓词，那么必须要说明"语义规则"的涵义，否则 DA7 仍然是循环定义。所以，蒯因的论证 Ar1.12、论证 Ar1.13 成功地使人们不再把定义 DA7 和语义规则看成是理所当然的。

这样，定义 DA0，DA1，DA2，DA5，DA7，DA11 就都以定义项出现不够清晰的关键词而被拒斥，它们都使用了所谓的"分析性概念家族"中的概念，都有循环定义的嫌疑，因而都不能使蒯因满意。

定义 DA3a 中出现意义公设 P。现在，P 显得是特设的。把所有的被认为是分析陈述的非逻辑陈述放入 P 中，可以得到所想的结果。问题是，为什么 P 中的陈述是分析的？任意一个句子集都可以作为 P 吗？如果不是，那对 P 的要求是什么？于是，我们又回到要用别的方式对分析性加以定义的处境了。

这样，第一组所有的定义都被认为不适当，甚至都是循环定义。不过，我们对 DA2 的拒斥的理由还有它不包括卡尔纳普分析性陈述。

当然，到目前为止，我们只是证明了，第一组分析性定义都是不适当的。还不能说没有这一组定义实际所"定义"（尽管没有成功地定义）的所谓的分析陈述。这一组定义最突出的特点是，它宣称所有的逻辑真理都是分析陈述。如果我们认为有逻辑真理，那么我们就得承认有这一组定义所说的分析陈述。

但是，什么是逻辑真理呢？

1.2

什么是逻辑真理呢？蒯因的定义是：

DLQ：S 是**逻辑真理**，当且仅当，S 是真的，而且在给予 S 中的除逻辑常词以外的成分以一切不同的解释的情况下，S 仍然是真的。①

显然这个定义依赖于对什么是"逻辑常词（logical particles）"或"逻辑原词（logical primitives）"的定义。当然，它还依赖于"真的"、"成分"、"解释"等概念。

判定一个陈述是不是逻辑真理，首先要能知道它是不是真的，以及它的逻辑常词是什么。把非逻辑常词换成变量，就得到这个陈述的**形式**。定义 DA13 说的正是："S 是分析的当且仅当 S 的真只是由于其形式"，这是把逻辑真理与分析陈述划等号，显然不对；但可以看成是对逻辑真理的另一个定义。

为了弄清"逻辑常词"、陈述的"形式"等概念，让我们考虑下面的陈述：

（1）所有的单身汉是单身汉。

（2）所有的单身汉是未婚男人。

（3）所有的单身汉是男人。

一般认为它们都是分析的，但只有（1）是逻辑真理。其原因在将这三个句子符号化后就会很清楚。让我们把"x 是单身汉"记为 Bx，"x 是男人"记为 Mx，"x 是处于未婚状态的"记为 Ux，量词"所有的"记为 ∀，"如果……，那么……"（真值联结词）记为 →，合取（真值联结词）记为 ∧，则上面三个句子可分别符号化为：

（1a）　　∀x（Bx→Bx）

（2a）　　∀x（Bx→（Ux∧Mx））

（3a）　　∀x（Bx→Mx）

上三个句子中，除了 B、U、M 以外，其他都是逻辑常词。其中，（1a）不管 B 怎么解释，都是真的。（2a）与（3a）的真假与 B、U、M 的解释有关。所以（1a）从而（1）是逻辑真理。（2）和（3）不是逻辑真理。

但是，如果 B 与 M 也都是逻辑常词，U 不是逻辑常词，则（1a）与（3a）都是逻辑真理，（2a）不是逻辑真理。

---

① 蒯因 1951/1987，p. 21

所以，关键在于什么是逻辑常词（逻辑符号），或者说如何确定逻辑常词。如果不同的逻辑常词意味着不同的逻辑真理，那么根据什么原则选定逻辑常词呢？模态逻辑比普通命题逻辑多了"必然的"这个常词，时态逻辑比普通命题逻辑多了"过去"、"将来"这类常词，多值逻辑的否定词又不同于普通命题逻辑的否定词，等等。这里似乎有相当大的弹性，如果不说是任意性的话。

这样，如果没有选定逻辑常词的原则，或者放宽这一原则，那么集合论的"属于"也可以看成是逻辑常词，整个数学的真理也可以看成是逻辑真理。这也正符合弗雷格和罗素等人的逻辑主义思想。蒯因在这里再往前迈一步，他说，"但是这种方法的运用还可以超出数学，延伸到所谓的经验科学"[1]。这是他的自然主义的根基之一：逻辑、数学和自然科学并没有被一些明确的界限相互分离。于是，原来认为与逻辑完全不同的相当一部分自然科学，也可能被看成是逻辑了。如果逻辑真理都是分析的，那么整个数学和相当一部分自然科学也是分析的了。

下面让我们考察这个问题：逻辑真理都是分析的吗？

1.3

逻辑真理都是分析的吗？要回答这个问题，我们需要知道逻辑真理的定义和分析性的定义。但是上面两小节表明，既没有合适的对逻辑真理的定义，也没有合适的对分析性的定义，于是，说"逻辑真理都是分析的"成了无源之水。为这句话辩护很难，因为找不到它的立足之根；另一方面，要驳斥它也很难，因为你不知道在哪儿能驳倒它。

让我们回到蒯因论题。蒯因论题的强形式是，没有任何陈述在任何合理的意义上是分析的。当然，也就没有任何陈述在第一组定义的意义上是分析的。但是蒯因怎么证明这一点的呢？如果他证明了第一组定义都是不合理的，那么他也就完成了对这一部分的证明。但是 D 方并不满意。D 方可以争辩说：至少逻辑真理是有合理定义的。蒯因指出，逻辑真理也都是可以修改的，这意味着逻辑真理也不是分析的。蒯因的论证（借助他的力

---

[1]　Quine 1966，p. 93

场比喻）如下：

QA1：……即使一个很靠近外围的陈述面对着顽强不屈的经验，也可以借口发生幻觉或者修改被称为**逻辑规律**的那一类的某些陈述而被认为是真的。反之，由于同样原因，**没有任何陈述是免受修改的**。有人甚至曾经提出把**修正逻辑的排中律**作为简化量子力学的方法，这样一种改变和开普勒（Kepler）之代替托勒密（Ptolemy），爱因斯坦（Einstein）之代替牛顿（Newton），或者达尔文（Darwin）之代替亚里士多德的那种改变在原则上有什么不同呢？①

QA1 只是论证了逻辑真理都可以修改。为什么陈述可以修改就意味着它不是分析的呢？如果分析性的定义是 DA9，这个论证是足够的（即完成的，这当然是在承认知识信念整体论的前提下）。但是，对于第一组定义，论证 QA1 是不够的。

我们认为，逻辑真理是存在的。但是要证明逻辑真理不是分析的，需要一个独立于逻辑真理的对分析性的定义。但第一组定义恰恰都依赖于逻辑真理，或者说它把逻辑真理视作理所当然是分析的，是分析性的典型。所以，在第一组分析性的定义下，不可能证明逻辑真理不是分析的，至多只能证明逻辑真理不存在。但是，我们已经指明，一般人也都认为，命题逻辑系统 H_0、一阶逻辑系统 H 中的定理②都是逻辑真理。至少，人们平常所说的同一律、矛盾律是逻辑真理吧。

我的看法是，如果逻辑真理说的是逻辑命题，那么，存在分析的逻辑命题。如果逻辑真理指的是句子（让我们称那些通常认为是表达了逻辑真理的句子为逻辑句子），那么，它也不是分析的。我们认为，不管我们认可的分析性定义是怎样的，分析句子至少是真句子，这一点应该为大家所普遍接受。如果分析句子都可以是不真的句子，这样的分析性概念是很奇怪的。特别是不能为第一组分析性定义所接受的，因为第一组定义对分析性的刻划主要就是合乎逻辑和真。

所以，要证明一个句子不是分析的，我们只要证明，这同一个句子，

---

① （蒯因 1951/1987，pp. 40 - 1），其中的着重号和人名的英文是为作者所加。

② 这里符号 H0、H 的意义见（徐明 2008，pp. 165 - 6，pp. 400 - 1）。

有时是真的，有时是假的。因为（狭义的）分析句子，一定是真句子！矛盾句子，一定是假句子。总之，分析句子不能有时真，有时假。综合句子，才在一定语境下为真，在一定语境下为假，如"今天下雨"这个句子就是如此。

我们想证明的是一个很强的结论：没有任何句子在任何合理的意义上是分析的。现在，我们想证明的是，没有第一组分析性定义意义上的分析句子。虽然第一组分析性定义的合理性都被蒯因否定了，但人们仍然可能认为，逻辑句子是分析的。那么，让我们来证明，逻辑句子也是在一定的语境下为真，在一定的语境下为假。如果我们证明了这一点，D方应该承认逻辑句子也不是分析的吧，从而也就没有任何（至少在第一组分析性定义的意义上的）分析句子了吧。

让我们从最不可能争议的逻辑句子，即那些表明了同一律和矛盾律的句子着手。形式为（1a）的句子可以说是同一律的体现。违犯矛盾律的句子如：

（4）有一个对象，它既是人，又不是人。

让我们把否定词（真值联结词）记为 ¬ ，"x 是人"记 Hx，那么，（4）可以符号化为：

（4a）　　$\exists x\,(Hx \wedge \neg Hx)$

所以体现矛盾律的逻辑形式是：

（4b）　　$\neg\,\exists x\,(Hx \wedge \neg Hx)$

我们也不直接考虑像（1a）和（4b）这样的抽象的逻辑形式，因为，为什么一种逻辑形式是真的而另一种逻辑形式是假的，学界对此是有争论的。一种说法是，这是由逻辑常词的意义决定的。而蒯因认为仅仅意义并不能决定任何陈述的真。另一种说法是，它们的真是约定的。黑格尔（George Wilhelm Hegel）则认为抽象的概念一般地会引向它的反面。我们在此尽量回避哲学的争论，尽量回到日常生活中的语言表达，回到自然语言。我们依据在日常语言的一定语境中人们的自然感觉，人们认为哪个句子是真的，它就是真的。因为，说到底，分析性问题是自然语言中出现的问题，形式语言没有分析性问题。

为了方便，我们还考虑另一个形式也为（1a）的句子：

— 189 —

（5）每个人是人。

于是（5）也是具有形式（1a）的逻辑真理，体现的是同一律。下面我们来证明：

Ts6.1：句子（4）和（5）都是在一定的语境下是真的，在另一语境下是假的，即（5）不是分析的，（4）不是广义分析的（即不是矛盾的）。

论证 Ar6.1：

在日常生活中，证实（5）为真、（4）为假的例子很多，我们就不举了。下面我们给出（4）为真、（5）为假的语境。

假定我们在生活中听到下面的两个句子（6）和（7），当然它们不是发生在同一个场合。但是在每一个场合都被说话者和听话者认为是真的。甚至我们可以假定，这两个场合的说话者是同一个人。这两句话是：

（6）希特勒也是人，也有七情六欲。

（7）希特勒不是人，他是战争魔鬼。

要说明的是，（6）和（7）中的"希特勒"指的是同一个人，即那个发动了第二次世界大战的德国人。而且（6）和（7）都是蒯因所说的固定句（eternal sentence）①，它不像句子"今天下雨"那样在 2 月 18 日说时是假的但在 3 月 18 日说时是真的，而是一直是真的。

由（6）我们得出：希特勒是人。但这样的话，（7）的真表明（5）是假的。所以（5）在说（7）的那个语境中，可以认为是假的。

人们根据（7）可以说：

（8）并非所有的人是人，希特勒这个人就不是人。

这个句子也是真的。（8）的真表明（4）在这个语境下也是真的。

以上我们证明了，句子（4）和（5）都有时是真的，有时是假的（这里的"有时"不是指时间），所以它们都不是分析句子。

证毕。

---

① 这是王路的译法，见（蒯因 1990/1999，p.69）。陈波译为"恒久句"也是很准确的，见（陈波 1998，p.66）。但我不同意他把 standing sentence 译为"固定句"，因为这种句子的真值并不固定，只是持续一段时间；我建议译为"持立句"。

以上论证表明，（5）这样表达逻辑真理的句子也不是分析的。类似的论证可以在任何句子上做到。这就完成了我们的没有第一组分析性定义意义上的分析句子的论证。也许有人对我们这里的论证感到怀疑。因为，甚至可以说（8）本身就是自相矛盾的。但是，我们不能说认为（8）为真的人理智不健全。如何解释这些矛盾？一种解释是，（8）中的第一个"人"与第二个"人"的意义不同，第三个"人"与第四个"人"的意义也不同，所以（8）并不是矛盾，（8）是真的。同样，（6）中的"人"与（7）中的"人"意义不同，所以（6）与（7）也不矛盾。

问题是，对于蒯因等不认可"意义"和"命题"的人而言，这种解释是行不通的，他不"理解"你说的"意义不同"是什么意思。而且，生活中像（7）这样的语句并不少见，"他不是人"甚至成了骂"他"的常用语。

§2 没有第二组分析性定义意义上的分析句子

2.1

第二组分析性定义是 DA0、DA4、DA6、DA10 和 DA18。与第一组定义明显的不同的地方是，这一组对分析性的定义是建立在陈述的意义的基础上的。

让我们首先来证明，没有定义 DA0 所述的分析句子。与第一组中的 DA0 不同的是，这一组中，定义 DA0 中的"包含"是概念包含。

主词概念包含谓词概念的判断是很多的。像康德说的"一切物体都有广延"并不是最简明的例子，因为说"物体"这个概念包含着"广延"这个概念，有的人可能并不赞同。但是说"白马"这个概念包含着"马"这个概念，大概没有人不赞同的。下面，我们向我国古代哲学家公孙龙学习，来证明：

（9）白马是马。
不是分析的。同理，

（10）白马非马。

也不是矛盾的。这里我们把（10）看成是对（9）的否定。

Ts6.2：句子（9）"白马是马"和（10）"白马非马"都是在一定的语境下是真的，在另一语境下是假的，即（9）不是分析的，（10）不是广义分析的（即不是矛盾的）。

论证 Ar6.2：

在日常生活中，证实（9）为真、（10）为假的语境很多，我们就不举了。下面我们给出（10）为真、（9）为假的一些语境，它们都是公孙龙指出的①。

一："马"是命名某种动物形状的，"白"是命名对象的颜色的，"白马"是命名某种形状为马、颜色为白色的动物的。所以，这时"白马非马"是真的，因为二者命名的对象不一样；而"白马是马"是假的。

二：当需要马时，给予黄马或黑马都能满足要求。当需要白马时，给予黄马或黑马都不能满足要求。所以，这时"白马非马"是真的，因为二者所指的范围不一样；而"白马是马"是假的。

三："白马"是指马形加上白色，或者白色加上马形。而"马"则没有限定它是什么颜色。所以，这时"白马非马"是真的，而"白马是马"是假的。

四：有马不等于有白马。所以，这时"白马非马"是真的，而"白马是马"是假的。

在公孙龙所说的这四种语境中，（9）是假的，（10）是真的。

所以，（9）不是分析的，（10）也不是矛盾的。

证毕。

公孙龙的这个论证显然可以运用到其他的"主词概念包含谓词概念"的句子上。所以，没有定义 DA0 所说的分析句子。因为这些句子都是在一定的语境下为真，在另一语境下为假的。

---

① 屈志清 1981，pp. 20 – 7

2.2

其次，让我们来证明没有定义 DA6 所述的分析句子。这个定义是，

定义 DA6：S 是**分析的**，当且仅当 S 是必然的。

让我们来考察一个大家认为是必然的陈述，例如：

（11） 6 – 1 = 5

这个句子在数学语境中是必然真的。而下面的句子在数学上必然是假的：

（12） 6 – 1 = 0

Ts6.3：句子（11）"6 – 1 = 5"和（12）"6 – 1 = 0"都是在一定的语境下是真的，在另一语境下是假的，即（11）不是分析的，（12）不是广义分析的（即不是矛盾的）。

论证 Ar6.3：

我们知道，在数学上（11）为真、（12）为假。

但我亲耳听到一位高中的班主任对学生家长说："高考要考六门课，任何一门都不能放弃，哪门差就要补哪门。你们知道 6 减 1 等于几吗？6 减 1 等于 0！一门课程放弃了，高考就一定失败！"所以，在这位班主任看来，在高考这件事情上，6 – 1 = 0 是真的，而 6 – 1 = 5 是假的。当然，这是在特定的语境下才会这样。

但是句子（11）与（12）没有说只能运用于数学语境，在其他语境中不能用。

证毕。

这种例子是很多的，如"一滴水加一滴水还是一滴水"，以及大家习见的所谓"1 + 1 > 2"，它们都能在一定语境中表达某种真理，尽管它们在数学上必然是假的。没有句子是必然真的。只有命题才能是必然的。对于任意一个句子 S，我们可以很容易改变其中某个词的意义让 S 从真的变成假的，或由假的变成真的。

2.3

现在我们来考察定义 DA10。

定义 DA10：S 是**分析的**，当且仅当，我们的知识通过 S 丝毫没有增加。

当 S 是一个句子，我们的知识如何通过 S 增加呢？知识是由命题构成的，而不是由句子构成的。假如说：我知道 p，那么这个知道的内容 p 仍然是命题而不是句子，只不过命题需要由句子来表达而已。所以，S 只有被我看成是某个命题的表达，才能对我的知识体系发生某种影响，才有可能增加我的知识。但是在不同的情境下同一个句子可能具有不同的意义，甚至于同一个句子对于不同的主体具有不同的意义。我们在一定的情境下认为某个句子的意义是什么，认为这个句子表达了某个命题，从而对世界增加了一些了解（包括误解）。但是这个句子的意义也可能不是那样，因为我们只有在一定的情境下才能确定句子的意义。

所以，单单一个句子 S，我如何知道它是表达一个命题，以及表达什么样的命题，都依赖于我处于何种语境中。然后，假定我认为 S 表达了命题 p，这才能再考虑 p 对我来说是已经有的知识，还是新的知识。

因此，我们认为，任何句子 S 都不能使我的知识增加，如果没有适当的情境配合。比如说，我拾到了一张纸片，上面写道"明天下雨"，这对我的知识有何增加呢？我能因此断定"明天下雨"？显然不能，因为我不知道这个句子是何时为何人所写，用于何种目的。但是，如果今天晚上我看电视上的天气预报，预报员说"明天下雨"，于是我的知识增加了，我"知道"明天要下雨。当然，预报员可能预报错误，我并没有"明天下雨"的知识，但我对天气的信念至少受到影响。而在那个拾到纸片的情形，我对天气的信念也不会受到影响。

按照定义 DA10，对我的知识没有丝毫增加的句子是分析句子。这样，"明天下雨"也可能是分析的了，因为这个句子会对谁的知识有增加呢？进一步，如果没有适当的情境配合，任何句子都是分析句子了，当然这是不可能的。一方面，这种情境可以由主观臆造；另一方面，这种情境可以因主体当下的偶然状况而形成。这意味着一个句子可以表达多个命题，并且表达什么命题具有一定的偶然性。总之，这使我们看出这一定义的不合理。

或者我们应该这样来理解定义 DA10：我们让句子 S 与任何可能的情境配合，这样在某些情境下 S 能表达某些命题。如果所有这些命题都不使我们的知识增加，则这时的 S 就是分析句子。现在让我们考虑这样的句子会是什么。这样的分析句子使人们甚至失去了"温故知新"的功能。这个句子是所有的懂 S 所在的语言的人都熟悉的，并且不会被赋予新的意义。我认为，这样的句子是不存在的。因为语言的约定性表明，任何符号都可以被赋予新的意义。即使现在没有赋予，以后也可以赋予。没有这样的句子表明了，没有 DA10 所定义的分析句子。

2.4

现在，让我们考察定义 DA18。

定义 DA18：一个句子 S 是**分析的**，当且仅当，每个人在学习构成 S 的词的时候，就了解到 S 是真的。

的确，我们在学习某个词的时候，就已经了解到一些用这个词所构成的句子可以表达真的命题。或许没有想到这同一个句子在一定语境中可以表达一个假的命题。没有想到归没有想到，事实终归是事实。"每个人在学习构成 S 的词的时候，就了解到 S 是真的"，但是人们的这种以为 S 是真的映象是错误的映象，其实是 S 所表达的命题通常都是真的，但并不永远都是真的。作为句子的 S，在一定场合可以表达一个真的命题，也可以在另一场合表达一个假的命题。就分析句子必须永远为真而言，没有定义 DA18 所定义的分析句子。

但是蒯因认为存在这个定义意义上的分析句子。他举了三个这种"分析句子"的例子[①]：

（13）狗是动物。（A dog is an animal.）

---

① Quine 1973, pp. 79–80

（14）没有单身汉是已婚的。(No bachelor is married.)

（15）我们是我们的堂（表）兄弟姊妹的堂（表）兄弟姊妹。(We are our cousins' cousins.)

蒯因的另一个看法是，这个定义导致一些逻辑真理不是分析的。例如直觉主义者不同意排中律是真的，因而排中律是综合的。[①]

下面我们来证明这三个句子并不总是真的。为了充分利用学术资源，我们把例（13）换成一个与之完全效果等同的下面的例句：

（16）猫是动物。

Ts6.4：句子（16）"猫是动物"在一定的语境下是真的，在另一语境下是假的，即（16）不是分析句子。

论证 Ar6.4：

"猫是动物"为真的语境不用说了。下面我们给出它为假的语境，它是普特南在1962年首先描述的：

假设从来没有猫，即从来没有真正的、非伪造的猫。进化出了许多近似猫的动物但从来没有进化出猫，我们所知道的猫只是艺术品，一直都是艺术品。猫的每一个动作，其肌肉的每一次抽搐，每一声"喵"叫，眼皮的每一次闪眨，都是火星上一个控制中心的人设计的，而由猫的身体根据所接收的信号执行，该信号不是猫的"大脑"发出的，而是由位于其松果腺处的超微型无线接收器传出的。[②]

普特南认为在这种情形，只要我们发现了猫是机器，我们仍然会称这个宠物为"猫"，而再不会认为它是动物了。因此，"猫是动物"在这个语境下是假的。

证毕。

Ts6.5：句子（14）"没有单身汉是已婚的"在一定的语境下是真的，在另一语境下是假的，即（14）不是分析句子。

---

① Quine 1973, p. 80

② Putnam 1962a, p. 660

论证 Ar6.5：

句子（14）为真的语境不用说了。下面我们给出它为假的语境。

哈曼提请我们想象一下："由于离婚法庭的某些失误，使得近来所有的离婚判决是无效的。"[①] 但是在这些离婚判决之后，却由之而产生了一些事实上的单身汉，但你又不能说这些人是未婚的。故句子（14）在这个语境下是假的。

证毕。

Ts6.6：句子（15）"我们是我们的堂（表）兄弟姊妹的堂（表）兄弟姊妹"在一定的语境下是真的，在另一语境下是假的，即（15）不是分析句子。

论证 Ar6.6：

句子（15）为真的语境不用说了。下面我们给出它为假的语境。

我们知道，堂（表）兄弟姊妹是人类社会中一部分人与另一部分人之间的相互关系的一种，这种关系与其他的社会关系（如夫妻关系、父母与儿女的关系）相区分。堂（表）兄弟姊妹之关系的前提是婚姻关系和血源关系。这些关系的确立，与社会制度、风俗习惯等文化因素密切相关。

例如在封建社会，身份等级在人们的心目中甚至超出自然形成的伦理关系。做叔叔的也要向当了皇帝的侄子下跪磕头。皇帝的堂表兄弟姊妹不会认为皇帝是他们的堂表兄弟，而只是他们的皇帝。他们与皇帝之间的关系也的确不是堂表兄弟姊妹之间的关系，不仅礼节称呼不同，心理上也很不相同。但是皇帝则可以把他们看成自己的堂表兄弟姊妹，甚至也可以这样称呼。皇帝也知道他们不会把自己看成他们的堂表兄弟姊妹，而只是皇帝。不要说是堂表兄弟姊妹，就是皇帝的亲兄弟姊妹也如此。有些皇帝兄弟之间的关系不亚于仇敌。因此，对于这样的皇帝而言，句子（15）是假的。

又如，如果表妹嫁给了叔叔，那么，我们（兄弟俩）就成了表妹的侄子，而不是表兄弟。（假定风俗规定婚姻后女方称呼等跟随男方。）这时，

---

① Harman 1967, p. 139

句子（15）也是假的。

证毕。

以上我们就证明了蒯因这里所举的所有例句都不是在 DA18 意义上的分析句子。没有句子你知道它所有的词，就能知道它是真的。

2.5

最后，我们来谈谈定义 DA4。

定义 DA4：S 是**分析的**，当且仅当 S 仅根据其意义**便为真**，而与事实**无关**。

我们认为，蒯因的论证 Ar1.8 是有力的（见第一章 §4.3 节），但过于简略。其核心理由是"没有陈述是仅根据意义便为真"，"陈述的真理性显然既取决于语言，也取决于语言之外的事实"。

但是，意义问题是复杂的，什么叫仅根据意义而为真？可以说不同的人有不同的解释。为了回答蒯因等人的反驳，卡茨、伯高先、基莲·罗素先后给出了不同的解释方案，不同的对分析性的定义，尽管大体上都属于 DA4 这一类型。现在，就让我们来仔细地看一看他们的定义。

§3 卡茨的定义

3.1

蒯因在"两个教条"中对分析性定义的批判引起了许多反响。卡茨（Jerrold J. Katz）对分析与综合的定义以及他的分解语义学（decompositional semantics）是其中之一。卡茨最早提出他的定义是在 1964 年发表的"自然语言中的分析性和矛盾"一文①。文中，卡茨是对一个句子是分析的还是综合的进行了定义，并说他的定义经得住蒯因的批评②。但在那之后，

---

① Fodor, Katz 1964, pp. 519 – 43
② Fodor, Katz 1964, pp. 541 – 2

也许是在相关的批评的影响下，他对他的理论逐步作了一些修改。为他后期所认可的定义发表在 1972 年的《语义理论》（*Semantic Theory*）这一重要著作中①。这时，他认为分析和综合的二分的对象不是句子，而是命题或句子的涵义，并且其表述也更加抽象。

卡茨的基本观点是，根据句子的涵义，就可以确定这个句子是分析的还是综合的。卡茨说：

（D）涵义是表达式和句子的语法结构中这样一些方面的东西，它要为表达式和句子的这样一些性质和关系负责：有意义性、模糊性、同义关系、反义关系、冗余性、分析性，以及分析地蕴含。②

所以，卡茨的定义属于 DA4 这个类型，即根据句子的意义就可以确定它是否是分析的，不需要根据语言以外的事实。不过卡茨把这个意义限定为"涵义（sense）"，它源于弗雷格的"意义"或"涵义"（Sinn），不过卡茨认为弗雷格的"涵义"属于旧内涵论（the old intensionalism），而他的涵义概念属于新内涵论（the new intensionalism）③。

理解卡茨的定义需要明白卡茨的语义理论框架。卡茨认为，语义理论必须能说明"掌握了一门语言的人能够说出以及能够理解他从未听过、从未见过的句子，他只是知道构成这个句子的词汇以及这个句子的结构"。因此语义学必须含有两样东西：一部词典（dictionary）和一组投射规则（projection rules）。给定一个句子，人们是借助词典和投射规则得出这个句子的意义。句子是词的有穷系列，不明白词的意义难以明白整个句子的意义，所以词典是需要的。但怎样根据词的意义组合出句子的意义，则需要投射规则。投射规则必然存在，卡茨和福多（Jerry A. Fodor）对此的论证是：

因为一个熟练的说话者能够使用和理解他的语言的无穷的句子集中的任意一个句子，又因为任何时候他只遇到过有穷个句子，所以，说话者对他的语言的知识必定采用的是规则的形式，这些规则把他偶然遇到的全部

---

① Katz 1972, pp. 175 – 180
② Katz 1992, pp. 698 – 9
③ Katz 1992, pp. 689 – 719

句子的集合（这是一个有穷集）投射到该语言的全部句子的集合（这是一个无穷集）上。①

3.2

卡茨认为，人们运用词典和投射规则于一个句子，最终是要得到这个句子的意义，即他所称为的该句子的语义解释（semantic interpretation）。一个句子可能有多种语义解释，即句子可以是歧义的。句子的歧义，既可以由其中含有歧义的词引起，也可以是由于其句法结构是歧义的引起。词没有歧义但句法结构有歧义的一个例子是句子

（17）我爱小男孩和女孩。

按照卡茨的说法，（17）有两种组成结构表征式（constituent structure characterization），分别如图 1 和图 2 所示：

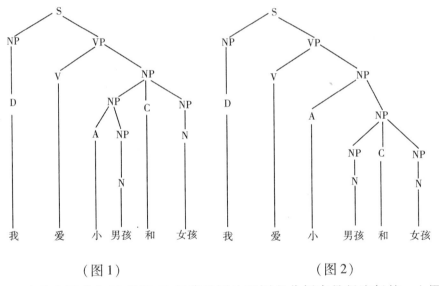

（图 1）　　　　　　　　　　（图 2）

这种表征式在 20 世纪 60 年代的语法和语义分析中是很流行的。上图中的各符号意义如下：

S：句子，

NP：名词短语，

VP：谓词短语，

---

① Fodor, Katz 1964, p. 482

D：代词，

V：动词，

A：形容词，

N：名词，

C：连词。

在表征式中，单词或词素是处于最下层，沿着分枝往上不断汇合，直到最高点 S。

给定了句子以及它的一种句法结构，这也就是说在给定的组成结构表征式下，句子仍然可能有歧义，这是由于其中的词可以是歧义的。但对词的意义的刻画则属于词典的任务。词典是全部词条及其意义描写的集合。卡茨开始构想的对一个词条的意义刻画也是如表征式那样的树状结构，例如对英语词"bachelor"的刻画是：

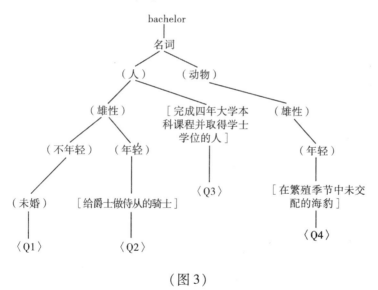

（图 3）

上图中，使用括号"（"与"）"的内容是语义标号（semantic mark-er），使用方括号"［"与"］"的内容是辨义标号（distinguisher），使用尖括号"〈"与"〉"的内容是选择限制（selection restriction），首先与词条相连的内容是句法标号（syntactic marker）。语义标号与辨义标号统称为语义元（semantic element），它们与选择限制一起，构成了词条的意义。从词条"bachelor"发出的枝最终有四支，表明该词条有四种意义，也称为有四种解读（reading）。

"解读"是卡茨语义理论的最基本的概念之一。对词条意义的上述刻画也称为词汇解读（lexical reading）。卡茨的"解读"这一概念的适用对象很广泛，它不仅包括词的涵义的表达，而且包括任何句子成分（含整个句子）的涵义的表达。词汇解读由词典给出，词以上的其他句子成分（包括整个句子）的解读则是根据句子的表征式和投射规则从词汇解读中推导的，所以也称为导出解读（derived reading）。

3.3

由于每个词或词素已经可能有多种解读，它们沿着表征式的路线往上汇合的过程中，是按照投射规则形成表征式上的每个节点（node）的意义或导出解读的。每个节点的导出解读也可能有多种，每一种称为该节点的一条路径（path）。

卡茨首先对系词句（copula sentences）定义了什么时候它是分析的。所谓系词句，是指的形式为"NP + 是 + A"以及"NP + 是 + NP"的句子。给定系词句的一个表征式 d_i。卡茨采用这样的记号：设 p_1 是与标记为 S 的节点相邻的标记为 NP 的节点所具有的路径集中的一条路径，p_2 是与标记为 S 的节点相邻的标记为 VP 的节点所具有的路径集中的一条路径，p_1 与 p_2 融合时所产生的一个解读记为 $r_{1,2}$，它是对整个句子的一种解读。卡茨的定义如下：

（D6）系词句 S 在解读 $r_{1,2}$ 上是分析的，当且仅当，p_2 中的每个语义元 e_i 也都在 p_1 中，且对路径 p_2 中的每个复合的语义元 $\{e_1 \cup e_2 \cup \cdots \cup e_n\}$，路径 p_1 中都有一个语义元 e_j，这里 $1 \leq j \leq n$。

（D6'）系词句 S 在 d_i 上是完全分析的，当且仅当，在 d_i 上的标记为 S 的节点的解读集是非空的，且对该集中的每一解读 $r_{1,2}$，S 在 $r_{1,2}$ 上是分析的。[①]

（D7）S 在 d_i 的解读 $r_{1,2}$ 上是矛盾的，当且仅当，在同一个反义的语义

---

① Fodor, Katz 1964, p. 531

元 n—元组中 p_2 与 p_1 含有不同的语义元。

（D8）**S 在 d_i 的解读 $r_{1,2}$ 上是综合的**，当且仅当，S 在 $r_{1,2}$ 上既非分析的，也不是矛盾的。①

并在此基础之上对一些复合句定义什么时候它们是分析的、矛盾的或综合的。因此，在卡茨那里，分析性与综合性，同有意义性（meaningfulness）、歧义性（ambiguity）、同义性（synonymy）、反义性（antonymy）、冗余性（redundancy）等一样，都是句子的一种语义性质。卡茨认为，他这样给出的定义，不是循环定义，并且对任何语言 L 中的任何句子 S 都可以这样地来判断它们是否是分析的。

虽然按照这里的定义（D6）、（D7）、（D8），句子是在一定的解读上才有分析、矛盾和综合之分，但卡茨仍然认为这里区分的对象是句子，这从（D6'）以及稍后在《语言哲学》一书中所给出的下述定义可以看出：

（D10）**S 是完全矛盾的**，当且仅当，S 在对句子成分所指派的每一个解读上都是矛盾的。②

（D12）**S 是完全综合的**，当且仅当，S 在对句子成分所指派的每一个解读上都是综合的。③

但后来的卡茨不再持这一看法了。他说："'分析的'一词，直接地运用于句子的涵义上，也就是说运用于句子所表达的命题上，而不是直接运用于句子上。"④

卡茨后来一直坚持的对分析的、矛盾的和综合的命题的定义是：

（4.113）一个命题或者一个句子的意义是**分析的**，或者说，一个句子 S 在 S 的解读 R 上是分析的，当且仅当，

① Fodor, Katz 1964, p. 533
② Katz 1966, p. 198
③ Katz 1966, p. 199
④ Katz 1972, p. 174

（a）R 的双括号内的部分把 R 所表达的命题记为在类型上是断定性的，

（b）R 的双括号外面的部分至少含有一个形式为 Πr_{i1}，r_{i2}，$\cdots$，r_{im} 的 r_i，使得 Φx_1，x_2，$\cdots$，$x_n \subset \Pi x_1$，x_2，$\cdots$，x_m，而且

（c）对系列 r_1，r_2，$\cdots$，r_n 中的每个 r_j，$r_j \neq r_i$（这里 r_j 占据 Φx_1，x_2，$\cdots$，x_n 中的第 j 个位置），或者 $r_j \subset \Pi$，或者存在一个 r_{ij}（这里 r_{ij} 是占据着 Πx_1，x_2，$\cdots$，x_m 中的这样一个部分的第 j 个位置的一个解读，该部分与 Φx_1，x_2，$\cdots$，x_n 等同），使得 $r_j \subset r_{ij}$。[①]

（4.119）　　$(\ (\ (\alpha_1)\ (\alpha_2)\ \cdots\ (\alpha_n)\ )\ (\beta_1)\ (\beta_2)\ \cdots (\beta_m)\ )$

上式中，在重括号中的诸解读，即"β_1"，"β_2"，$\cdots$，"β_m"，表示词项；不在重括号中的，表达谓词的内在结构或逻辑构成的符号，即"α_1"，"α_2"，$\cdots$，"α_n"，表示属性。故上式表示诸词项所述对象具有上述诸属性。[②]

（4.120）一个命题或者一个句子的意义是**矛盾的**，或者说，一个句子 S 在 S 的解读 R 上是矛盾的，当且仅当，

（a）R 的双括号内的部分把 R 所表达的命题记为在类型上是断定性的，而且

（b）R 中含有一个形式为（4.119）所示的成分，其中存在一个 α_i 和一个 β_j，这里 $1 \leq i \leq n$ 且 $1 \leq j \leq m$，使得 α_i 和 β_j 属于同一个反义的语义标号 n—元组。[③]

（4.121）一个命题或者一个句子的意义是**综合的**，或者说，一个句子 S 在 S 的解读 R 上是综合的，当且仅当，

（a）R 的双括号内的部分把 R 所表达的命题记为在类型上是断定性的，而且

---

① Katz 1972，p. 174
② Katz 1972，p. 180
③ Katz 1972，p. 180

（b）R 既不满足（4.113）又不满足（4.120）。①

至此我们给出了卡茨的主要定义。由于篇幅的限制，我们略去对他所用的符号的意义的详细说明，有兴趣的读者可参考卡茨的原著《语义理论》②。

3.4

卡茨的定义产生了这样一些值得注意的结果：

（一）出现一些必然真理、逻辑真理是非分析的，如：

（4.124）（a）约翰是穷的或者不穷的。

（b）约翰并非是既活着又死了。

（二）一些逻辑真理和矛盾式成为综合命题，如上面的（4.124）和下面的（4.123）：

（4.123）（a）约翰有一个多毛的光头。

（b）约翰沉默地叫喊。

（c）约翰总是勇敢和胆怯。

（d）约翰通过恐吓、威胁来哄骗比尔。

（e）毛巾浸泡而不打湿地板。③

这样，逻辑真理与分析真理是交叉的关系：有的分析真理不是逻辑真理，如"单身汉是未婚的"；有的逻辑真理不是分析真理，如（4.123）诸命题，当然也有既是分析真理也是逻辑真理的命题。

（三）卡茨提出语言真理（linguistic truth）和元语言真理（metalinguistic truth）概念。语言真理是这样的确定的命题，其真值是建立在自然语言的原则的基础上。卡茨的语言真理包括逻辑真理、分析真理和元语言真理。卡茨的元语言真理的部分例子如下：

（4.176）（b）"别踩了草"是有意义的。

---

① Katz 1972, p. 180
② Katz 1972, pp. 174－180
③ Katz 1972, p. 181

(c) "运动服"与"适于在从事体育活动时穿的衣服"是同义的。

(d) "男侄子"是冗余的。

(e) "国王是君主"是分析的。

(h) "侄子是女的"是矛盾的。

(i) "不要把影子弄空了"是无意义的。①

注意，元语言真理和分析真理一样，与语言外的事实无关，但却不是康德的 DA0 意义上的分析真理。

3.5

由于卡茨后来是把句子的意义或命题作为分析与综合二分的对象，没有"分析的句子"一说，并且他的定义明显地受二分观点的影响，跟我们的观点很接近，所以我们这里只对卡茨的上述定义作一个简单的评论。

卡茨的分析性定义仍然过于依赖句子的形式。他实际上是对句子的意义或句子所表达的命题来区分分析与综合的。如果一个句子可能有多种意义（歧义）时，他考虑其中的一种意义（用他的话说就是一种"解读"），而不是直接区分命题的分析与综合。这就造成同一个命题在一个句子的表达下是非分析的，而在另一个句子的表达下是分析的不合理现象。例如，我们把（4.124）（a）变成与之同义的下面这句话：

（18）约翰是穷的，或者并非约翰是穷的。

再按照卡茨对复合句的分析性定义（见其《语言哲学》中的 D15)②，可知（18）所表示的命题是分析的。但是（4.124）（a）是非分析的。

而且，卡茨的定义依赖于这样两个核心问题：1. 是否可能给出一个他所设想的理想词典？2. 是否可能给出一个全面的投射规则系统？

关于第一个问题。现有的一切词典都不是他所设想的理想词典。他的理想词典是要给每一个词或词素的每一种意义以一个语义标号集。该语义标号集要能准确地完整地表明那种意义。这种标号集如何能被人理解？人们如何学习这种"标号语言（marker language）"？标号的切分难道是任意

---

① Katz 1972, p. 198
② Katz 1966, p. 206

的吗？正确的切分的条件是什么？又是如何做到的？卡茨对此未能给出回答。一个词的语义标号集可以看成是对该词条的定义。当用语言 L0 做语言 L0 的词典的标号语言，由于词典要给出所有的词的释义，因此循环定义不可避免，混乱不可避免。当用语言 L1 做语言 L0 的词典的标号语言，那么 L1 的词典又由什么做标号语言呢？这样可以无穷追问下去，故必有一语言 L，它的词典的标号语言只能是 L 自身；因此循环定义还是不可避免。

关于第二个问题。投射规则把表达式的成分意义转换成整个表达式的意义，但这样做到过吗？卡茨的投射规则缺乏可操作性，基本上只是成分意义的合并，无法说明新意义的形成。当然，投射规则与理想词典是配套的，既然没有理想词典，投射规则也就无法运用了。实际上他也未试图对任何一种语言给出一个按照标号语言的要求编写的词典。所以，卡茨的方案仍然是一种草图，并且面临严重理论困难。

§4 伯高先的定义

伯高先（Paul A. Boghossian）回应蒯因对分析性的批评走的是完全不同的路子。他认为有两种分析性，一种是形而上学分析性（metaphysical analyticity），一种是认识分析性（epistemic analyticity）。他认为蒯因批评的是形而上学分析性，对此他完全赞同。但这些批评却不适用于认识分析性。而且认识分析性还可以用来说明先天的知识，所以是一种有用的概念。1996 年他对这两者是这样界说的：

……这样理解的"分析性"是一个明显的认识论的概念：一个陈述是"由于其意义而为真"，仅仅只要把握了它的意义就足以理证它为真的信念。

短语"由于意义而为真"的另一个远为形而上学的解读也是可行的，根据这个解读，一个陈述是分析的，只要在某种适当的意义上，**它的真值完全是由于它的意义**，根本与"事实"无关。①

---

① Boghossian 1996, p. 363

因而伯高先的定义可以写成:

定义 DA4m:S 是**形而上学分析的**,当且仅当,S 仅根据其意义便为真,而与事实无关。

定义 DA4e:S 是**认识分析的**,当且仅当,对 S 的意义的把握足以理证 S 为真的信念。

显然,他的对认识分析性的定义,与对形而上学分析性定义一样的属于 DA4 这个类型。但伯高先的一个重要任务就是要说明这两个定义有什么实质性的不同。

4.1 形而上学分析性

伯高先认为,对任何陈述 S,我们都可以说:

(B1):S 是真的,当且仅当,对某个命题 p,S 的意思是 p 且 p。

而说一个句子 S 是形而上学分析的,也就是说:

(B2):S 是真的,当且仅当,对某个命题 p,S 的意思是 p。

于是伯高先反问说:"S 的意思是 p 这一仅有的事实怎么可能使得 S 是真的呢?"①我们用 S 意谓 p 怎么就足以**使得**p 成立? 他引用哈曼的例证,认为句子"铜是铜"是真的,不仅取决于这个句子的意思,也取决于"这个世界的存在方式的一般特点,即任何事物都是自我等同的"。其实这一观点很早(1954)就由蒯因表述了:

(QA2):考虑逻辑真理"任何事物都是自我等同的",或"(x)(x = x)"。我们可以说,它的真依赖于语言的特征(特别是依赖于"="的用法),而与主语所涉及的事物的特征无关;但我们同样可以说,它的真也依赖于主语所涉及的事物,即任何事物的这样一个明显的特征,即自我等同。我们目前的思考的倾向是,这二者没有区别。②

虽然蒯因本人的观点并不等于哈曼和伯高先的看法,事实上蒯因的思想更具有批判性,对此我们以后再谈。

---

① Boghossian 1996, p. 364
② Quine 1966, p. 106

伯高先沿着这一思路论证了下述命题：

Ts6.7：不是我们用 S 意谓 p 而使得命题 p 成立，而是在这一语言约定之前，p 已经成立。

论证 Ar6.7：

用反证法。如果是我们用 S 意谓 p 而使得命题 p 成立，而不是在这一语言约定之前，p 已经成立；那么我们会得到这样的更为神秘的断言：该句子所表达的真理依赖于"该真理由该句子所表达"这样的事实，从而我们可以说，所表达的东西如果不是由该句子所表达，它就根本不会是真的，但这显然是荒谬的，因为我们能用不同的句子表达同一个真命题。用某个特定的句子表达某个真命题，不是该句子为真的原因。

在我们约定句子"要么雪是白的，要么雪不是白的"一种意义之前，就不是"要么雪是白的，要么雪不是白的"吗？这个句子所断言的在我们用该句子意谓某种东西之前就已经是真的，甚至在没有人想到它、或用我们的一个句子来表达它时，该断言就已然是真的，难道不是这样的吗？①

证毕。

论点 Ts6.7 的一个结论是，对于任何表达真命题 p 的句子 S，S 为真都只能如 B1 所述，而不是如 B2 所述。也就是说，没有任何句子是形而上学分析的。所以，伯高先完全同意蒯因的论证 Ar1.8。

4.2 认识分析性

有意思的是，马果力斯（Eric Margolis）与劳伦斯（Stephen Laurence）指出，他们同意伯高先对形而上学分析性的批评，但是同样的问题在认识分析性上也存在：

（ML1）：如果 p 确实是一个独立存在的事实，它使得 S 为真，那么知道 S 意为 p，并不足以理证 S 为真；人们还需要理证相信 p 的信念。换句

---

① Boghossian 1996, p. 365

话说，只要 S 的真不只是关于它意谓着什么，那么对 S 的意义的把握（至多）只是解释"为什么主张 S 为真得到理证"的一部分。另一部分——远远更为重要的部分——是关于人们认知 p 本身的，以及为什么人们相信 p 得到理证的。①

因此，部分是为了回应对他的批评，伯高先于 2003 年对他的认识分析性概念作了进一步的阐述。这一次，他仔细解释了他的认识分析性定义中"对意义的把握（grasp of meaning）"这个短语，认为它有三种不同的意义：（1）思考者 T 通过使用句子 S 意谓某种确定的东西，称这种把握概念为"仅握意义（mere grasp of meaning）"。（2）不仅如此，T 还能正确地和知识性地陈述 S 的意义是什么，称这种把握概念为"知道意义（knowledge of meaning）"。（3）不仅"知道意义"，而且能知道它是否与别的句子同义，称这种把握概念为"理解意义（understanding of meaning）"。②

然后，伯高先以句子"所有的单身汉都是未婚男人"为例，来说明说话者如何能通过对这个句子的意义的把握就足以理证他对该句子所表达的命题的相信。并从这个例子中总结出一个他所谓的"同义推理模板（Synonymy Template）"（下面的符号中，S、S'、F、G 均表示句子，P、Q 表示命题）：

1. S 意为 P。（知道意义）

2. S 与 S'是同义的。（理解意义）

3. S'意为 Q，这里 Q 是某个逻辑真理。（知道意义）

4. 如果 F 与 G 同义，那么，F 是真的当且仅当 G 是真的。（意义与真之间的概念联系）

5. 所以，S 是真的当且仅当 Q。

6. Q。（逻辑）

7. 所以，S 是真的。（演绎推理）

8. 所以，P。（演绎推理）③

---

① Margolis & Laurence 2001，p. 294
② Boghossian 2003，pp. 16 - 7
③ Boghossian 2003，p. 19

就是说，人们在心中作了一个如上的"同义推理模板"所描述的推理，从而理证了他的相信 P、相信 S 是真的。在他所举的例子中，S 是句子"所有的单身汉都是未婚男人"，P 是 S 所表示的命题，S'是句子"所有的未婚男人都是未婚男人"，Q 是 S'所表示的命题。

显然，同义推理模板只能解释"所有的单身汉都是未婚男人"这样的符合定义 DA2 所规定的分析性命题，伯高先曾称之为"弗雷格分析性（Frege - analyticity）"陈述，[①] 但是对于"如果 x 比 y 热，那么 y 不比 x 热"这类伯高先曾称之为"卡尔纳普分析性（Carnap - analyticity）"陈述，其分析性仍然没有理证。于是伯高先又提出如下的"隐定义推理模板（Implicit Definition Template）"：

1. S（f）意为 P。（知道意义）

2. 如果 S（f）意为 P，那么 S（f）是真的。（对约定内容的知识）

3. 所以，S（f）是真的。

4. 如果 S（f）意为 P，那么"S（f）是真的当且仅当 P"。（对意义与真的联系的知识）

5. S（f）是真的当且仅当 P。

6. 所以，P。

问题是，人们真的在心中作了如"同义推理模板"或"隐定义推理模板"所示的那样的推理吗？于是，伯高先进一步作了这样的区分：如果某人拥有该论证的前提的理证，并且实际经过了该论证，我将说他的相信 P 是有理证的；如果他没有实际经过了该论证，只是有**能力**经过这样一个论证，那么我将说他拥有 P 的权证（he is entitled to P）[②]。这样，无论一个说话者是否在心中作出这样的推理，但作为一个合格的有语言能力和一定智力的人，他将拥有这样的权证。然后，在把握意义与有权证（entitlement）之间建立了一种基本的联系（通过他所谓的构成性模型），只要有关的信

---

① "弗雷格分析性陈述"与下面的"卡尔纳普分析性陈述"源于（Boghossian 1996, p. 368）。

② （Boghossian 2003, p. 19），也可译为"他将有权得出 P"。

念不涉及他所谓的"有缺陷的概念",这样的构成性模型就解释了为什么人们有权相信有关的信念。从而解决了有关信念的分析性的理证问题,以及该信念的先天性问题。

§5 对伯高先定义的批评

5.1

上面我们简介了伯高先对分析性的定义以及他对分析性的理证方法。伯高先提出了"认识分析性"这一新的分析性概念,把它作为一种不同于蒯因所批评的"形而上学分析性"。2003 年他对这两种分析性的表述是:

根据**形而上学**的概念,一句子是分析的,如果它的真是完全由于其意义,而不是由于"事实"。与此对照,我把一句子称作**认识**分析的,如果对它的意义的把握就足以让我们理证它所表达的命题为真这一信念。①

那么这两种不同的分析性主要不同之处是什么呢?形而上学的分析性中强调了"与事实无关",但是蒯因强调没有任何陈述的真能与事实无关。因为这些陈述不是单独的而是作为整体来面对经验的法庭,因而任何陈述没有理由与经验中的事实无关。所以认识分析性的定义中去掉了"与事实无关"这一条,并且把"由于其意义而为真"解释成"对它的意义的把握就足以让我们理证它所表达的命题为真这一信念",从而丰富了"由于意义而为真"的内涵。

但是为什么某些命题"对它的意义的把握就足以让我们理证它所表达的命题为真这一信念"呢?伯高先运用了两个模型:"同义模型"和"隐定义模型"。但是这两个模型中都存在问题,尤其是"隐定义模型"中的问题是致命的。

5.2

让我们先来看看同义模型。在这个模型中的"同义推理模板"中,关键的第 2 步存在严重的问题。就伯高先所举的例子而言,句子 S "所有的

---

① Boghossian 2003, p. 15

单身汉都是未婚男人"与句子S'"所有的未婚男人都是未婚男人"真是同义的吗？它的同义的根据是什么？根据是"单身汉"与"未婚男人"是同义的？但是论证 Ar6.5 中已经让我们看到单身汉在某种情况下可能是已婚的。也就是说，"单身汉"与"未婚男人"的同义也是有条件的，有时候它们不是同义的。

如果它的根据是"单身汉"与"未婚男人"是同义的，让我们暂且认可这一点，那么，据此我们就能得出S与S'同义吗？我们承认"单身汉"与"未婚男人"是同义的，但是我们怎样由之得出S与S'同义呢？如果是依据规则 r1："对一个句子中的词进行同义替换，得到的句子与原来的句子同义"，那么我们可以继续推得下面的两个句子：

（19）我相信所有的单身汉都是未婚男人。

（20）我相信所有的单身汉都是单身汉。

也是同义的。以及

（21）居然有人认为，单身汉不是单身汉是可能的。

（22）居然有人认为，单身汉不是未婚男人是可能的。

也是同义的。

但是认为（19）与（20）同义，以及（21）与（22）同义，显然是错误的。（20）无疑是真的，但是根据论证 Ar6.5，（19）可以是假的。人们在（21）中有充分理由使用"居然"这个词，但是在（22）中却没有过硬的理由使用"居然"。

另外，模板中的第6步的根据竟然是**整个逻辑**，这使得任何逻辑命题不管多么复杂都是分析的，都在该模板中一步而过。我认为，这使得复杂逻辑命题不可能有理证，而只能有权证。但是"认识分析性"是用"**理证**它所表达的命题为真这一信念"来定义的，用权证解释理证，这是一步似是而非的过程，是一种"逻辑跨越"。

5.3

现在我们再来看看隐定义模型。在这个模型中的"隐定义推理模板"中，关键的第2步存在致命的问题。因为 S（f）是 f 的隐定义，让我们姑且忽略隐定义本身的问题，那么这一步应该这样写："如果 f 的意义是使 S （f）为真的那个意义，那么 S（f）为真"。但如果这样写了，伯高先的这个模板就推不下去了。因为，"隐定义推理模板"中的第 3 步是从第 1 步和第 2 步推出的。

"隐定义推理模板"显然有错。这可以这样看出来：令 S（f）为句子"p&﹁ p&f"，它是句子符号 f 的隐定义。但是"p&﹁ p&f"可以为真吗？显然不存在这样的句子 f 使得"p&﹁ p&f"为真。同理，用句子"p&﹁ p&fa"做谓词符号 f 的隐定义也是有问题的，因为不存在这样的谓词。总之，第 3 步是得不出来的。

如果伯高先的这个"隐定义推理模板"能成立，那么任何命题 P 都可以是真的，因为只要使句子 S（f）意为 P 就可以了。所以，"隐定义推理模板"是错误的。

即使"隐定义推理模板"没有错误，但我们早在第二章§2 节中就指出过，隐定义不能作为定义，因为这要求使得 S（f）为真的 f 存在且唯一，否则导致错误。所以，这种"隐定义推理模板"不能运用。

而且这里我们看到，即使碰巧所下的隐定义确立了一个概念，并且这个概念也不是他所谓的"有缺陷的概念"，隐定义推理模板仍然是不成立的。其实，也没有理由认为，人们真的在心中作了"隐定义推理模板"所示的那样的推理。因为这种推理是无效的。既然是无效的，所以无论是否作出这样的推理，人们都不能拥有其结论的权证。从而伯高先的这套解释认识分析性的方案是不成立的。

5.4

上面我们证明了，伯高先的"同义推理模板"和"隐定义推理模板"都是无效的推理。另外，人们心理上也没有任何证据指出人们有作出这种推理的行为倾向。这样，伯高先的想通过认识分析性这个概念，以说明"一个句子如果是认识分析的，那么它就是真的，并且人们对于它的真的信念得到了理证"的尝试是失败的。

但是，一个更为根本的问题是，有没有伯高先所说的认识分析的句子。我们的意见是没有。原因是，根据定义 DA4e，若句子 S 是认识分析的，则对 S 的意义的把握就足以让我们理证它所表达的命题为真这一信念；但如果我们认识到任何句子既可以表达一个真命题，又可以表达一个假命题，那么我们还会相信它所表达的命题都是真的吗？因此，任何对 S 的意义的把握都**不足以**让我们理证它所表达的命题为真。我们需要结合一定的语境，需要确定 S 到底表达的是哪一个命题。

以前我们可能一看到某个句子就以为它是真的，例如，一看到"1 + 1 = 2"就认为这是真的，从而一看到"1 + 1 = 1"就认为它是假的。但是，在布尔代数的"逻辑与"运算中，"1 + 1 = 1"是真的。所以我们需要知道"1 + 1 = 2"是在什么语境中，"1 + 1 = 1"又是在什么语境中。又如，伯高先以之作例子说明同义模板的句子"所有的单身汉都是未婚男性"，在通常的语境中为真，而在论证 Ar6.5 中我们看到一个它不为真的语境。这样，如果我们对句子"所有的单身汉都是未婚男性"的意义的把握就使我们有一个它为真的信念，那这个信念是一个错误的信念。当然，如果把"所有的单身汉都是未婚男性"理解为一个命题，在这个命题中"单身汉"指的就是未婚男性，那这当然是一个真的命题，并且也是一个分析命题，我们对这个命题为真的信念是正确的。但这不是伯高先的观点：他的观点是，句子"所有的单身汉都是未婚男性"是认识分析的，这个句子必然是真的，等等。

以前我们一看到"1 + 1 = 2"就认为这是真的，一看到"1 + 1 = 1"就认为它是假的，这是由于我们把它们当作算术命题来理解。当我们可以把"1 + 1 = 1"作为布尔代数中的命题来理解，这样它又表达一个真命题了。伯高先说的"对 S 的意义的把握就足以让我们理证它所表达的命题为真这一信念"，这种现象是有的；但这种现象之所以发生，是因为我们把 S 理解为一定的命题了，没有想到 S 还可以表达其他的命题。也许一个句子现在通常只用来表达一个命题，但自然语言中的句子是这样灵活，以至于没有任何理由能保证以后这个句子也只用来表达那一个命题。所以，伯高先所说的认识分析的句子，从长期看是没有的。本章前面我们证明了一些人们曾以为是分析的句子，包括体现逻辑的同一律和不矛盾律的句子，是如何在一定的语境下为假的。其实这些句子的意义还是比较稳定的，不太容易发生对它们的其他理解。连这些句子都能表达多种命题，那就没有理由认为别的句子不能表达多种命题了。我想，这些理由已经足够让人们看到伯高先的观点的虚妄了。

§6 基莲·罗素的定义

6.1

基莲·罗素（Gillian K. Russell）在其 2004 年的博士论文《分析性，意义和悖论》（*Analyticity，Meaning and Paradox*）中首次给出了她的对分析性的定义。后来，在 2008 年出版的《由于其意义而为真》（*Truth in Virtue of Meaning*）一书中，给出了她的稍加修正的对分析性的定义，用以包括在她看来更多形式的分析句子。仅由这本书的名称，也可以想见她的对分析性的定义属于 DA4 这个类型。

但是在蒯因的论证 Ar1.8 的攻击下，基莲·罗素也认为任何句子的真与事实有关。而句子的真当然与句子的意义有关。这样，基莲·罗素就主张一种句子真值的"二因素理论"（two - factor story），但是她仍然想保留"分析句子是由于其意义而为真的句子"或者"其意义决定了分析句子的真值"这样一种说法，这意味着她没有太多的选择：

    ……看来这两种选择已经穷尽决定关系的逻辑空间。一种是"无聊的（trivial）"选择，"决定"被解释为意义只是部分地——而非整个地——决定其真值。一种是"荒谬的（absurd）"选择，"决定"被解释为意义整个地决定其真值。此外还剩下什么选择呢？①

基莲·罗素的选择是重新解释"由于其意义而为真"或"意义决定其真值"。她定义了四种决定：部分决定（partial determination）、联合决定（conjoint determination）、完全决定（full determination）和多余决定（redundant determination）。认为分析句子是其意义**完全决定**其真值的句子。这里"完全决定"的定义是：

    定义 3（完全决定）：相对于函数 F，其在变元位置 i···k 的主目 $x_i···x_k$

---

① Russell, G. 2008, p. 32

完全决定了函数值 y，当且仅当，对 n 元函数 F 中的所有的 n + 1 元组，如果在位置 i…k 的值是 $x_i…x_k$，那么，该 n + 1 元组的最后一个位置的值是 y。[1]

与此对应，二因素中的另一因素"事实"或"世界状态"只是多余决定分析句子的真值。她用"$0 \times 5 = 0$"来说明这一点：两个乘数中，第一个乘数 0 完全决定了积的值，第二个乘数 5 多余决定了积的值，因为不管这第二个乘数怎么变化，积的值还是 0。

基莲·罗素认为，这种选择不是无聊的，因为并非所有的句子是这种意义上的分析句子；另一方面，这种选择也不是荒谬的，因为，至少存在一个这种意义上的典型的分析句子，这就是：

（23）我现在在这儿。（I am here now.）

6.2

基莲·罗素的另一个重要做法是，她进一步地明确 DA4 中的"意义"。她认为有四种"意义（meaning）"需要区分：

角色（Character）说话者应该知道的事情，即只有知道了那些才能算得上理解了该表达式。（可以是悄悄的、不自觉的知道）

内容（Content）表达式对含有该表达式的句子所述说的内容的贡献。（句子的内容即命题。）

确定指称者（Reference Determiner）任何对象要成为该表达式的指称（或在该表达式的外延中）所必须满足的条件。

指称/外延（Referent/ extension）表达式适用的对象（或对象的集）。[2]

而把 DA4 中"仅根据其意义便为真"或"由于其意义而为真"（true

---

① Russell, G. 2008, p. 36
② Russell, G. 2008, pp. 45 – 6

in virtue of meaning）中的"意义"定为"确定指称者"①。

并且，她把语境因素也考虑进来。一个是**评估语境**（context of evaluation）：给定一个句子，考察这个句子是否在某个世界状态下为真时，这个世界状态被称为评估语境。记为 c_e。基莲·罗素也称其为"world of evaluation"，或称其为"circum*stance* of evaluation"。另一个是**引入语境**（context of introduction）：在一个词首次被引入语言时，在当时的世界状态下与使用该词所相关联的语境称为引入语境。记为 c_i。还有一个是**说话语境**（context of utterance）。记为 c_u。基莲·罗素还专门对说话语境给出了下面的定义：

定义 5（说话语境）：说话语境是一个四元组 <a，p，t，w>，其中 a 是一个主体，p 是一个位置，t 是一个时间，w 是一个可能世界，且在该可能世界中 a 在 t 时位于 p。②

基莲·罗素认为，

在二因素理论中起作用的**世界状态**可以是评估语境（在"单身汉"情形，在绝大多数谓词的情形），或说话语境（在"我"情形，在索引词或指代词情形），或引入语境（在有着恒常角色——在卡普兰（David Kaplan）所说的意义上——的直接指称词如专名情形）。③

做好这样的准备之后，她对"由于其意义而为真"定义如下：

定义 6（由于其意义而为真（模态定义））：一个句子 S 是**由于其意义而为真的**，当且仅当，对所有的引入语境和说话语境的组合，S 相对于这些语境所表达的命题在评估语境中为真。

基莲·罗素认为的典型的"由于其意义而为真"的句子有④：

---

① 把 DA4 作为分析性定义，把其中的"意义"定为"确定指称者"，卡茨认为这是来源于弗雷格的分析性概念，并认为这种做法是当代哲学的标准观点，见（Katz 1997, p. 1）。

② Russell, G. 2008, p. 56

③ Russell, G. 2008, p. 55

④ Russell, G. 2008, p. 66

（1）所有的单身汉是单身汉。（All bachelors are bachelors.）

（24）如果存在一个最矮的间谍，那么，最矮的间谍就是最矮的间谍。（If there is a shortest spy, then the shortest spy is the shortest spy.）

（25）所有的单身汉是男性。（All bachelors are male.）

（23）我现在在这儿。（I am here now.）

而典型的"非由于其意义而为真"的句子有：

（26）雪是白的。（Snow is white.）

（27）长庚星是启明星。（Hesperus is Phosphorus.）

（28）任何是水的东西也是 H_2O。（Everything that is water is H_2O.）

此外，基莲·罗素还单独列出这样一类句子，如果其中相关的表达式有指称，那么它们也是"由于其意义而为真"的句子：

（29）长庚星是长庚星。（Hesperus is Hesperus.）

（30）如果长庚星存在，那么长庚星是长庚星。（If Hesperus exists, then Hesperus is Hesperus.）

（31）克勒是阿里。（Cassius Clay is Mohammed Ali.）

（32）最矮的间谍就是最矮的间谍。（The shortest spy is the shortest spy.）

（33）任何是水的东西是水。（Everything that is water is water.）

6.3

基莲·罗素对分析性的定义一部分来源于曾被卡茨称为标准观点的第二组的DA4，另一部分则来源于第二组的康德定义DA0。因为她在2004年以之为出发点的定义是：

定义27（分析性［句子］）形式为（LP）（LS）的句子是分析的，当且仅当，或者i）在（LS）没有指称时由（LP）的确定指称者得到的是"真"值，或者ii）（LP）的确定指称者包含或等同（LS）的确定指称者。①

---

① Russell, G. 2004, p. 142

这里，（LS）是该句子的逻辑主语，（LP）是该句子的逻辑谓语。可以看出这简直是康德的定义 DA0 的一种翻译。但是康德的定义存在着两个明显的问题：第一，存在着非主谓结构的分析句子，基莲·罗素将此称为"弗雷格问题"；第二，存在着主谓结构的分析句子，但这些句子的谓词概念并不包含在主词概念之中，基莲·罗素将此称为"卡茨问题"。因为是卡茨首先指出下面的句子也是分析的：

（34）玛丽跟同她一起散步的人散步。（Mary walks with those with whom she herself walks. ）

（35）穷人没有富人那么多钱。（Poor people have less money than rich people. ）

但它们的主谓词概念没有这样的包含关系。为了解决这两类问题，基莲·罗素考虑了第三种句子成分：修饰语（modifier）。即一个句子通常有逻辑主语（S）、逻辑谓语（P）和修饰语（M）三个部分，并且把修饰语分为三类：

肯定的修饰语告诉我们，如果所有的满足 LSE（指逻辑主语表达式）的对象也满足 LPE（指逻辑谓语表达式），那么该句子就是真的。肯定的修饰语的例子包括："所有的"，" ="，"是"，"如果……，那么"，"……当且仅当……"。

否定的修饰语告诉我们，如果所有的满足 LSE 的对象都不满足 LPE，那么该句子就是真的。否定的修饰语的例子包括："没有"，"如果……，那么不……"。

既非肯定的修饰语，也非否定的修饰语，就是**中性的修饰语**。[1]

接着她规定确定指称者之间的"包含"和"排除"满足下述两个原理：

包含原理（Containment Principle）：

如果表达式 E 的确定指称者包含表达式 F 的确定指称者，那么，对所有的 x，如果 x 相对于 $<c_i, c_u>$ 满足 E，那么 x 相对于 $<c_i, c_u>$ 满足 F。

---

① Russell, G. 2008, p. 92

这里，c_i 是引入语境，c_u 是说话语境。①

排除原理（Exclusion Principle）：

如果表达式 E 的确定指称者排除表达式 F 的确定指称者，那么，对所有的 x，如果 x 相对于 $<c_i, c_u>$ 满足 E，那么 x 相对于 $<c_i, c_u>$ 不满足 F。这里，c_i 是引入语境，c_u 是说话语境。②

并采用这样的记号：对于任何表达式 E，她用"$\downarrow E \downarrow$"表示 E 的确定指称者。这样，基莲·罗素的改进的对分析句子的定义可表述如下：

定义 13（分析性［形而上学的图象］）：一个由修饰语（M）、逻辑主语表达式（S）和逻辑谓语表达式（P）组成的句子是**分析的**，当且仅当，或者（i）即使没有任何对象符合（S），该句子也是真的；或者（ii）（M）是肯定的且 $\downarrow$（S）$\downarrow$ 包含 $\downarrow$（P）$\downarrow$，或者（M）是否定的且 $\downarrow$（S）$\downarrow$ 排除 $\downarrow$（P）$\downarrow$。③

定义 14（**准分析性**［pseudo – analyticity］）：一个由修饰语（M）、逻辑主语表达式（S）和逻辑谓语表达式（P）组成的句子是**准分析的**，当且仅当，它不是分析的；且（i）如果（M）是肯定的，那么 $\downarrow$（S）$\downarrow$ 包含 $\downarrow$（P）$\downarrow$；（ii）如果（M）是否定的，那么 $\downarrow$（S）$\downarrow$ 排除 $\downarrow$（P）$\downarrow$。④

基莲·罗素认为，按照上述定义，（1）、（23）、（24）、（25）是分析句子；（29）—（33）是准分析句子（pseudo – analytic sentence）。

---

① Russell, G. 2008, p. 93
② Russell, G. 2008, p. 95
③ Russell, G. 2008, p. 100
④ Russell, G. 2008, p. 101

§7 对基莲·罗素的定义的批评

7.1 分析性的对象

我与基莲·罗素虽然都主张有分析性，都赞同有分析—综合的二分，并且都认为分析性的特点是根据意义而为真。但在我们之间也有重大的分歧：她认为分析性的对象是句子，而不是命题；因而二分的对象也是句子，不是命题。我则主张没有分析句子，句子不能作出分析和综合的二分，而命题可以二分；因此，二分的对象必须是命题，分析性的对象必须是命题。

这说明我们对句子和命题这两类对象的看法存在重大差异。这种差异的哲学后果我们在以后再来考察。现在，我们想问的是，基莲·罗素的这种立场的根据是什么？她的观点是否能站得住脚，即其自身是否一致？

基莲·罗素对分析性的对象为什么不是命题作了论证（论证 Ar6.8、Ar6.9），这个论证是基于下面两个前提，也称为两条约束（two constraints）。

约束 C1：是分析的事物也必须是真的。

约束 C2：是分析的事物必须是由于其意义而为真。

Ts6.8：句子是分析性的对象，命题不是分析性的对象。

论证 Ar6.8：

第一条约束（C1）把分析性的对象限制在真值承担者（truth – bearers）上，即句子（既有句子类型 [type]，又有句子拓本 [token]）、信念和心灵状态（它们含有内容、命题等等），排除了桌子、数字和概念。第二条约束（C2），我想可以自然地解释为这样一个要求：只有有意义的事物才是分析的适当对象。因此，句子可以是分析的，但排除了命题可以是分析的；命题没有意义，它本身就是句子的意义！

只有意义承担者（meaning bearers）才可能是分析的；严格地说，说命题是分析的犯了范畴错误。

　　证毕。①

　　我们完全同意约束 C1 和 C2。但是论证 Ar6.8 中，认为"命题没有意义"是没有根据的。既然认为命题"本身就是句子的意义"，那么，这个（句子的）意义就可以作为命题的意义！另外，由第五章，命题才是真值承担者，命题一定有真值；而句子倒不一定有真值：祈使句、疑问句等肯定没有真值。况且，基莲·罗素也承认，句子通常只有在一定语境中才能有真值；并且许多句子，在不同的语境中真值不同，这表明这些句子离开语境是没有真值的，所以句子是不是真值承担者，这是可以质疑的。

　　就算句子也是真值承担者，那么由约束 C1，只是得出句子和命题都可以是分析性的对象，还得不出分析性的对象一定是句子。是真值承担者只是为分析性的对象的一个必要条件，而非充分条件。基莲·罗素认为"心灵状态比句子更难谈论、更不好懂，所以为了简单计，只考虑句子的分析性"②，这是忽视了命题这个其实应该优先考虑的真值承担者。再说，句子比其他真值承担者简单，这并不是它才是分析性的对象的有力理由。而命题，并不是心灵状态，也是一种客观的对象，完全有资格是分析性的对象。

　　以上表明，论证 Ar6.8 是错误的，得不出论题 Ts6.8。不过，基莲·罗素对这一论题提出了更多的理由，让我们把它们写成论证 Ar6.9 与论证 Ar6.11（含 Ar6.10），以便仔细地考察。

　　论证 Ar6.9：
　　已知，先天性的对象和必然性的对象都是命题，不是句子。
　　设 p 是一个命题，考虑下列形式的句子：
　　（36）p 是必然的。（It is necessary that p.）
　　（37）p 是先天的。（It is a priori that p.）

①　Russell, G. 2004, pp. 67 – 8
②　Russell, G. 2004, p. 69

（38）p 是分析的。（It is analytic that p.）

语感上，形式为（36）、（37）的句子很自然，这验证了先天性的对象和必然性的对象都是命题。但是，形式为（38）的句子并不自然，所以，命题不是分析性的对象。

特别是，设 S 是一个句子，考虑

（39）句子 S 是分析的。（Sentence S is analytic.）

语感上，（39）比（38）更为自然，这说明，句子才是分析性的对象。证毕。①

评论：我认为，论证 Ar6.9 的前提不成立，因而论证无效。（38）没有比（36）、（37）不自然，也没有比（39）不自然。"必然的"是自古就有的自然语言中的概念。但"先天的"与"分析的"是康德才开始予以阐释的哲学概念。说（36）比（37）、（38）更自然也许有一定道理，这也得到语言学的证据，即词"必然的"比"先天的"与"分析的"的出现的频率要高得多。注意，词"先天的"是有歧义的，一种意义近于"天生的"、"天赋的"，但这不是哲学上所说的先天的概念。故哲学词汇"先天的"实际出现的频率还要低。如果有人说（39）没有（38）自然，似乎也无不可。

Ts6.10：逻辑真是句子的性质，而不是命题的性质。

论证 Ar6.10：

假设形式为"$a = a$"与"$a = b$"的两个句子表达了同一个命题，这里"a"与"b"是同一对象的不同逻辑名称。

于是"$a = a$"是逻辑真理，而"$a = b$"不是逻辑真理。

如果逻辑真是命题的性质，由于这两个句子表达的是同一个命题，那么这两个句子都应该是逻辑真（或者都不是逻辑真理）。这就得到了矛盾。

因此，逻辑真不是命题的性质而是句子的性质。

---

① Russell, G. 2004, p. 68

证毕。①

评论：论证 Ar6.10 的前提——"a = a"与"a = b"两个句子表达了同一个命题——有何根据？既然"a"与"b"是不同的逻辑名称，那么"a = a"与"a = b"就表达不同的命题。前提不成立，所以论证无效。

Ts6.11：句子是分析性的对象，命题不是分析性的对象。

论证 Ar6.11：

因为逻辑真是句子的性质，而不是命题的性质。（Ts6.10）

所以，说分析性是句子的性质，保持了它与也作为句子性质的逻辑真的直观联系。

证毕。②

评论：即使论证 Ar6.11 的前提 Ts6.10 是正确的，这个论证也只表明了把句子作为分析性对象有某种优点，但这不等于说没有缺点。所以此论证根本得不出"句子是分析性的对象"，更得不出整个论题 Ts6.11。何况它的前提还是错的。根据这个论证，如果逻辑真是命题的性质，那么说分析性是命题的性质，也保持了它与也作为命题性质的逻辑真的直观联系了。

以上的考察表明，论题 Ts6.8 是无根据的。相反，基莲·罗素的如下的一段话：

（GR1）：分析真理可以先天地知道，但是句子不是能够先天地知道的对象，因为句子根本不是能够知道、或相信的那种对象。人们并不是知道或相信一个句子，而是知道或相信这个句子所说的东西，也就是知道或相信这个句子所表达的命题。③

---

① （Russell, G. 2004, p. 68）。这一论证的前提是错误的，原因见附录 2 的第五节。
② Russell, G. 2004, p. 68
③ Russell, G. 2004, p. 70

是有意思的。基莲·罗素问，GR1 是不是"分析性的对象实际上是命题"的证据呢？我们认为是；基莲·罗素认为不是。基莲·罗素认为是别人混淆了句子与命题。由于命题必须借助句子才能呈现，所以容易混淆二者。但我们认为，GR1 这里没有什么混淆。相反，GR1 清楚地表明，分析真理不是句子，而是命题。

现在，让我们换个角度来证明。

Ts6.12：句子不是分析性的对象。

论证 Ar6.12：

前提 1：一个句子是否为真，需要结合一定语境来考察。（无论这语境是评估语境，还是说话语境，甚至引入语境。）换句话说，离开语境，句子本身是没有真值的。

由约束 C1，分析性的对象有真值（一对象是分析的，则它必须是真的）。

所以，句子不是分析性的对象。

证毕。

所以，基莲·罗素主张句子是分析性的对象，与她的句子需要结合语境才能判断是否为真，这二者是不一致的。哪怕一个句子在任何语境中都是真的，只要它一定得结合语境才有真值可言，那么这也就证明了句子本身是无所谓真假的。相反，我们在下面 7.2 中还要表明：没有句子在任何语境中都为真。

另一方面，所有的命题都有真值，因此符合约束 C1。而且，命题都有意义。对于不承认命题有意义的人，如基莲·罗素，只要她承认句子有意义，就可以把表达命题 p 的任何句子 S 的意义作为 p 的意义。由于表达同一命题的句子的意义都相同，所以这样做没有什么不妥。这样，命题也符合约束 C2，所以命题可以是分析性的对象。

7.2 对基莲·罗素的"分析句子"的驳斥

基莲·罗素认为（1）、（23）—（25）是分析句子。下面我们对此一一给予反驳。

Ts6.13：句子（1）"所有的单身汉是单身汉"在一定的语境下是真的，在另一语境下是假的，即（1）不是分析句子。

论证 Ar6.13：

句子（1）为真的语境不用说了。下面我们给出它为假的语境。

在中文中，未婚成年女性也可以被称为"单身汉"，在某些地方，这个词比"单身女人"更为流行。英文中也有把"独立的职业女性（an independent woman）"称为"单身汉（bachelor）"的说法①。对于这些女人，当然可以说"这些单身汉不是单身汉"，但这句话的真也意味着句子（1）是假的。如果单身汉的本意是指未婚男人的话。

另外，对于男同性恋者，尽管他们是未婚的男人，人们仍然可以说"这些单身汉不是单身汉"以表示他们像结了婚的夫妇那样有家庭生活，精神境界不同于单身汉。这时句子（1）在这个语境下是假的。

关键在于，在实际生活的语言当中，句子（1）中的第一个"单身汉"的意义或指称可以不同于第二个"单身汉"的意义或指称，因而形成（1）为假的情况。例如这样的顺口溜："有个单身汉，他不是单身汉，他过着夫妻生活，却又没有结婚。……谁说所有的单身汉是单身汉，他是不知世相，他是头脑简单。"就说明了这种语境。

证毕。

Ts6.14：句子（25）"所有的单身汉是男性（all bachelors are male）"在一定的语境下是真的，在另一语境下是假的，即（25）不是分析句子。

论证 Ar6.14：

句子（25）为真的语境不用说了。

而在论证 Ar6.13 中，我们已经给出它为假的语境：因为有女单身汉。故句子（25）在这个语境下是假的。

另外，对于英文句子"all bachelors are male"，由于有些女生也是学士（bachelor），所以这个英文句子在谈论女学士的语境中是假的。

证毕。

---

① Russell, G. 2008, p. 183

Ts6. 15：句子（24）"如果存在一个最矮的间谍，那么，最矮的间谍就是最矮的间谍"在一定的语境下是真的，在另一语境下是假的，即（24）不是分析句子。

论证 Ar6. 15：

句子（24）为真的语境不用说了。下面我们给出它为假的语境。

假如某国间谍科有两个间谍 A、B 都很矮，他们身高相差不到半公分，但 A 一直是最矮的间谍，这样有五年了。最近，也许由于饮食原因，或者由于 B 的健康不佳，A 的身高近三个月长高了一点点，而 B 身高下降了一点点。但因相差很小，一般人都不知道这个变化。但是管间谍的科长今天由于测量了 A、B 的身高，而知道了这个最新的事实。科长对 C 说："现在，最矮的间谍不是最矮的间谍"，故句子（24）在这个语境下是假的。当然，科长的意思是，A 已经不是最矮的间谍，B 现在才是最矮的间谍了。

证毕。

Ts6. 16：句子（23）"我现在在这儿"在一定的语境下是真的，在另一语境下是假的，即（23）不是分析句子。

论证 Ar6. 16：

句子（23）为真的语境不用说了。下面我们给出它为假的语境。

考虑下面的情形：当某人 A 因下午要外出有事，12 点左右在桌上写一字条"我现在不在这儿"，12 点半将此字条贴在其办公室门上，以免下午别人无端敲门或在门外等待。下午 2 点时，有 B 先生来找 A，见其门上字条，认为 A 写的句子"我现在不在这儿"是真的，遂离去。

我们认为，B 没有弄错，A 写的那个句子的确是真的。这反过来说明句子"我现在在这儿"并非分析地真，而是有时为假！

证毕。

以上我们把基莲·罗素在其表 2.1 中①罗列出的她所认为的典型的分

---

① Russell, G. 2008, p. 66

析句子全部逐一加以驳斥。驳斥的方法是指明这些句子在某些情形下不真，或其矛盾句为真。由于基莲·罗素承认约束 C1，故这种驳斥方法是有效的。

至此，我们也就完成了对"没有第二组分析性定义意义上的分析句子"的冗长的证明。

§8 没有第三组和第四组分析性定义意义上的分析句子

8.1 没有第三组分析性定义意义上的分析句子

第三组（狭义的）分析性定义是：

定义 DA8：S 是**分析的**，当且仅当 S 在任何情况下都得到确证。

定义 DA9：S 是**分析的**，当且仅当，S 是真的，且不因经验而需要修改。

定义 DA15：S 是**分析的**，当且仅当 S 在任何情况下都得到证实（即 S 是不可证伪的）。

显然，这一组对分析性的定义是以陈述与经验的关系为根基的。容易看出，所有先天的知识都是这种意义上的"分析的"。我们不禁要问，这种分析陈述有没有不是先天的？

定义 DA8 与 DA15，差别在"确证（comfirmed）"与"证实（verified）"的差异。S 得到证实表明 S 已经是真的；而 S 得到确证只表明 S 是得到理证的，S 仍然可以不是真的。但是定义 DA8 中，说"S 在任何情况下都得到确证"，这与 S 得到证实，差别可以说是无限小了。蒯因的论证 Ar1.14 用整体证实论攻击了定义 DA8，论证 Ar1.15 用意义整体论攻击了定义 DA8，这两个论证同样可以有效攻击定义 DA15。只要承认整体证实论和意义整体论中的一个，就会认识到定义 DA8、DA15 的不妥，当然也就认为没有这种意义上的分析句子了。

同样，如果相信蒯因的科学知识整体论（力场比喻），因而认为"没有任何陈述是免受修改的"，那么也就相信 Ts1.16 了，即认为没有定义 DA9 意义上的分析陈述了。

那么，如果还没有信奉蒯因的科学知识整体论、意义整体论和整体证实论，是否可以认为有这第三组意义上的分析陈述呢？

我们认为，对于符合定义 DA9 或 DA15 的分析句子 S 而言，它必须是真的，且应该是永远真的。因为 DA9 说 S 永远不用修改，DA15 说 S 在任何情况下都是真的。而对于定义 DA8 所说的分析句子 S 而言，S 永远与经验一致。而我们认为，没有什么句子不可以是假的，但这不需要任何整体论来论证。我们本章前面对很多看似不可能假的句子，都给出一种它们为假的语境；对体现同一律和不矛盾律的句子，都能找到生活中的它们为假的语境；因而对于其他句子，存在着它们为假的语境就没有疑问了。这也就是说，任何句子，都会在某种情况下不真，都会在某种情况下没有得到证实或确证，都会需要修改才能保持为真。所以，可以肯定地说，没有这第三组意义上的分析句子。

8.2 没有定义 DA17（含 DA17a）所述的分析句子

现有的第四组分析性定义有 DA16，DA17（含 DA17a）。这一组对分析性的定义是建立在"刺激同义"的基础上。"刺激同义"这个概念最先由蒯因提出，我们在第二章§7.5 节已经给出该概念的定义。

在这个概念的基础上，蒯因对刺激分析句子的定义是：

定义 DA17：S 对主体 A 是**刺激分析的**，当且仅当，在每个刺激下（在一定时间限量内的），A 都赞同 S，或无反应。

定义 DA17a：S 是**全社会地刺激分析的**（socially stimulus – analytic），当且仅当，S 差不多对社会中的每个人都是刺激分析的。

蒯因给出的典型的刺激分析句子有：

（40）2 + 2 = 4

（14）没有单身汉是已婚的。（No bachelor is married.）

（41）存在黑狗。（There have been black dogs.）

当然蒯因也很清楚："即使是社会化的刺激同义性和刺激分析性也还不是直观语义学的行为主义重构，而只能算是一个行为主义的替代品。"[①]

---

① 蒯因 1960/2005，p. 67

就是说，这里的刺激分析性与直观上的分析性完全不是一回事，直观上（14）是分析的，（41）"存在黑狗"不是分析的。

下面我们来证明，蒯因给出的这三个句子，即使按定义 DA17 来考察，也不是刺激分析的。我们在论证 Ar6.5 中给出了（14）为假的语境，在该语境下问相关主体 A，A 是不会赞同（14）的。对另外两个句子，我们的证明见下。

Ts6.17：句子（40）"2 + 2 = 4"在一定的语境下是真的，在另一语境下是假的，即（40）不是分析句子。

论证 Ar6.17：

"2 + 2 = 4"为真的语境不用说了。下面我们给出它为假的语境。

我们定义一种这样的运算 $\oplus$：对于任意两个数 x 和 y，当 x = y 时 $x \oplus y$ = 0；否则 $x \oplus y$ = x + y。于是有 $2 \oplus 2 = 0$，$2 \oplus 1 = 3$，等等。我们不妨将这种运算称为"圈加"。对于圈加法，$2 \oplus 2 = 4$ 是错误的。现在，假如我们没有符号" $\oplus$ "，而用" + "来表示圈加，那么，在这种语境下，句子"2 + 2 = 4"是错的，"2 + 2 = 0"才是对的。

这是一个人为的例子。反对者可能要说，圈加不应该用" + "来表示。我们认为，在符号不够用的情况下，用" + "来表示圈加是可以的。这是因为圈加与普通加法有很多共同点，只是在两个加数相同时才表现不一致。" + "作为数学中的专门符号意义是比较确定的，但自然语言中的符号就不是这样了，同一符号用在意义相近的场合是很正常的，借用、比喻等等比比皆是，人们可以根据上下文的语境来确定其意义。

证毕。

Ts6.18：句子（41）"存在黑狗"在一定的语境下是真的，在另一语境下是假的，即（41）不是分析句子。

论证 Ar6.18：

"存在黑狗"为真的语境不用说了。下面我们给出它为假的语境，它是穆厄勒在 1998 年首先描述的：

（C）正常条件下呈现在人类面前为黑色的动物，其实都不是黑色的，而是粉红色的。这种错觉是由于这些动物能持续地产生一种能吸收所有的可见光的气体所致。这种气体很难探测到，因为它在靠近粉红色动物的表皮时就分解了。而且，在人们看来不是黑色的动物，也的确不是黑的。①

在这个语境下，句子"存在黑狗"就是假的了。穆厄勒认为，把"存在黑狗""插入到语境 C 中形成的合取式，任何人在任何刺激下都只会回答不同意"。所以此时，句子（41）在定义 DA17 的意义下也不是刺激分析的。

证毕。

8.3 没有定义 DA16 所述的分析句子

穆厄勒给出的 DA16 是：

定义 DA16：一个句子 S 是分析的，当且仅当，对所有的句子 T，S 与 T 的逻辑合取与 T 是刺激同义的。

穆厄勒的这个定义源于蒯因（见第二章 §7.5 节的定义 3），而蒯因的这个定义又源于格莱斯和斯特劳逊的这句话：

（GS7）：现在我们要说的只是，两个陈述是同义的，当且仅当，在已假定其他陈述的真值的前提下，任何经验确证或否证其中一个陈述，也在同等的程度上确证或否证另一个陈述。②

这个对"同义性"的定义的问题在于，它导致所有的逻辑数学命题都是同义的，而这将导致一个违犯"弗雷格同义替换保真原则"的结果：

让我们用"费马大定理"称呼（42）：

（42）方程 $x^n + y^n = z^n$ 在 $n > 2$ 时没有非零的整数解（x，y，z）。

于是，根据同义性定义 GS7，（40）与（42）是同义的。这样，对下面句子进行同义替换：

（43）我能证明 $2 + 2 = 4$。

即将上句中的"$2 + 2 = 4$"替换成"费马大定理"，就得到：

（44）我能证明费马大定理。

---

① Mueller 1998, p. 94
② Grice, Strawson 1956, p. 156

但显然，（43）是真的，而（44）是假的。

"刺激同义"也有同样的问题。

穆厄勒证明了，句子"存在黑狗"按蒯因的定义 DA17 是刺激分析的，但按他的定义 DA16 则不是分析的[①]，从而 DA16 比 DA17 更精细。那么，又有哪些句子按穆厄勒的定义是分析的呢？穆厄勒没有给出什么独特的例子，也许他认为（40）和下面的两个句子是 DA16 意义上的典型的分析句子：

（45）如果 p，那么 p。（If p then p. ）

（46）所有的单身汉是未婚的。（All bachelor are unmarried. ）

因为他整个这篇文章中除了明显的非分析句子以外，只提到这三个句子。他指出，他所定义的分析句子有这样一个特点："一个分析句子不仅单独看是空洞的，而且插入任何可能的语境中也是如此"[②]。但是，在论证 Ar6. 17 中我们看到（40）为假的语境，在论证 Ar6.5 中我们看到（46）为假的语境。现在，让我们看看有没有（45）为假的语境。的确，找到一个（45）在其中为假的语境是困难的。注意，（45）中 p 是任何合乎语法的句子，不需要是一个有意义的命题。

Ts6. 19：句子（45）"如果 p，那么 p"在一定的语境下是真的，在另一语境下是假的，即（45）不是分析句子。

论证 Ar6. 19：

"如果 p，那么 p"为真的语境不用说了。下面我们给出它为假的语境。

在数学上，对于任何公式 ϕ，可以用 $\{x \mid \phi(x)\}$ 表示一个由具有性质 ϕ 的对象组成的类（class），$y \in \{x \mid \phi(x)\}$ 是一个合乎语法的公式。现在，记 $\{x \mid x \notin x\}$ 为 я。于是 я $\in$ я 是一个句子，我们把它作为（45）中的 p。因而（45）也就是：

---

① Mueller 1998, pp. 93 – 4
② Mueller 1998, p. 93

（47）如果 я∈я，那么 я∈я。

但由于 я 是 {x | x∉x}，故由 я∈я 得 я∈{x | x∉x}，而从这又得到 я∉я，这也就是"并非 я∈я"，就是说，我们得到：

（48）如果 я∈я，那么，并非 я∈я。

由（48）我们还可以逻辑地推出：

（49）并非（如果 я∈я，那么 я∈я）。

上式（49）表明，（47）是不正确的，是不真的。关键在于，虽然 я∈я 是一个句子，却绝不会是一个命题！因此，在这个语境下，（47）是假的。从而（45）也是假的。

证毕。

所以，也没有定义 DA16 所述的分析句子。

至此，我们也完成了对"没有第三组和第四组分析性定义意义上的分析句子"的冗长的证明。

第七章　论命题可以二分

§1 引言

在上一章我们论证了不存在任何合理意义上的分析句子。这就是蒯因论题，因为蒯因所说的陈述指的就是句子。我们很自然地想到，类似结论是否对命题也成立？即不存在任何合理意义上的分析命题？当然，蒯因肯定认为不存在任何合理意义上的分析命题；而且还不止如此，因为他反对不能归结为句子的命题的概念。

但在第五章，我们已经证明，命题在概念上是必要的。命题不能归结为句子，也不能还原为任何其他的更为基本的实体。命题是存在的，虽然它是一种抽象的存在，而不是像人、桌子那样的物理的存在。现在，是我们试图回答我们在本论文一开始就提出的问题的时候了，即是否存在分析命题，是否一切命题可以区分为分析命题和综合命题？

在回答这个问题之前，我们要考虑的是，我们应该采用一种什么样的分析命题和综合命题的概念。因为在第二章，我们看到，已经有很多分析陈述和综合陈述的定义，而且以后还可能出现新的定义。不过，我们把已有的定义分成了四组。如果我们采用的是第一组分析与综合陈述的定义，那么我们必须同意所有的逻辑命题都是分析的。因而我们应该重点考虑这样的一些问题：第一，逻辑命题的恰当概念是什么？第二，分析命题的范围比逻辑命题的范畴多些什么？第三，蒯因的论证对这类分析性是否有冲击力？

关于第一个问题，我们在第六章§1节中已经有一些思考。逻辑命题的存在是毫无疑问的，困难在于难以决定逻辑命题的界线。但是第二个问题与分析性概念更为攸关。因为在已有的第一组定义中，DA0 不清晰，DA1 是循环定义，DA12、DA13 不能解释逻辑之外的分析命题，这几个定义显然应该抛弃。而余下的定义中：定义 DA2 用同义性来定义分析性，定义 DA5、DA11 用"广义的定义"来定义分析性，定义 DA7 用语义规则来定义分析性，定义 DA3a 用意义公设说明分析性。也就是说，这些定义都要借用意义这个概念！但是，逻辑真理却是形式的真理。所以，第一组分析性定义没有能在以形式为其内在精神的逻辑真理概念与以意义为其内在精神的其他分析真理概念之间取得统一，这样的分析性定义显得是一种拼凑的概念。它显然不如干脆只以意义为其内在精神和判别标准的第二组分析性定义。至少，我们应该把逻辑的和分析的区分开。

第三组分析与综合命题的定义，由于它是以陈述与经验的关系为依据的，因而实际上已经被康德的先天性（a priori）概念所描述，所以我们不赞成这种对分析性的定义。至于第四组分析与综合命题的定义，其始作俑者蒯因的评价还是很精当的：它们"与直观上的分析性完全不是一回事，而只能算是一个行为主义的替代品"。但是限于篇幅，本文对此也不打算详细加以考察。

因此，我们认为，正确揭示分析性概念的是第二组定义。这一组对分析命题的定义有 DA0、DA4、DA6、DA10 和 DA18，它们相互之间是有内在联系的。如果认为不存在任何意义的分析命题，也许要对这些定义——进行考察。但我们是主张有分析命题的，所以无须考虑各种各样的"分析命题"概念，而只要证明在某种合理的分析概念下，存在分析命题，且一切命题可以分为分析的和综合的就足够了。

我们要着重加以考察的我们认为是合理的关于分析命题和综合命题的定义就是 DA4 和 DS4。这个我们在蒯因的"两个教条"中一开始就遇到的分析性概念，其实才是大多数哲学家所以为的分析性概念。卡茨说：

（Ka1）：哲学家们对别的很少意见一致，但是对分析性——如果存在着这种东西——是仅由于意义而（必然）为真却是一致的。我称这种观点为标准观点。它来自于弗雷格的定义……①

卡茨虽然宣称他的观点与标准观点不同，但他不是与定义 DA4 本身不同，而只是对其中的"意义（sense）"的看法不同。

---

① Katz 1997, p. 1

因此，我们决定采用这个关于分析命题和综合命题的定义。并在此基础上对二分论进行论证。

在第三章，我们展示了主张二分论的 D 方与主张蒯因论题的 Q 方之间的部分激烈争辩。在第六章，在反对存在分析句子方面，我们与蒯因等 Q 方人士在一条战线上攻击 D 方，可以说是合作愉快。现在，问题已经转到是否存在分析命题、命题是否可以二分。现在我们成了 D 方，我们与 Q 方的一场大战不可避免。

§2 论一切命题可以二分，驳蒯因式反驳

2.1 基本论证及蒯因式反驳

我们主张一切命题可以二分为分析命题和综合命题，这里的"分析命题"和"综合命题"当然具有确定的意义。这种意义是人们早已公认的，而且也被蒯因提及，它们由下述的定义所规定，其中 S 是任意一个命题：

定义 DA4：S 是**分析的**，当且仅当 S 仅根据其意义便为真，而与事实（matters of fact）无关。

定义 DS4：S 是**综合的**，当且仅当 S 的真值取决于事实（fact）。

我们为二分论作的基本论证如下：

Ts7.1：一切命题可以二分为分析命题和综合命题。

论证 Ar7.1：

我们的论证可以细分为如下的五步（其中 P1、P2 是前提，P5 是结论）：

（P1）：一个命题的真值，要么取决于事实，要么与事实无关。

（P2）：而任何命题的真值，当然与其意义有关；换句话说，任何命题的真值，除了可能取决于事实外，还取决于其意义。

（P3）：如果一个命题的真值与事实无关，那它就只取决于该命题的意

义了。这样的命题符合定义 DA4，所以是分析命题。

（P4）：如果一个命题的真值与事实有关，那么也可以把这说成是这个命题的真值取决于事实。这样的命题符合定义 DS4，所以是综合命题。

（P5）：所以，一切命题要么是分析的，要么是综合的。

证毕。①

蒯因对此如何反驳呢？首先，蒯因反对命题这个概念，这使得这里的关于命题的任何说法都不被他认可。撇开这一点不谈，如果我们把蒯因对二分论的反对意见中的"陈述"都看成命题②，那么我们就得到蒯因式的反驳。

蒯因如何反驳我们这里的论证呢？他或者反驳定义 DA4、DS4 本身；或者反驳基本论证，即反驳论证 Ar7.1 的前提或论证的有效性。事实上，蒯因既反驳定义 DA4、DS4 本身，这见他的论证 Ar1.7；又反驳基本论证的前提 P1，这见他的论证 Ar1.8。

在论证 Ar1.7 中，蒯因指责定义 DA4 的定义项中出现了"意义"这样的不清晰的概念。在论证 Ar1.8 中，蒯因指出，"陈述的真理性显然既取决于语言，也取决于语言之外的事实"，即任何命题的真值都与事实有关，这导致不存在分析命题。言下之意，既然分析命题的集合是空集，所以分析—综合的二分是无意义的。

此外，蒯因在论证 Ar1.15 中，用意义整体论攻击单个命题可以具有认识意义的主张，因为意义的单位是整个科学。最后，蒯因在他的"力场比喻"中提出的"在任何情况下任何陈述都可以认为是真的"等意见，可以看成是对命题具有确定真值的挑战。

下面我们对蒯因的这些反驳一一给予回击。

---

① 见（周文华 2009，p. 487）。本文的观点部分已经在《武汉大学学报（人文科学版）》2009 年第 4 期上发表。当然，这里给出了更深入、更全面的论证。感谢武汉大学学报发表了我那篇文章以及允许我在这里使用有关材料。

② 阿乌德（Allwood）等人曾指出，"在日常语言中，我们用陈述来意指命题"，转引于（Li [李福印]，Kuiper 1999，p. 121）。

2.2 对论证 Ar1.7 的应对

定义能被有效地反驳的方式就是：指出它违犯了定义规则。蒯因在其论证 Ar1.7 中，指责 DA4 的定义项中出现了"意义"这样的不清晰的概念。认为"只有语言形式的同义性和陈述的分析性才是意义理论要加以探讨的首要问题；至于意义本身，当做隐晦的中介物，则完全可以丢弃"，即要用"分析性"或"同义性"来说明意义；但这样又会犯循环定义的错误。

我们在第三章已经指出，蒯因既认为分析性是意义理论的起点，又要求给它下一个非循环的定义，这是一种自相矛盾的不合理的要求。为什么不能把"意义"作为意义理论的起点？那样的话，由"意义"定义分析性就是理所当然的了。卡茨的理论就是从意义（sense）出发，并由之而说明"有意义性、模糊性、同义关系、反义关系、冗余性、分析性以及分析地蕴含"等概念[①]。而且，我们在第四章已经表明，只有根据意义才能说明什么样的语言形式是一个句子。

当然，就我们而言，有责任把定义项中的任何概念弄得清楚明白。但是禁止使用"意义"一词是没有根据的，我们在第三章已经表明，这个问题直接触及言说的底线。也许有人对"命题的意义"这一概念提出质疑。但在第五章中，我们对什么是命题的意义已作说明。而对于只承认"句子的意义"这种说法的人，我们可以约定命题的意义指的就是表达该命题的句子的意义。虽然我们并不赞同这一说法。

2.3 对论证 Ar1.8 的应对

蒯因在论证 Ar1.8 中，认为任何命题的真值都与事实有关。我们的反击是：他说的"事实"是什么意思？蒯因对"事实"这一概念缺少批判性与他的对"意义"这一概念的过分批判态度形成鲜明的对照。

如果蒯因的"事实"是指广义事实，那么，的确一切命题都与事实有关，没有谁不同意他这么说。因为任何命题都要谈论些什么，否则就无所谓真假。既然谈论的一切都有相应的"事实"，只是所谈论的要么符合相

---

① Katz 1992, p. 698

应的事实，要么不符合它，而绝不能说与它无关。所以，一切命题都与事实有关了。

但是，我们是否可以**因此**说"一切命题的**真值**都与事实有关"呢？这是一个完全不同的问题。因为下面的推理：

一切命题的真值都与该命题有关，

一切命题都与事实有关，

___

所以，一切命题的真值都与事实有关。

并非一定是有效推理，因为"有关"这个关系并不一定是传递的。例如"是朋友"这个关系不是传递的，所以推理：

A 与 B 是朋友，

B 与 C 是朋友，

___

所以，A 与 C 是朋友。

不是有效推理。"有关"是一个日常用语，它不是辩证法所说的普遍的"有联系"。辩证法认为任何事物都是有相互联系的，作为这个普遍命题的一个特例，一切命题的真值当然与事实有联系。但我们不打算在"有联系"这个意义上使用"有关"这个词，因为我们要使某些事物是相互**独立**的或彼此**无关**的这种说法成立。日常语言中"有关"与"无关"是相对应的。在日常语言中，我们说"刑事案件 A 与人 B 有关，而与人 C 无关"，这种说法是有意义的。相反，说案件 A 与宇宙中遥远的任意一颗星 D 有关；因为 A 与 B 有关，而 B 受到 D 的引力作用，即 B 与 D 有关，因而 A 与 D 也有关；这类说法在我们看来毫无意义。

退一步，就算一切命题的真值都与事实有关，但如果这个"事实"指的是广义事实，那么这种"有关"也是最无趣（trivial）的一种说法。因为此时，说"p 是真的"等于说"p 是事实"，我们不过是同义反复，做一个自欺欺人的语言游戏。对于这种"事实"概念，用"p 是事实"根本不能解释"p 是真的"，而只是重复它。蒯因、哈曼、伯高先等人一致认可的"这个世界的存在方式的一般特点，即任何事物都是自我等同的"是事实吗？"铜是铜"是一个什么样的事实呢？我们想问的是："事物都是自我等同的"是什么意思？真正现实的事物难道不是一直在不同于自己吗？赫拉克利特（Heraclitus）说的"一切皆变"难道不是事实吗？所以，这种从日常语言中接过来的广义事实概念是应该被抛弃的，它是不适于严格的哲学研究的。我们应该享受休谟的遗产，把"事实"严格地限制在"经验事实"这个更科学的概念上。因此，为了避免两种事实概念的混淆，让我们对定义 DA4、DS4 稍作修改如下：

定义 DA40：S 是**分析的**，当且仅当 S 仅根据其意义便为真，而与经验事实无关。

定义 DS40：S 是**综合的**，当且仅当 S 的真值取决于经验事实。

对于这对新的定义，蒯因的论证 Ar1.8 对它就没有攻击力了。

2.4 对论证 Ar1.15 的反驳

蒯因在论证 Ar1.15 中，用意义整体论攻击单个命题可以具有认识意义的主张，因为意义的单位是整个科学。而如果单个命题没有（认识）意义，则也谈不上分析与综合的二分了。

但是蒯因大概也不能不承认，人们对知识的学习、理解则是从一个个的词和句子开始的。对于任意一个句子，说人们只有理解了全部的知识才能理解它，这既不符合事实，也是不可能的，实际上是荒谬的。具体的人任何时候都不可能了解作为整体的知识，而只能了解其中的一个有限的部分！实际上，许多单个的句子、命题，其意义是被大多数人了解的，如"今天在下雨"、"张三今天上课"，还有逻辑命题"p→p"等等，这每个命题都是有意义的。谈论这些命题的"单个命题的意义"是适当的，是符合日常语言用法的。表达这些命题的句子也都被认为有确定的"字面意义"。

另一方面，人们在表达自己的思想、信念、情感时，也是一句一句地表达的。听话者不可能要求也不会要求说话者讲出整个理论（更不用说整个科学），才能明白说话者的意思。因此，单个命题就有充分的意义，这些意义足以确定它的真假。

还有，意义整体论不仅在学习等实践问题上无说服力，而且在理论上，由于单个命题有意义、有真值是其最基本的特性，故命题的概念就是反整体论的；所以意义整体论必须在理论上完全否认命题。当我们在讨论命题的二分问题时，预设前提就是单个命题的存在。而单个命题的存在，就预定了意义整体论的失效。蒯因式的意义整体论要想站得住脚，就必须否认单个命题的存在。而蒯因自己的固定句恰恰直观地表明了单个命题的存在。

整个逻辑学都以单个命题的存在为前提。逻辑学是关于命题的，不是关于句子的，因为只有命题才有确定的真值。逻辑学的公式是命题，而不是句子，比如对此有这样的论证：

考虑这个零阶逻辑公式：p→p。这个公式在《数学原理》（Principia Mathematica）中写做：p⊃p。运用乌卡谢维奇（Lukasiewicz）的记号，我们把它写做Cpp。这三个公式中的每一个都可以看做是一个句子，即一个等形文字的集合。但这三个公式在任何合理的等形概念下显然不等形，另一方面，大部分人认为它们是同一个公式。……有一个解决这三个公式之间的同一性问题的自然的方法，那就是直接说它们表达了同一个逻辑命题。①

意义整体论能以为整个逻辑学是无稽之谈吗？

2.5 "力场比喻"不能否定命题具有确定真值

最后，蒯因在他的"力场比喻"中提出的"在任何情况下任何陈述都可以认为是真的"等意见，如果转换成对命题的说法，就是"在任何情况下任何命题都可以认为是真的"，因为任何命题都有相应的否定命题，由此可以得出"在任何情况下任何命题都可以认为是假的"，这当然是对命题具有确定真值的挑战。

但是，"力场比喻"如果有意义，那这里的陈述只能是句子，不能是命题。因为"力场比喻"中有一个著名的命题："没有任何陈述是免受修改的"。如果它说的是"没有任何命题是免受修改的"，那么把A命题修改

---

① Béziau 2007, pp. 372 – 3

为 B 命题是什么意义呢？A 与 B 是不同的命题，凭什么说 B 与 A 有这种"修改"关系？再说，一个陈述为什么要修改，不就是为了保持为真吗？如果是命题，那它的真值是确定的，是不会改变的，也就谈不上修改了。

所以，只有句子才谈得上要修改。因为词义可以变化，世界的状态也在变化，这使得同一个句子在一定时期表达一个真命题，却完全可能在另一个时期表达一个假命题。要保持为真，句子是该修改了，但这不等于说该句子原来所表达的命题现在也要修改了。有时修改只是为了在新的条件下重新表达原来的命题。因此，蒯因的"没有任何陈述是免受修改的"若解释为"没有任何命题是免受修改的"，是缺少证据和论证的。

要说明的是，对我们这里的思想最早作出表述是格莱斯和斯特劳逊，他们说：

（GS8）：任何形式的由一定的词构成的（any form of words）**句子**，在一定时期表达某种真的东西，无疑可以在另一时期表达某种假的东西。但是必须区别两种情形：在一种情形，这种真值的改变是由于对事实方面的意见变化了；在另一种情形，这种真值的改变至少部分地是由于其中词的意义的改变。当词的意义的改变是其真值改变的必要条件时，则赞同分析—综合区分的人可以说，那个从构词的形式上看是相同的（the same form of words）**句子**，由原来的表达了一个分析陈述变成表达了一个综合陈述。……如果概念修改这种观念有意义，那么我们完全可以既坚持分析—综合的区分，又承认蒯因的"我们所说的任何东西原则上都是可修改的"。①

这段中文译文中加了黑体的"句子"一词为原文所无，但我认为要译为较顺畅的中文又不得不加上。格莱斯和斯特劳逊那时不用"sentence（句子）"，恐怕也是由于当时对句子、陈述和命题之间的区分的重要性认识不足。

所以，"力场比喻"中所说的"在任何情况下任何陈述都可以认为是真的"等观点，只能是针对句子的，而不是针对命题的。其中的"陈述"，只能是指句子。所以，即使"力场比喻"是正确的，也没有否定命题具有确定的真值。

---

① Grice, Strawson 1956, p. 157

以上我们就完成了对否定命题二分的蒯因式理由的反驳。下面，我们看看其他人有什么否定二分的理由。首先让我们关注的是普特南。

§3 驳普特南

3.1 普特南的发现

一切陈述是否可分为分析陈述和综合陈述（为了保留历史的痕迹，这里我们暂且不论陈述到底是指句子还是指命题）？在格莱斯和斯特劳逊的先行条件论证给出之后，天平似乎应该向 D 方倾斜。但在 1962 年，普特南（Hilary Putnam）发表了他的 "分析和综合"（*The Analytic and the Synthetic*）这篇著名的文章。在这篇力作的影响下，天平再次向 Q 方倾斜了。尼姆兹（Christian Nimtz）在 2003 年曾评论说："对这一问题的贡献几乎没有什么能与普特南的'分析与综合'的再生的原创性相比。"① 所以普特南对这一问题的观点是我们必须考虑的。

普特南同我们一样主张有分析命题和综合命题。因为，一方面是先行条件论证的逻辑力量，另一方面是大量的例子，如下面的陈述（1）、（2）、（3）：

（1）要么今天下雨，要么今天不下雨。

（2）人是理性的动物。

（3）猫是动物。

它们被认为是分析的，任何理解这些句子意义的人就会明白它们是真的。它们与下面的陈述（4）、（5）、（6）给人的感觉完全不同：

（4）今天下雨。

（5）武汉大学今年招生六千人。

（6）东湖上在架桥。

前面三个被称为分析陈述，后面三个被称为综合陈述。二者的区别是显然的，因为虽然大家都明白（4）、（5）、（6）的意思，但都不能一看就

---

① Nimtz 2003，p. 91

知道它是真是假，人们需要知道相关的事实。

但是普特南却以他超凡的想象力告诉我们，（3）可以是假的。加上怀特已经指出有理由怀疑（2）的分析性，以及直觉主义者对排中律如（1）之类的陈述的怀疑，人们对分析性的怀疑看来也是有根据的。不过，普特南同我们一样主张有分析命题和综合命题，认为下面的两个陈述中，（7）是分析的而（8）是综合的：

（7）所有的单身汉是未婚的。

（8）这张桌子上有一本书。

因而蒯因是错的。普特南说，"关键问题是，他是怎样错的"，"我们现在的处境是，知道存在分析—综合的区分，但是不能弄清这一区分的本性"①。但是普特南又说：

（Pu1）：在更深的意义上我认为蒯因是正确的，远比他的批评者更为正确。②

为什么普特南说这些看似矛盾的话呢，因为他对这一问题有更深入的思考。普特南考察了下面的陈述③：

（9）存在过去。

（10）如果琼斯知道 p，那么他必定有表明 p 的证据。

（11）一个封闭系统中的能量是守恒的。（能量守恒定律）

（12）动能 $e = 1/2 \, mv^2$

（13）所有的物理定律都有洛伦兹不变性。（爱因斯坦原理）

（14）$f = ma$（牛顿第二定律）

认为它们既非分析的，又非综合的（任何孤立的试验都不能推翻它们）。普特南说：

（Pu2）：如果人们想要一个关于语言的模型，从这样的观点出发——"一切陈述分为三大类：分析的、综合的以及大量的其他类型的"，要比从这样的观念出发——"除了在边界处有些模糊外，每个陈述要么是分析

---

① Putnam 1962/1975, p. 35
② Putnam 1962/1975, p. 36
③ Putnam 1962/1975, p. 39 – 48

的，要么是综合的”好得多。①

但是普特南也不是主张三分，他说得很清楚：

（Pu3）我所提到的那些陈述并不归于第三个范畴，这些陈述实际上属于多个不同的范畴。以明显的是语言规则（的陈述）为一边，以明显的是描述性的陈述为另一边，此外还有大量的陈述，它们很难被归为分析的或综合的陈述。②

所以，普特南反对分析—综合的二分是毋庸置疑的。普特南甚至认为陈述的类型是“一个连续统，一个多维的连续统（a multidimensional continuum）”。

普特南的发现是，如果说（7）是分析陈述，（8）是综合陈述，那么，存在着大量的介于它们之间的类型的陈述。普特南还就所提到的五个陈述进行了如下排序③：

（Pu4）：（7）＜（10）＜（9）＜（11）＜（8）

认为上面这五个句子没有一个是同一类型的。普特南所考察的陈述，大多是科学理论中的陈述，例如（11）—（14），对这样的陈述问它是分析的还是综合的，这以前没有得到足够的重视。这样的陈述，普特南发现，都既不是分析的，又不是综合的。如果普特南的发现得到证实，那么，虽然存在分析命题和综合命题，但二分论则是错误的。

3.2 普特南的理论

普特南对他所发现的现象还提出了理论加以说明。他力图说明这样的问题：分析陈述和综合陈述的特性是什么？这一区分的特性是什么？普特南继承了皮尔士以来的实用主义的科学哲学思想：“我们的知识体系中的每一个命题或信念都不是绝对确实的（或者说都不是绝对真理），都可能也可以受到批评和修改”④，即科学的任何陈述都是可误的。这一思想在蒯因那里的表述就是：“没有任何陈述是免于修改的”。普特南认为，这将导

---

① Putnam 1962/1975, p. 39
② Putnam 1962/1975, p. 38
③ Putnam 1962/1975, p. 39
④ 朱志方 1998, p. 11

致不存在分析陈述，因为"分析陈述意指任何人都不能拒斥的陈述，除非他丧失了理性"①。所以普特南面临这样一个难题：一方面他承认任何陈述都是可误的，都不能免于修改；另一方面又确实存在分析陈述，即被认为是能免于修改的陈述。正是对这种二难的深刻领会，加深了普特南对蒯因的理解：

（Pu5）：问题是：我们为什么主张某些真理免于修改？……我认为我们应该重新解决蒯因提出的问题。蒯因并不否认有些人可能事实上主张有些陈述是免于修改的；但他否认科学是免于修改的，他的否认并不仅仅是一种描述性的否认：他不认为科学应该这样（指有免于修改的陈述）。所以蒯因所提的问题**实际上**是这样的：当我们已经对我们的概念系统的集成性特征（monolithic character）有了我们自己的蒯因式洞察，我们如何能明白，为什么对这种集成性特征存在例外？②

这样，原来的"什么是分析—综合之分的特性？"的问题就变成了"为什么存在分析陈述"、"为什么存在分析—综合之分？"的问题。对此，普特南是这样回答的：

（Pu6）：首先，对问题"为什么在我们的语言中有分析陈述（或严格的同义性）？"的回答实质上是，为什么不呢？或者更准确地说是，有分析陈述没有坏处。其次，对于导出的问题"你怎么知道没有坏处？"的回答是，我运用我所知道的东西而得知的。③

有分析陈述不仅没有坏处，而且还有好处，例如简洁性、易理解性等等。那么，为什么这个陈述而不是那个陈述是分析陈述？分析陈述有什么特征呢？这样我们就进入普特南理论中最具原创性的部分。这就是他的"定律簇（law‑cluster）"概念：

（Pu7）定律簇概念并不是由一组性质构成，（像"人"、"乌鸦"这样典型的通名就是由一组性质构成其概念的），而是由一簇决定该概念的身份的定律构成。概念"能量"就是一个定律簇概念的好例子。它出现在大

---

① Putnam 1962/1975, p. 54
② Putnam 1962/1975, p. 56
③ Putnam 1962/1975, p. 56

量的定律中，充当很多角色，这些定律和推理角色是集体地而不是单独地构成了它的意义。……一般说来，这些定律中的任意一个都可以抛弃而无损于辨认该定律簇概念。①

有了定律簇概念，普特南就作出断言：

（Pu8）对于主语是一个定律簇概念的原理，人们应该永远怀疑说这种原理是分析的断言。定律簇概念之间很难有分析性的关系，原因是这样的关系仍然是一个定律。而一般说来，这些定律中的任意一个都可以抛弃而无损于所涉及的定律簇概念之间的同一性。②

也就是说，定律簇概念之间的关系也可以像一般的定律那样被抛弃、被修改，因而这种关系不可能是分析的。而且，"在高度发达的科学中大部分词项是定律簇概念"③，例如，"能量"、"动能"、"物理定律"、"力"和"质量"都是定律簇概念，所以（11）、（12）、（13）和（14）都不是分析命题。但普特南也不认为它们是综合命题。

与此相对照，通名"单身汉"这个概念就不是定律簇概念，而是个单判据概念（one-criterion concept）。对于单判据概念，相关的判据陈述如果放弃或修改，就改变了该概念的意义。所以，那种陈述不可修改，因而是分析命题。因而，（7）是分析命题。

3.3 普特南的分析性概念

在这篇文章中，普特南除了给出一个很特别的分析陈述定义之外，还提到四种分析性概念。这四种分析性定义分别是我们前几章所说的 DA5、DA7、DA9 和 DA15，而且被明确地、反复地提到。对于定义 DA5，普特南在第 54 页说"分析性通常被定义为'由定义而为真（truth by definition）'"，在第 55 页说"他们建议把分析陈述定义为'由约定而为真（true by stipulation）'的陈述"。对于定义 DA7，在第 67 页与第 68 页都有提到，即分析陈述是"由语言规则而为真（true by the rules of the language）"的陈述。关于定义 DA9，在第 54 页说"人们用分析陈述意指任

---

① Putnam 1962/1975, p. 52
② Putnam 1962/1975, p. 52
③ Putnam 1962/1975, p. 52

何人都不能拒斥的陈述，除非他丧失了理性"，在第69页说"分析陈述是我们都接受的陈述，并且这种接受不需要理由"。关于定义DA15，在第68页说"分析陈述：在任何实践的意义上不可证实（unverifiable），在任何实践的意义上不可反驳（unrefutable）"。尽管这四个定义有明显的不同，普特南实际上把这四个定义看成是一回事，认为它们是相通的，见第68页。这些定义在其论证的使用当中，主要是定义DA9在发挥作用，因为"永不放弃"、"免于修改"、"不能拒斥"、"不可反驳"的意思是相近的；并且，它与普特南的对综合陈述的看法相关联，普特南在59页明确地说到综合陈述的意义，即"一个综合陈述是原则上可以修改的陈述"，这也就是定义DS9。但是，根据这个定义，普特南不能说明为什么（9）、（10）、（11）、（12）、（13）和（14）都不是综合陈述。特别是普特南已经指出，作为科学的陈述，且其中有了定律簇概念，（11）、（12）、（13）和（14）都是原则上可修改的。

不过，普特南自己的独特的对分析陈述的定义却不可不提：

定义DA19：一个**分析陈述**是：或者它是满足下面判据C的陈述S，或者它是S这样的陈述的后承，或者是一个很接近于满足判据C的陈述T，或者是T这样的陈述的后承。[1]

这里运用于陈述S的判据C是：

（i）该陈述的形式为"某事物（某人）是A，当且仅当它（他、她）是B"，这里A是一个单词。

（ii）该陈述的成立没有例外，且给我们一个标准以决定某事物是否是词项A所适用的对象。

（iii）所给出的标准是仅有的、与该词相关联的、为大家普遍接受和使用的标准。

（iv）词项A不是一个"定律簇"单词。[2]

---

[1] Putnam 1962/1975，p. 64
[2] Putnam 1962/1975，p. 65

普特南的这个定义可以说是为陈述"单身汉是未婚男人"量身定做的。但它也解释不了为什么下面这个陈述是分析的:

(15) 如果 A 比 B 大, B 比 C 大, 那么 A 比 C 大。

因为这个卡尔纳普分析性陈述不能从任何更简单的陈述推出, 但它又不具有定义 DA19 中的 (i) 所要求的形式。

3.4 对普特南的批评

我们在上面其实开始了对普特南的分析性概念的批判。因为, 普特南关于这个问题的最主要主张是, 在分析陈述和综合陈述之外, 还有很多很多其他类型的陈述。这意味着他必须给出他的分析陈述和综合陈述定义, 除非他的分析陈述和综合陈述概念符合大家最常见的看法。但是, 最常见或最标准的定义是 DA4 和 DS4, 而普特南恰恰没有采用这样的定义。所以普特南有责任给出他的定义。但是普特南对于综合陈述的定义只提到 DS9, 对于分析陈述的定义有五个: DA5、DA7、DA9、DA15 和 DA19。他除了用 DA19 说明"单身汉是未婚男人"是分析陈述以外, 论证中主要用 DA9。如果普特南对分析陈述和综合陈述的看法可以分别用 DA9 和 DS9 来定义, 那么, 一切陈述就刚好二分为分析陈述和综合陈述。

但是, 如果普特南真的采用 DA9 和 DS9 作为分析陈述和综合陈述的定义, 我们仍然要批评他。因为这种定义得到的概念分别是先天性和经验性, 把它们作为分析性和综合性也就等于毁了分析性和综合性的概念。不过, 在普特南的这篇论文的写作时代, 分析性、先天性和必然性是纠缠在一起的, 它们之间的区别逐渐明晰起来是 1970 年以后的事情。对此我们不应该苛求普特南。

撇开定义不谈, 普特南是否有反对二分论的有力的理由呢? 普特南所举的那些例子,.从 (9) 到 (14) 是否可以二分呢 (即或者是分析陈述, 或者是综合陈述)? 或者, 普特南的排序 Pu4 是有道理的? (不难看出, Pu4 的排序可以说是怀特观点的普特南版。) 在解答这种问题时, 我们当然需要一定的对分析陈述和综合陈述的定义。我们采用的定义是 DA4 和 DS4, 或者严格地说是 DA40 和 DS40。

然后，我们要做的是明确（9）—（14）各自表达了什么命题。在确定了它们各自表达什么命题之后，让我们证明，它们都是可以二分的。

3.4.1 关于陈述（9）

陈述（9）"存在过去"这个句子有歧义。假如我们有了一个时刻在另一时刻之前（或之后）这样的概念。并把时刻 t1 在时刻 t2 之前表示为"t1 < t2"，用 t0 表示说话时的时刻。则（9）的一种解读是：

（16）$\forall x \exists y \, (y < x)$

意思是说，对于每个时刻，都存在一个在它之前的"过去"。对于持"大爆炸"说的宇宙理论而言，（16）是假的，因为当 x 是大爆炸的起点时刻，不存在它的过去。但是对于"永恒宇宙"的理论而言，（16）是真的。总之，（16）是综合的。另一种解读是：

（17）$\exists y \, (y < t0)$

由于 t0 表示说句子（17）的时刻，那么在说这句话之前的时间也是有意义的，所以（17）一定为真。因为（17）是根据其意义就可断定其为真的，所以（17）是分析陈述。

3.4.2 关于陈述（10）

至于（10）"如果琼斯知道 p，那么他必定有表明 p 的证据"，我们认为它是分析命题，因为按照"知识是确证的真信念（Knowledge is justified true belief）"这种观点，加上"知道"是主体对知识的拥有，可知（10）就是由其意义而必定为真的命题。

3.4.3 关于陈述（11）

设能量守恒定律（11）是意义明确的命题，那么其中"能量"的概念是什么也是明确的，所以事先应该能确定一种对能量的计量。为了使这个例子易于理解，设我们的能量概念只是机械能，则某个封闭系统中的能量可能不守恒，（11）将被实验证伪。要坚持（11），就需要改变能量的定义，使其包括热能、化学能等等。而能量的定义一定下来，其计算方法也相应地定下来了，则（11）又可能被新的实验证伪，即（11）是否为真依赖于实验的结果，故（11）是综合命题。如果坚持（11）不可能被证伪，那么其中的"能量"究竟是什么和是多少，就不能有明确的定量的计算方法，从而使该概念成为一个形而上学的概念，而不是科学的概念；但这是科学应该反对的。

3.4.4 关于陈述（12）

经典力学中的动能 $e = 1/2\ mv^2$，而相对论力学中的能量 $e = m + 1/2\ mv^2 + 3/8\ mv^4 + \cdots\cdots$，我们认为二者是相近但不同的概念。它们是两个不同的物理理论体系中的能量概念。前者是经典力学体系 S1 中的定义，后者是相对论力学 S2 中的定义。我认为，$e = 1/2\ mv^2$ 在 S1 中是分析的，同样 $e = m + 1/2\ mv^2 + 3/8\ mv^4 + \cdots\cdots$ 在 S2 中也是分析的。

3.4.5 关于陈述（13）

爱因斯坦原理"所有的物理定律都有洛伦兹不变性"是综合命题。这是由于，假设世界上存在着两种具有不同传播速度的光（这当然不同于现实的物理世界），在那个想象的世界中，显然不能再要求物理定律都有洛伦兹不变性。

3.4.6 关于陈述（14）

牛顿第二定律 $f = ma$ 是不是分析命题依赖于物理理论体系的公理系统。对于把它当作公理的物理理论体系 S1，它是分析的。根据公式 $m = f/a$ 算得的质量称为惯性质量。对于不把它当作公理的体系 S2，由于有弹簧秤等实验可以建立力的测量系统，由光学仪器等可以建立对加速度的测量，由引力理论可以测量（例如地球上的物体的）引力质量。既然 f 与 m 与 a 都可以独立测量，所以可以验证 $f = ma$ 是否成立，这时牛顿第二定律是综合命题。厄阜（Eötvös）曾对引力质量和惯性质量的比值进行了测量，证明在大约 10^{-8} 的相对精确度内，各种材料的这种比值是一样的。

我们以上的分析表明，对于普特南所举的所有这些例句，"二分"并未遇到不可克服的困难。不过我们也看到，一个陈述只有没有歧义，且只有相对于一定的理论体系，才表达确定的命题，才有确定的真值，才能判断它是分析的还是综合的。

§4 整体论与有限板块论

4.1 整体论

在我们前面对蒯因和普特南的驳斥当中，我们都遇到整体论。在蒯因那儿有三个整体论：意义整体论（meaning holism）、整体证实论（comfirmation holism）和科学知识整体论（scientific knowledge holism）。这三个整体论当然是相互关联的。

与意义整体论相对立的是意义原子论（meaning atomism）。我们可以把这两者的主要观点叙述如下（引自罗莎［Raffaella De Rosa］和勒泼［Ernest Lepore］的论文）：

意义整体论：语言 L 中的一个表达式 e 是由于其与 L 中别的表达式的关系而具有其意义，即是由于它在 L 中的角色而具有其意义。

意义原子论：语言 L 中的一个表达式 e 是由于其自身的符号—世界关系而具有其意义，这种关系是独立于或先于 e 在 L 中的角色的，无论 e 在 L 中的角色是什么。①

罗莎和勒泼指出，蒯因根据整体证实论和意义的证实论（verificationism about meaning）推出意义整体论，具体如下：

Ts7.2：一个语言中的句子单个而论并没有意义，但作为整体则有意义。（意义整体论）

论证 Ar7.2：

（P1）句子的意义在于（否）确证（confirm）它的经验（或经验性内容），即在于那些被认为使它为真的证据（意义的证实论）。

---

① De Rosa, Lepore 2004, p. 65

（P2）科学理论的句子单个而论，并无（否）核证它的经验，只是作为一个整体才有。也就是说，这些句子孤立地看并没有经验内容。（迪昂论题［Duhem's thesis］）

∴（C）一个语言中的句子单个而论并没有意义，但作为整体则有意义。也就是说，离开语言中的其他句子，这些句子孤立地看并没有意义。（意义整体论）

证毕。①

但是论证 Ar7.2 中运用了"意义的证实论"这个前提，这是逻辑经验主义的意义理论，后来受到广泛的质疑。让我们来看看对意义整体论的另外一个论证，据说是文献上对意义整体论的主论证（master argument），它是基于推理角色语义学（Inferential Role Semantics）观点的一种论证。推理角色语义学的核心观点是：表达式的意义就是它的推理角色。而意义整体论这时可以表述为：表达式的所有推理联系都与确定该表达式的意义有关。论证如下：

Ts7.3：表达式的所有推理联系都与确定该表达式的意义有关。（意义整体论）

论证 Ar7.3：

A. 表达式的某些推理联系与确定该表达式的意义有关。

B. 在构成性的推理联系与非构成性的推理联系之间没有实质的区别。（蒯因式结论）

所以，

C. 表达式的所有推理联系都与确定该表达式的意义有关。（意义整体论）

证毕。②

---

① De Rosa, Lepore 2004, p. 67
② Boghossian 1996, p. 384

伯高先指出，这个论证"不是有效的。断言'表达式的所有推理联系都是构成性的'不能中肯地从断言'不能确定什么推理是构成性的'推出。如果不能确定什么推理是构成性的，那么也就确实不能确定什么推理是构成性的"①。但我却认为是这一推理的第二个前提 B 有问题，因为，如果我们把确定表达式的意义的推理联系称为相对于该表达式而言是**构成性的**(constitutive)，不参与确定表达式的意义的推理联系称为相对于该表达式而言是非构成性的，这样在构成性的推理联系与非构成性的推理联系之间就有实质的区别。

三种整体论的关系是这样的：如果持逻辑实证主义的意义证实论，即主张一个句子的意义即其证实的方法，那么，正如论证 Ar7.2 所表明的那样，整体证实论导致意义整体论。另外，整体证实论也导致科学知识整体论。科学知识整体论甚至与真理的融贯论（coherence theory of truth）有密切联系。下面，我们来看看整体论与二分问题的关系。

4.2 整体论与二分问题

意义整体论意味着，如果一个陈述的意义与经验事实相关，那么所有的陈述的意义也与经验事实相关，因而没有分析陈述。

我们的立场是认为有分析陈述，所以，我们是坚决反对意义整体论的。前面的对意义整体论的两个论证，即论证 Ar7.2 和论证 Ar7.3，我们认为都是有问题的。论证 Ar7.2 的问题在于其前提 P1，论证 Ar7.3 的问题在于其前提 B。下面我们看看罗莎和勒泼所重构的对意义整体论的又一个论证。

罗莎和勒泼认为，蒯因在"两个教条"中对意义整体论的论证如下：

Ts7.4：分析—综合的区分必须抛弃，意义整体论是真的。

论证 Ar7.4：

（P1）我们关于外在世界的陈述（句），不是单个地面临经验的法庭，而是作为一个整体面临。（迪昂的整体证实论）

---

① Boghossian 1996, p. 384

∴ 还原论的经验主义教条必须抛弃。（该教条是，每个综合陈述"离开该理论的其他陈述"可以确证或否证。）

（P2）还原论的教条与分析—综合的区分"根本上是同一的"。

∴（C1）分析—综合的区分必须抛弃。

∴（C2）意义整体论是真的。

证毕。[1]

我们不赞同其中的前提 P2。P2 的根据在于意义的证实论，而意义的证实论确实有问题。逻辑经验主义的"意义证实论"早在亨普尔的"经验主义的认识意义标准：问题与变化"[2] 一文中就受到严厉的批判。抽掉 P2 或意义证实论，则得不出论证 Ar7.4 中的 C1 和 C2。

但是，整体论与二分论的关系，还依赖于二分的对象是句子还是命题。

当以句子为考虑对象时，意义整体论对二分论有致命的攻击力。为什么？因为，当我们主张分析陈述是仅由其意义而为真的陈述时，整体论却认为我们无法知道一个句子的意义、无法确定一个句子的意义。因而任何句子既不能说是分析的，也不能说是综合的。所以二分论不成立。

当以命题为考虑对象时，意义整体论对二分论失去攻击力。为什么？因为每个命题都是单独具有意义和具有真值。命题在概念上与意义整体论是矛盾的。

那么，整体证实论与二分论的关系又如何呢？整体证实论也即迪昂—蒯因论题，在科学哲学上得到了普遍的认可。整体证实论是否意味着任何陈述都与事实有关？甚至于都与经验事实有关？如果是这样，定义 DA4 或 DA40 所说的分析陈述就不存在了，二分论也破产了。

而且，整体证实论与科学知识整体论是一个硬币的两面，是一个理论的两种表述。科学知识如果是一个整体，那就只有整体证实，部分证实是没有意义的；如果理论只有整体才面对经验，那么科学知识就是整体性

---

① De Rosa, Lepore 2004, p. 72

② 洪谦 1982, pp. 102 – 127

的。所以，整体证实论也意味着单个陈述无真假可言！也意味着任何陈述都可以看作是真的或假的。如果是这样，二分论也破产了。

我们注意到，普特南感到科学中的很多原理既不是分析的又不是综合的，原因是：

（Pu9）它们都不能被孤立的实验（我想不出比"孤立的实验"更好的相对于"竞争的理论"的短语）所推翻。另一方面，这些原理中的大部分都能被推翻，只要有推翻它们的好的理由。这样的好的理由是：有一个体现着拒斥这些原理的竞争理论，加上这样一个竞争理论的一些成功的证据。①

Pu9 说的是什么，仍然是整体证实论。拉卡托斯（Imre Lakatos）也持这种观点。正是这种整体证实论使普特南觉得（9）—（14）这些句子既非分析又非综合。

我们使用命题这个概念，可以回避整体证实论对二分论的直接攻击。因为，整体证实是指一个理论中的句子只有作为整体才能面对经验，才能被证实或否证。单个句子无法、也无所谓证实或证伪，也无真值。但是，单个命题却是有真值的，我们可以说不知道某个命题是真是假，不知道如何证实或证伪它，却不能说这个命题不能被证实或证伪。

实际上，单个命题被证实或证伪的例子很多。观察命题就是直接被证实（或证伪）的。当我看到天在下雨，"今天下雨"作为命题就直接被证实。这是整体证实论不成立或者说不是全部真理的明证。下面，我提出有限板块论（finite – blockism）以替代整体证实论。

4.3 有限板块论

在任何语言中，科学理论都是一个句子集，也是一个命题集。但是它存在一个有限的句子集作为其公理集。每个科学理论都有一个有限的公理集。

而且，一个大的科学理论可以划分为许多小的相互独立的子科学理论，这样的子科学理论当然也都有一个有限的公理集。这样的子科学理论

---

① Putnam 1962/1975，p. 48

可以称为板块（block），因为它们彼此之间是相对独立的。这种划分是可能的，例如科学划分为物理学、化学、生物学等等。而物理学又可以划分为力学、热学、电学、光学等等。

因此，每个板块也都是一个句子集，也是一个命题集。由于它们都有有限的公理集，所以也称它们为有限板块（finite block）。这种板块可以尽可能地小，可以小到只有一个公理。注意，"公理"是相对于板块而言的，即板块的其余部分是公理集的逻辑后承就可以了，并非要求"公理"是大家公认之理，它也不必是抽象的。

反过来，我们可以把一个大的理论板块看成是由若干个小的板块拼装而成的。

最小的板块当然是单个命题（句子）。这样一些命题会是什么样子呢？或许表达第一人称的我的当下的感觉命题便是。哪怕我在做梦，我感觉如此则不会错，并且这仲裁者是我本人！

现在我想说的是，证实和证伪可以只涉及一个板块，而不涉及其他板块。每个科学实验，它想解决的只是某个理论板块中的一些问题，而不是整个科学大厦中的全部问题。而且，整个科学大厦也只由有限个板块构成。

如果整个科学大厦是一只纽拉特（Otto Neurath）的船，那么，每个小的板块只是这条大船上的一块甲板，它可以从船上拆卸，加以修理、检测、改造，然后再装回船上，再对其他的板块加以修理、检测、改造。而这却不影响这只船在波涛汹涌的大海上航行。

当然，许多小的板块，已经不能再分，但它的公理集仍然有约干条公理，而不能简化为一条公理或两条公理。它虽然不能再小，但它比整个科学理论则要小得多。

现在，就会有这样的板块，它整个地与经验事实无关，例如逻辑板块、数论板块、集合论板块，因而我们可以说，这个板块是非经验的；若某个板块与经验事实有关，我们可以说它是经验的。

小到不能再分的板块，我们称之为基本板块。如果一个基本板块是非经验的，那么我们也说其中的每一个命题是非经验的；如果一个基本板块是经验的，我们也说其中的每一个命题是经验的。

现在让我们说，非经验的命题与经验事实无关，经验的命题与经验事实有关。这将有助于我们判断一个命题是否是分析的。因为非经验的命题，其真值显然与经验事实无关。不过，经验命题的真值，倒不一定与经验事实有关。

科学理论的检验是以板块为单位的，而不是整体的，这是与整体证实论很不同的地方。如果一个板块由于其意义就是真的，且与经验事实无关，那么我们就说这是一个分析板块。分析板块中每个命题是分析的。我们可以把非分析的板块称为综合的。

问题：是否有这样的陈述，它同时属于两个板块，但其中一个是分析的，另一个是综合的？回答：这是存在的，如我们前面分析的牛顿第二定律就是。这样的两个板块是属于不同的理论的，它们不会在一个理论中同时存在。

另外一个问题：设句子 S 在理论 T1 中，T1 与经验无矛盾，于是有人认为 S 为真。设句子"非 S"在理论 T2 中，T2 与经验无矛盾，于是也有人认为"非 S"是真的。这样就有可能"S"与"非 S"同时被人们认为是真的，甚至被同一些人认为是真的，这是否是矛盾？对这个问题的解答是：一个句子在一个理论中才表达了一个命题。T1 中的 S 所表达的命题与 T2 中的 S 所表达的命题是什么关系？显然不能简单地认为它们是否定命题的关系！这是由于科学命题的复杂性。所以，这不一定意味着矛盾。

以上我们描述了有限板块论，它的内容可以继续发展。不管怎样，至少我相信，整体证实论不是我们的唯一选择。

§5　三类与二分

5.1 文化共同体

上节我们对阻止分析和综合二分的整体论进行了批判，表明所有对整体论的论证是没有充分根据的。在§2 节，我们在论证 Ar7.1 中证明了，对于任何命题，它要么是分析的，要么是综合的。在§3 节，我们又反驳了普特南，对他所提出的所有不能二分的陈述例子，一一表明它们是可以二分的。我们既作出了坚实的论证，又驳斥了一切反对意见。但这决不是说，人们对于一个句子到底表示的是分析命题还是综合命题没有争论。事实上是有争论的，我们对蒯因、怀特、普特南等人的反驳正是这种争论的一种反映。如何理解这种争论和不一致？这种不一致会不会导致对命题二分的否定呢？

为了解决这个问题，我认为有一个概念很重要，我称之为"文化共同体"（cultural community）。文化共同体是由人组成的，同一个文化共同体中的人们有着共同的精神文化、历史传统、价值体系、科学知识和语义约定。由于有这些共同的因素，所以他们对许多问题的判断较为一致。他们不必说同一种语言，在同一个文化共同体中，也许甲说的是英语而乙说的是法语，但是他们之间能够充分地交流；如果需要翻译，那么翻译也是这个文化共同体中的人。相反，说同一种语言的人未必处在同一个文化共同体中，因为他们可能有不同的价值观念、对科学知识的把握也可能悬殊。

一定的文化共同体意味着一定的概念体系结构。在文化共同体 C1 中，概念"动物"建立在"猫"之后，于是"猫是动物"是分析的。在文化共同体 C2 中，概念"动物"建立在"猫"之前，于是"猫是动物"是综合的。在文化共同体 C3 中，根本没有猫这种动物，那儿人们也就没有"猫"这样的概念；人们可能建立一个很类似于我们这儿"猫"这样的概念，例如说，像老虎一样的，长胡子的，有长尾的，哺乳动物……，但仍然不能说就是"猫"。哪怕那儿用的词语都是和我们一样的"猫"。

所以，在一定的文化共同体中，概念之间有先与后、基本的与派生的、个体与种类、种与属、元素与集合等等区分。这样，概念并非"原子"，而是有着内部结构的；或者说有一种假定的内部结构，它为使用该概念的文化共同体所公认。

因此，文化共同体是一个经验性的概念，它意味着一定的经验。不同的民族有不同的历史、不同的经验，因而有不同的概念系统，所以分属于不同的文化共同体。

5.2 三类命题

在判断命题是分析的还是综合的时候，我们会遇到三类命题。第一类是所有的文化共同体都认为是分析的命题，逻辑真理就是这样的命题。如果所有的文化共同体都认为"单身汉"与"未婚的男子"是同义的，那么（7）"所有的单身汉是未婚的"、（1）等就是属于这一类的分析命题。这一类命题的否定命题也属于这一类，因为矛盾命题虽然是假的，但它的真值也与事实无关。

第二类是所有的文化共同体都认为是综合的命题。例如（4）"今天下雨"、（5）、（6）和（8）等，这类命题的真值取决于经验事实。

第三类是这样的命题，有的文化共同体认为它是分析命题，有的文化共同体认为它是综合命题，有的文化共同体不能确定它是分析命题还是综合命题。（2）"人是理性的动物"就是这样的命题（具体分析见5.3节）。

而对于不能确定它是分析命题还是综合命题的文化共同体，如果是文化共同体C内部对一个命题是分析的还是综合的意见不一致时，这意味着这个共同体C至少可以更细分为A与B两个（亚）文化共同体，而A和B各自对该命题的分类则是一致的。因此，逻辑上一切命题可以分为这三类。

事实上，人们对每一类是些什么命题意见已经比较一致。格莱斯和斯特劳逊说过，"人们使用'分析的'是在差不多相同的情形，拒绝用'分析的'也是在差不多相同的情形，对是否用'分析的'感到犹豫不决还是在差不多相同的情形"①，这就印证了命题分为这三类的合理性。

5.3 第三类命题仍然可二分，兼论文化传统、哲学观对二分的影响

根据以上分类，对二分论有可能提出挑战的只能是第三类命题。这第三类命题倒底是怎么回事，让我们详细地分析一下。

让我们以命题（2）"人是理性的动物"为例。

"人"是一个自然类，是任何人从幼儿期就开始认识的对象，"人"这个概念是人们最早形成的重要概念之一。但人是具体的。幼儿就开始认识到父亲和母亲有显著的不同，成人和儿童也有显著的不同。但人显然是自成一类，与其他万物有显著不同。当人们开始问到"人是什么"的时候，

---

① Grice, Strawson 1956, p. 143

则是对最当下的、最熟悉的对象开始了反思，人类开始探讨智慧、反思自身的历程已然展开。但不同文化传统如何展开这一历程则具有一定的偶然性，与这个民族的哲学、宗教、历史和语言等密切相关。

5.3.1

在古希腊文化哲学传统中，动物、人、神是三种有感觉、有生命的对象，这三者存在着质的不同。赫拉克利特说："最智慧的人同神相比，无论在智慧、美丽或其他方面，都像一只猴子。"① 这里猴子是动物的代表，或者说被认为是（除了人以外的）最智慧的动物的代表。因此，至晚在柏拉图和亚里士多德的时代就已经流行着"人是理性的动物"这种说法是毫不奇怪的。并且认为，只有人是理性的；亚里士多德说，"有些动物有想象，但它们没有理性"②，就是明证。与此对应的说法还有："神的实际就是一个永恒的人。"③

古希腊文化哲学传统中还存在着一种与（2）并行的说法：

（18）人是无毛的两足动物。

也许它是哲学探讨的产物，但把（18）作为"人"的定义则受到亚里士多德的批评④。（2）与（18）都把人作为"动物"这个属中的一个种，这是哲学在传统文化上加工的结果。在古希腊文化哲学传统中，虽然从分类的角度看，（2）和（18）都能正确地把人与其他动物区分来，但亚里士多德并不认为（18）是一个好的定义，因为它揭示的是人与其他动物的偶然的区别，而不是本质的区别。（2）才是一个合格的定义。在这种看法的背景下，（2）是分析的而（18）是综合的。

5.3.2

在同样是2000多年前就开始有的佛教哲学传统中，在佛教的影响下，人们相信有六道，即欲界的"天、人、阿修罗、畜生、鬼和地狱"。就此种世界观而言，认为只有人有理性无疑是错误的，所以（2）是不能作为

---

① 北京大学哲学系外国哲学史教研室 1987，p. 25
② 亚里士多德 1992，p. 73，428a24
③ 亚里士多德 1959，p. 42，997b8
④ 亚里士多德 1959，p. 149，1038a

"人"的定义的；也许（18）作为人的定义更妥。持这种信仰的人可以认为（2）和（18）均是分析的。

5.3.3

同一种历史、民族、语言，由于其价值取向不同或哲学观念不同，而属于不同的文化共同体。在《庄子·德充符》中，有：

惠子曰："人而无情，何以谓之人？"

庄子曰："道与之貌，天与之形，恶得不谓之人？"

由此可以看出庄子认可（18）作为"人"的定义，而惠子则不认可（18）作为人的定义。所以（18）对庄子来说是分析的，对惠子来说是综合的。

还有与他们同属于中国古代哲学家的孟子，有如下名言：

人皆有不忍人之心。……由是观之，无恻隐之心，非人也；无羞恶之心，非人也；无辞让之心，非人也；无是非之心，非人也。恻隐之心，仁之端也；羞恶之心，义之端也；辞让之心，礼之端也；是非之心，智之端也。人之有是四端也，犹其有四体也。[①]

由此看来，孟子认为，人固然是有理性（智）的，但这只是四端之一，此外的"仁、义、礼"之端，也是人之为人的必要条件，所以（2）与（18）也都不是孟子认可的对"人"的定义。孟子可能会认为（2）是分析的，但未必同意（18）是分析的。

所以，不同文化结构的人们对"人"这个概念的把握确实很不一样。不同文化共同体对"人"这个概念的分类都可能有很大的差异。那些认为有外星人、火星人的，甚至可能以为（18）是错误的。在有的文化中，人与畜生、禽兽是有截然的区分的。所谓"禽兽不如"、"畜生"，那是骂人的话。当在分类学上把"人"与"动物"绝对地区分开时，这样的文化传统中的人，甚至对于"人是……动物"之类的命题都有一定抵触。

而在另外一种分类传统中的人们，可以认为（18）是分析命题，他们

---

① 《孟子·公孙丑上》

可以相信世界上会有些人总是处在疯狂或者白痴的状态，或者一生下来就是植物人，从来就没有过理性，所以（2）对他们而言是综合命题。

以上我们表明了文化传统和个人的哲学观对二分的影响。当然，详细探讨文化差异不是本文的旨趣。

5.4 第三类仍然可二分（续）

就不同的文化共同体与命题的关系而言，命题被分为这三类。但给定一个文化共同体，命题还是只能二分；这是因为，对于有争议的第三类命题，根据 DA40 和 DS40 这种对"分析的"和"综合的"的理解，它只能要么是分析命题，要么是综合命题。对于任何命题，可以存在一个文化共同体，相对于这个文化共同体，该命题要么是分析命题，要么是综合命题，而不会是模棱两可的；即这第三类命题也有被二分的可能。

所以，从某个命题被某个共同体认为"既不是分析的、又不是综合的"这一点，并不能得出这个命题本身"既不是分析的、又不是综合的"。

当人们对一个命题是分析的还是综合的有争议时，这往往意味着人们对它的意义是什么的看法并不一致，于是我们需要去确定表达这个命题的句子的意义。例如，我们上面在考察（2）、（18）这类陈述是不是分析的这样一个问题的过程中，会感觉需要对其中的"人"这个概念进行重新思考，进一步明确这个概念，从而进一步明确句子（2）和（18）所表示的命题的意义。

所以区分陈述的分析与综合不仅是可能的，而且是有作用的、富有成果的，它能导致意义的澄清，它能导致更清楚的表达。

考夫曼（Arnold S. Kaufman）说得有道理："分析与综合的区分能够作为一个引发更清楚的表达的工具。我们通过固定句子的成分表达式的意义来使句子成为分析的或综合的。"[①] 但这后一句更准确一点应该这样说：我们通过固定句子的成分表达式的意义来把握该句子所表示的命题，而对

[①] Kaufman 1953, p. 426

于意义明确的命题，它要么是分析的，要么是综合的。

§6 答案

6.1 答案

我们在第一章一开始就开门见山地提出了问题，经过较长时间的探索，现在是该我们旗帜鲜明回答问题的时候了。

这些问题是：（1）是否一切命题可以二分为分析命题和综合命题？对于这个问题，我们的答案是肯定的，即一切命题，要么是分析命题，要么是综合命题。对此的论证，见于本章以上各节。

（2）是否一切判断可以二分为分析判断和综合判断？对于这个问题的答案，我们也是肯定的。因为，判断广义上讲，无非是对某个命题的断定，要么是对这个命题的肯定，要么是对这个命题的否定。既然命题要么是分析命题，要么是综合命题，那么相应的判断也要么是分析判断，要么是综合判断。狭义的判断，是指具有"A 是 B"或"A 不是 B"这种形式的判断。既然广义的判断都已经二分为分析判断和综合判断，那么作为其中一个部分的狭义的判断，当然也可二分为分析判断和综合判断。

（3）是否一切句子可以二分为分析句子和综合句子？对于这个问题，我们的答案是否定的。对此的论证，见第六章。

（4）是否一切陈述可以二分为分析陈述和综合陈述？对于这个问题，我们认为，陈述有两种解释：一种是句子，一种是命题。无论哪一种解释，我们在上面都给出了答案。

（5）我们对分析命题和综合命题的区分是严格的区分还是粗略的区分？我们的答案也许强得使人们感到意外：我们主张严格的区分，即任何命题，要么是分析的，要么是综合的，不存在边界情形。要知道许多概念、许多性质的划分，都存在边界情形；在边界的地方往往是两可的，这并不影响一个概念的科学性和正常使用。那么，我们怎么可能在二分问题上做到这种严格的、截然的二分呢？这是因为我们把那些模棱两可的句子清除了，我们认为这样的句子并不算是表达了一个明确的命题。

6.2 对分析性定义的再思考

我们的答案是基于定义 DA40 和 DS40 的，即"事实"指的是经验事实。既然"给定一个命题，它的真值就是给定的"，那么说"某个命题的真值与事实有关"是什么意思呢？

一种可能的意思是：给定一个命题 p，由于不知道有关的事实 F，所以不知道 p 是真的还是假的。如果知道事实 F，就知道 p 的真假了。这是从认识论的角度看待命题与事实的关系。注意，由于 p 不一定表示事实或指称事实，所以这里 p 与 F 的关系涉及认识者 A。实际上，p 是通过 A 而与 F 相关的。举例来说，如果 p 是句子（4）"今天下雨"表示的命题，这个句子是 2010 年 2 月 18 日某人在武汉说的。如果 p 是真的，那么 p 指称"那天武汉下了雨"这个事实 F0。如果 A 知道 F0，那么 A 也就同时知道了 p 是真的。假如 A 并不知道 F0，但是知道事实 F："那天武汉市区没有出动撒水车，也无水管泄漏，但街上都是湿的，如同雨淋了一般；而前一天是天晴，地面都是干的"，于是 A 也容易知道 p 是真的。在这个例子中，A 不是直接知道 F0 而知道 p 是真的；而是通过知道 F 才知道 p 是真的，进而间接地也知道 F0 了。总之，p 的真值与事实 F 的这种认识论的关系可以很复杂。我们此时称 p 的真值与**事实是认识论地相关**。

另一种意思是，给定一个命题 p，如果事实是 F1，那么 p 是真的；如果事实是 F2，那么 p 是假的；所以 p 的真值与事实有关。这是从本体论的角度看待命题与事实的关系。我们此时称 p 的真值**与事实是本体论地相关**。例如，设 p 是句子（4）所表示的命题，如果事实上"那天武汉下了雨"，那么 p 是真的；如果事实是"那天武汉天晴"，那么 p 是假的。当然，这两种可能性只有一个成为事实，且命题 p 的真值也是一定的（实际为假）。若命题 p 的真值与事实是本体论地相关，当然可以说 p 的真值取决于事实。严格说来，定义 DA40 中的"与经验事实无关"、定义 DS40 中的"真值取决于经验事实"当然指的是这种本体论意义的相关。但本体论上何以知命题的真值与经验事实有关或无关，这对某些命题来说是很困难的。所以，我们不妨考虑一下认识论意义的分析性。

6.3 直观分析性与解证分析性

如果一个命题 p 的真值与事实是认识论地相关，这意味着只要我们知道得足够多，我们就有可能知道 p 的真值。但如果我们知道得太少，就有可能不知道 p 的真值。但是不管我们知道得多么少，我们起码知道 p 的意义。

如果任何人只要知道 p 的意义，就知道 p 的真值，这就是认识论的分析性。这意味着我们对事实的知识对我们是否知道 p 的真值没有贡献。我们知道，命题与事实是否认识论地相关，依赖于主体。当然，某个个别的主体 B 的情况没有任何说明力。例如，对某个命题 p，B 可以说他自己"一看到表示 p 的句子，就知道 p 的真值"，但是 A 可以说 A 自己不是这样，人们可以说 B 这个人精神有毛病，等等。因此，我们对认识论分析性的定义只有相对于某个共同体才有意义。我们容易想到下面的定义：

定义 DA41：命题 p 相对于共同体 C 是**认识论分析的**，当且仅当，C 中任何人只要知道 p 的意义，就知道 p 的真值。

定义 DS41：命题 p 相对于共同体 C 是**认识论综合的**，当且仅当，C 中存在人 A，尽管 A 知道 p 的意义，但 A 需要更多的信息才知道 p 的真值。

虽然认识论的分析性是一种相对概念，却有可能以如下的方式表达，仿佛不是相对于某个共同体，其实仍然是相对于一个共同体的，即相对于**我们**这个共同体：

定义 DA42：命题 p 是**认识论分析的**，当且仅当，仅仅知道 p 的意义，我们就知道 p 的真值。

定义 DS42：命题 p 是**认识论综合的**，当且仅当，仅仅知道 p 的意义，我们不知道 p 的真值。

另一对与此相关的概念是：

定义 DA43：命题 p 是**认识论分析的**，当且仅当，仅仅知道 p 的意义，我们就**能**知道 p 的真值。

定义 DS43：命题 p 是**认识论综合的**，当且仅当，仅仅知道 p 的意义，我们**不可能**知道 p 的真值。

如果一个命题 p 是认识论分析的，那么仅仅知道 p 的意义，人们就能知道 p 的真值；但是人们不一定实际知道 p 的真值。这就是定义 DA42 与定义 DA43 有重要区别的地方。这里对"能"的解释是非常关键的。例如：人们只要努力就能知道数学命题的真假，即通过努力去证明就能知道其真假；但是对于许多复杂的数学命题，尽管知道它的意义，若不经过证明是不知道其真假的。当然，哥德尔（Kurt Gödel）不完全性定理告诉我们，有些数学真理是无法证明的，它们是属于 DS43 所述的认识论综合命题。

因此，这里我们得到两类重要的认识论分析性概念，为了区别它们，让我们把 DA42 定义的分析性称为直观分析性（intuitive analyticity），把 DA43 定义的分析性称为解证分析性（demonstrative analyticity）。我们不妨把上面的诸定义重写如下：

定义 DA42：命题 p 是**直观分析的**，当且仅当，仅仅知道 p 的意义就知道 p 的真值。

定义 DS42：命题 p 是**直观综合的**，当且仅当，仅仅知道 p 的意义，我们不知道 p 的真值。

定义 DA43：命题 p 是**解证分析的**，当且仅当，仅仅知道 p 的意义就**能**知道 p 的真值。

定义 DS43：命题 p 是**解证综合的**，当且仅当，仅仅知道 p 的意义，我们**不可能**知道 p 的真值。

不难看出我们已经定义的诸种分析性之间的关系：直观分析的命题一定是解证分析的；解证分析的命题一定是分析的（DA40 意义上的）。反过来也有，综合命题一定是解证综合的，解证综合的命题一定是直观综合。

这里，直观分析命题最为突出，因为我们一看到它，一知道它的意义，就知道它的真值，从而也就知道它是分析的。

6.4 重言式

直观分析命题是一看就知道它的真假的命题。但它仍然需要知道命题的意义，并且它的真值也可能依赖它的意义。但是逻辑命题的真值则只依赖它的形式，而不依赖它的形式之外的意义。对于某些极简单的形式，它的意义也可能一看就能知道。于是，在直观分析命题的集合和逻辑命题的集合之间，会有一个它们的交集，这个集合中的命题，既是由于其意义而为真，又是由于其形式而为真，值得给它一个专有的名称。我觉得可以用一个老名词来称呼它：重言式（Tautology）。

罗素、维特根斯坦[①]和卡尔纳普，都把重言式等同于逻辑真理。蒯因把"仅靠其真值函项的结构而为真的真值函项复合句"称为重言式[②]，虽然这样把重言式的范围缩小了一些，但它仍然等同于命题逻辑（所谓零阶逻辑）的真理。我觉得这仍然浪费了"重言式"这个富含内容的名字。

我们这里的重言式，具有很特殊的性质，它不是空的，例如下述命题都是重言式：

关于个体常项 a：自然语言：a 是 a ；或 a 等于 a 。

符号语言：a = a 。

关于个体变元 x：自然语言：x 是 x ；或 x 等于 x 。

符号语言：x = x 。

关于一阶谓词 A：自然语言：A 是 A 。

设 A 是 n 元谓词，

则符号语言是：$\forall x_1 \cdots \forall x_n (Ax_1 \cdots x_n \rightarrow Ax_1 \cdots x_n)$。

关于命题 p：自然语言：如果 p，那么 p。

符号语言：$p \rightarrow p$ 。

关于任意阶谓词 α：自然语言仍然是：α 是 α 。

一眼可以看出，以上重言式均是同一律的几种表述。它们既是逻辑的，意义也是很浅显的，一看就知道它是真的。我认为，它们也是永远不

① 见维特根斯坦的《逻辑哲学论》中 4.46，4.461—4.466 诸条，载于（维特根斯坦1962，pp. 54 - 6）。

② 蒯因 1960/2005，p. 61

会修改的真理。有了这个概念，我们可以顺理成章地得出真理的谱系。

6.5 真理的谱系

卡尔纳普在《科学哲学导论》中曾给出一个对科学语言的句子的一般分类，它是用下面的图 1 表示的：

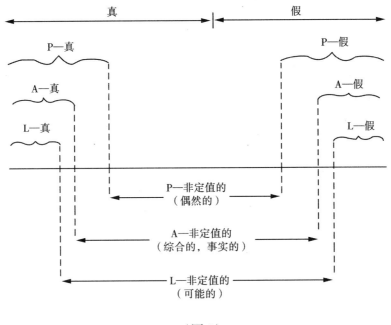

（图 1）

其中"L—真"、"L—假"、"L—非定值的"这三个概念的定义我们在第二章§5.2 节已经给出。简单说来，"L—真"就是逻辑真理。"L—假"就是逻辑矛盾，或其否定是逻辑真理。这里的"A—真"，表示分析真理；"A—假"是广义的矛盾，即其否定是分析真理。按照卡尔纳普的看法，A—真也就是定义 DA3a 所定义的分析陈述。A—真比 L—真多了像（7）"所有的单身汉是未婚的"以及（15）"如果 A 比 B 大，B 比 C 大，那么 A 比 C 大"这样的分析陈述。此外，还有"P—真"，即可以由科学理论的假说推导出来的被认为是真的陈述。所以"P—真"包括"A—真"，但仍然没有包括全部的真理，因为仍然有许多不为现在的科学所知的领域。"P—假"是其否定为 P—真的陈述。容易理解，"P—假"包括"A—假"，但仍然没有包括全部的虚假陈述，这就是图 1 的意义。

由于假陈述的否定是真陈述，所以我们以下只考虑真陈述，以便我们的言论更加简洁。由上图可以看出，卡尔纳普实际上给出了如下式所示的真理的谱系：

（19）L—真⊂A—真⊂P—真⊂全部真理

其中"⊂"表示前者是后者的子集。也可以用较为通俗的话语表示如下：

（20）逻辑真理⊂A 分析真理⊂科学真理⊂全部真理

之所以称为 A 分析真理，是为了让人们易于想起这是卡尔纳普的定义 DA3a 所定义的分析真理。但是我们已经知道有很多别的分析性概念，所以我们有下述的真理的谱系：

（21）重言式⊂直观分析真理⊂解证分析真理⊂S 分析真理⊂科学真理⊂全部真理

上式中，"S 分析真理"表示是由意义而为真的真理，即由定义 DA40 所定义的分析真理。由于重言式也是逻辑真理的一部分，加上逻辑真理都是可证的，于是逻辑真理也是解证分析真理的一部分。这样，可以将卡尔纳普的谱系（20）扩展为：

（22）重言式⊂逻辑真理⊂解证分析真理⊂A 分析真理⊂科学真理⊂全部真理

对比（21）与（22），于是我们看出，S 分析真理与 A 分析真理应该是一样的，即都符合那个唯一合理的分析真理概念。

而直观分析真理与逻辑真理有重合，也有不一致。因为一个是根据语义学，一个是根据逻辑学。任何一个都不包含另一个。它们的交集也许比重言式要广。

6.6 结束语

哲学的确是在否定、否定之否定的道路上曲折地前进的。60 年前的蒯因的"经验论的两个教条"，以及其他的对逻辑经验主义的基础的有力批判，导致一场轰轰烈烈的充满朝气的哲学运动几乎无声无息地消亡。杀害这最年轻的实证主义的凶手不是别人，正是他的兄弟——实用主义。

实用主义的残酷还表现在，它把"真理"这个神圣的称呼，当做在这个时代并不实用的外套脱了下来，指出里面的胴体只不过是"有用性"、"方便性"。不过，实用主义的胜利仍然受到一些人的欢呼，施内德尔巴哈（Herbert Schnädelbach）写道：

戴维森在某处说过："依我看来，抹掉分析和综合的界线，拯救了语言哲学，因为这使语言哲学成为一个严肃的课题。"我看这句话也适用于一般的分析哲学：抹掉分析和综合的界线，拯救了分析哲学，因为这使分析哲学成为一个严肃的课题。[1]

为什么呢？因为逻辑经验主义通过分析和综合的二分，把分析命题归到由逻辑和数学来研究，把综合命题归到科学来研究，认为不存在什么先天综合判断，认为那些只是形而上学的无意义的胡说，所以除了语言分析，哲学也就没有什么事情可干了。维特根斯坦说："哲学只是将一切摆在我们面前，既不解释，也不演绎任何东西。"[2] 这使得哲学家的工作的意义显得微不足道了。更有甚者是出现了分析悖论（Paradox of Analysis）：

Ts7.5：哲学分析如果是正确的，那么它的结果也就是不足道的[3]。（分析悖论）

论证 Ar7.5：

（S1）：如果正确的哲学分析全部由分析陈述组成。

（S2）：而分析陈述又可以转换成逻辑真理。

（S3）：逻辑真理又被认为是重言式，

（S4）：而重言式又都是不足道的。

（S5）：所以，哲学分析如果是正确的，那么它的结果也就是不足道的。

证毕。[4]

施内德尔巴哈认为，蒯因抹掉了分析和综合的界线，即表明了上

---

① Schnädelbach 2003，p. 7
② 维特根斯坦 1992，p. 70
③ 原文是"trivial"，这里的译名是桂（起权）老师建议的。
④ Schnädelbach 2003，p. 8

述论证中前提 S1 是错误的，因而结论不正确，从而解决了分析悖论。蒯因实际上同时抹掉了哲学和科学的界线，即用他的知识整体论拯救了哲学。

　　但是我们的研究表明，分析和综合的界线并不是那么容易被抹掉的，甚至是抹不掉的。因此，论证 Ar7.5 中，前提 S1 也许不是错的。但是，我们的研究还表明，由于意义而为真的分析陈述与由于形式而为真的逻辑真理终究是很不同的，所以前提 S2 是错误的。而且，我们认为逻辑真理与重言式（根据我们的新定义）也是不同的概念，所以前提 S3 也是错误的。即使按照重言式的老定义，S3 是正确的，但是前提 S4 又是有问题的了。这样，论证 Ar7.5 就不成立了，从而以我们的方式解决了分析悖论。

　　但是实用主义还在那儿。蒯因反对经验论的两个教条，主张"没有教条的经验论"，主张对问题采取实用主义的立场。他说："我否定这样一条分界线而赞成一种更彻底的实用主义。"① 我们在第三章分析过，麦特斯在与蒯因等人的正面交锋中没有一招能占据上风。但是在这里，麦特斯总算找到了对方的薄弱环节而勇猛出击了：

　　……即使有不利的情况，也不要轻易把我们的老概念和区分换成新的，这是明智的，因为新的可能更不令人满意。尽管词"分析的"以及与其相关的"真"、"有效"、"必然的"、"同义的"等等都是不清晰的，但我们很难看出把这些换成实用主义的商人词汇有什么好处。例如，我们如何决定一个信念是"有回报的"、是"方便的"、或是"有成果的"？说经验对于我们的信念系统是"顽抗的（recalcitrant）"是什么意思？说我们的信念系统是"一个人工的织造物，它只是沿着边缘同经验紧密接触"是什么意思？有一个苏格拉底的老问题，实用主义者只是嘲笑这个问题却不回答它：这个理论在何种程度上用到它自身身上？人们怎样去评判这些人——他们掩饰有效的区分与无效的区分之间的区分——的论证呢？实用主义是有用的和富有成果的证明——那怕只是一个实用的证明—在哪里呢？②

　　① 这里的分界线即分析的和综合的之间的分界线。见（蒯因 1951/1987，p. 43）
　　② Mates 1951，pp. 533 –4

我们认为，麦特斯这最后的一击是有力量的！蒯因要求一个对"分析的"适当的定义，但是实用主义又有多少概念有适当的定义呢？他们说分析与综合的区分是无效的，那么麦特斯要求他们拿出"有效的区分"与"无效的区分"之间的区分是说到点子上去了！

而且，我想呼吁的是，逻辑经验主义不会就这样死亡，它还很年轻，它还有远大的前程和使命，我希望本书的工作对逻辑经验主义的复苏有所裨益。

参考文献

一、外文参考文献

Aristotle. 1938：*Aristotle*，I. Cambridge：Harvard University Press.

Aristotle. 1960：*Aristotle*，II. Cambridge：Harvard University Press.

Ayer, A. J. 1936/1949：*Language, Truth and Logic*. London：Victor Gollancz Ltd.

Ayer, A. J. 1959/1978：*Logical Positivism*. Westport：Greenwood Press, Inc.

Bealer, G. 1998："Propositions"，*Mind*，Vol. 107，pp. 1 – 32.

Béziau, J. 2007："Sentence, proposition and identity"，*Synthese*，Vol. 154，pp. 371 – 82.

Block, N. 1993；"Holism, Hyper – analyticity and Hyper – compositionality"，*Philosophical Issues*，3，pp. 37 – 72.

Boghossian, P. A. 1996："Analyticity Reconsidered"，*Noûs*，30：3，pp. 360 – 91.

Boghossian, P. A. 1997："Analyticity"，*A Companion to the Philosophy of Language*，Edited by B. Hale and C. Wright, Oxford：Blackwell, pp. 331 – 68.

Boghossian, P. A. 2003："Epistemic Analyticity：A Defense"，*Grazer Philosophische Studien*. Vol. 66，pp. 15 – 35.

Bunge, M. 1961："Analyticity Redefined"，*Mind*，New Series, Vol. 70，pp. 239 – 45.

Carnap, R. 1934：*Logische Syntax der Sprache*. Vienna：Springer. Translated by A. Smeaton as *The Logical Syntax of Language*. London：Kegan Paul,

Trench, Trubner & Co. Ltd. 1937; pagination refers to this version.

Carnap, R. 1947/1956: *Meaning and Necessity: A Study in Semantics and Modal Logic*. Chicago & London: The University of Chicago Press.

Chomsky, N. 1986: *Knowledge of Language*. New York: Praeger.

De Rosa, R. , Lepore, E. 2004: "Quine's Meaning Holism", *The Cambridge Companion to Quine*, Edited by R. F. Gibson, Jr. Cambridge: Cambridge University Press.

Edelberg, W. 1994: "Propositions, Circumstances, Objects", *Journal of Philosophical Logic*, Vol. 23, pp. 1 – 34.

Elbourne, P. 2009: "Why Propositions Might be Sets of Truth – supporting Circumstances", *Journal of Philosophical Logic*, online.

Fodor, J. A. , Katz, J. J. 1964: *The Structure of Language: Readings in the Philosophy of Language*. Englewood Cliffs, N. J. : Prentice – Hall, Inc.

Frege, G. 1884: *Die Grundlagen der Arithmetik*. Breslau. Translated by J. L. Austin as *The Foundations of Arithmetic*. New York: Philosophical Library 1950; pagination refers to this version.

Frege, G. 1892: "Über Sinn und Bedeutung". *Zeitschrift für Philosophie und philosophische Kritik*, NF 100, 1892, S. 25 – 50.

Grice, P. 1989: *Studies in the Way of Words*, Cambridge, MA: Harvard University Press.

Grice, H. P. , Strawson, P. F. , 1956: "In Defense of a Dogma", *The Philosophical Review*, Vol. 65, No. 2, pp. 141 – 58.

Harman, G. 1967: "Quine on Meaning and Existence, I", *The Review of Metaphysics*, Vol. 21, No. 1, pp. 124 – 51.

Horwich, P. 1992: "Chomsky versus Quine on the Analytic – Synthetic Distinction", *Proceedings of the Aristotelian Society*, New Series, Vol. 92, pp. 95 – 108.

Horwich, P. 1994: *Theories of Truth*. Brookfield: Dartmouth Publishing Company Ltd.

Iacona, A. 2003: "Are there Propositions?" *Erkenntnis*, Vol. 58, pp. 325

-51.

Katz, J. J. 1966: *The Philosophy of Language.* New York: Harper & Row.

Katz, J. J. 1967: "Some Remarks on Quine on Analyticity", *The Journal of Philosophy*, Vol. 64, No. 2, pp. 36 - 52.

Katz, J. J. 1972: *Semantic Theory.* New York: Harper & Row.

Katz, J. J. 1992: "The New Intensionalism", *Mind*, Vol. 101, pp. 689 -719.

Katz, J. J. 1997: "Analyticity, Necessity, and the Epistemology of Semantics", *Philosophy and Phenomenological Research.* Vol. LVII, No. 1, pp. 1 -28.

Kaufman, A. S. 1953: "The Analytic and the Synthetic: A Tenable 'Dualism'", *The Philosophical Review*, Vol. 62, No. 3, pp. 421 - 6.

Li（李福印）, Kuiper, K. 1999: *Semantics: A Course Book.* 上海: 上海外语教育出版社。

Linsky, L. 1952: *Semantics and the Philosophy of Language.* Urbana: The University of Illinois Press.

Locke, J. 1959: *An Essay Concerning Human Understanding.* Vol. II. New York: Dover Publications, Inc.

Lyons, J. C. 2005: "representational analyticity", *Mind & Language.* Vol. 20, No. 4, pp. 392 - 422.

Mates, B. 1951: "Analytic Sentence", *The Philosophical Review*, Vol. 60, No. 4, pp. 525 - 34.

Mayer, V. 2003: "Implicit Thoughts: Quine, Frege and Kant on Analytic Propositions", *Grazer Philosophische Studien.* Vol. 66, pp. 61 - 90.

Margolis, E. & S. Laurence. 2001: "Boghossian on Analyticity", *Analysis*, Vol. 61, No. 4, pp. 293 - 302.

Martinich, A. P. 1996: *The Philosophy of Language.* Third Edition. Oxford: Oxford University Press.

McArthur, T. 1998: *Oxford Concise Companion to the English language.*

Oxford: Oxford University Press.

McGrath, M. 2007: http://plato. stanford. edu/entries/propositions/

Mill, J. S. 1963: *John Stuart Mill's Philosophy of Scientific Method*. ed. E. Nagel. New York: Hafner Publishing Co. , Inc.

Miller, A. 2007: *Philosophy of Language*. Second edition. London: Routledge.

Moltmann, F. 2003: "Propositional Attitudes without Propositions". *Synthese*, Vol. 135, pp. 77 – 118.

Moore, J. G. 1999: "Propositions, Numbers, and the Problem of Arbitrary Identification". *Synthese*, Vol. 120, pp. 229 – 63.

Mueller, O. 1998: "Does the Quine/Duhem Thesis Prevent Us from Defining Analyticity?" *Erkenntnis*, Vol. 48, pp. 81 – 99.

Nimtz, C. 2003: "Analytic Truths – Still Harmless After All These Years?" *Grazer Philosophische Studien*. Vol. 66, pp. 91 – 118.

Nuchelmans, G. 1973, *Theories of the Proposition*. Amsterdam: North Holland Publishing Company.

Ockham, W. 1349/1980: *Ockham's Theory of Propositions*. Indiana: University of Notre Dame Press.

Ogden, C. K. & I. A. Richards. 1923/1946: *The Meaning of Meaning*. London: Routledge & Kegan Paul.

Pagin, P. 2001: "A Quinean Definition of Synonymy", *Erkenntnis*, Vol. 55, pp. 7 – 32.

Pap, A. 1958: *Semantics and Necessary Truth*. New Haven: Yale University Press.

Pap, A. 1964: "Theory of Definition", *Philosophy of Science*, Vol. 31, No. 1, pp. 49 – 54.

Parsons, T. 1993: "On Denoting Propositions and Facts". *Philosophical Perspectives*, Vol. 7, pp. 441 – 60.

Putnam, H. 1962/1975: "The Analytic and the Synthetic", in his *Mind, Language, and Reality, Philosophical Papers*, Vol. 2, Cambridge 1975, pp. 33

- 69.

Putnam, H. 1962: "It Ain' t Necessary So", *The Journal of Philosophy*, Vol. 59, pp. 658 – 71

Putnam, H. 1970: "Is Semantics Possible?", in his *Mind, Language, and Reality, Philosophical Papers, Vol.* 2, Cambridge 1975, pp. 139 – 52.

Putnam, H. 1973: "Meaning and Reference", *The Journal of Philosophy*, Vol. 70, pp. 699 – 711.

Quine, W. V. 1953/1964: *From a Logical Point of View.* Cambridge: Harvard University Press.

Quine, W. V. 1966: *The Ways of Paradox and Other Essays.* New York: Random House.

Quine, W. V. O. 1960: *Word and Object.* Cambridge: The M. I. T. Press.

Quine, W. V. 1970/1986: *Philosophy of Logic*, Second edition. Cambridge: Harvard University Press.

Quine, W. V. 1973: *The Roots of Reference.* La Salle, Illinois: Open Court.

Ramsey, F. P. 1978: *Foundation.* Edited by D. H. Mellor, London: Routledge & Kegan Paul.

Reichenbach, H. 1938/2006, *Experience and Prediction: An Analysis of the Foundations and the Structure of Knowledge.* Indiana: University of Notre Dame Press.

Russell, B. 1918/1985: *The Philosophy of Logical Atomism*, Ed by David Pears, La Salle, Illinois: Open Court Publishing Company.

Russell, B. 1927/1954: *The Analysis of Matter.* New York: Dover Publications, Inc.

Russell, G. 2004: *Analyticity, Meaning and Paradox.* UMI Microform 3143422, ProQuest Information and Learning Company.

Russell, G. 2008: *Truth in Virtue of Meaning.* Oxford: Oxford University Press.

Schnädelbach, H. 2003："Two Dogmas of Empiricism. Fifty Years After", *Grazer Philosophische Studien.* Vol. 66, pp. 7 – 12.

Soames, S. 2003：*Philosophical Analysis in the Twentieth Century.* Princeton：Princeton University Press.

Soames, S. 2008："Why Propositions cannot be Sets of Truth – supporting Circumstances". *Journal of Philosophical Logic*, Vol. 37, pp. 267 – 76.

Swinburne, R. G. 1975："Analyticity, Necessity and Apriority", *Mind*, New Series, Vol. 84, pp. 225 – 43.

Whiting, D. 2007：http：//www. iep. utm. edu/conc – rol/.

Wittgenstein, L. 1955：*Tractatus Logico – Philosophicus.* Routledge & Kegan Paul Ltd.

二、中文参考文献（按姓名的拼音顺序排列）

1. 北京大学哲学系外国哲学史教研室：《西方哲学原著选读》，上卷，北京：商务印书馆 1987 年版。

2. ［古希腊］柏拉图：《柏拉图全集》，第 2 卷，王晓朝译，北京：人民出版社 2003 年版。

3. ［美］布龙菲尔德：《语言论》，袁家骅等译，北京：商务印书馆 1985 年版。

4. 陈波：《逻辑哲学》，北京：北京大学出版社 2005 年版。

5. 陈波：《奎因哲学研究——从逻辑和语言的观点看》，北京：生活·读书·新知三联书店 1998 年版。

6. 陈嘉明：《知识与确证：当代知识论引论》，上海：上海人民出版社 2003 年版。

7. 陈嘉映：《语言哲学》，北京：北京大学出版社 2003 年版。

8. ［德］弗雷格：《弗雷格哲学论著选辑》，王路译，北京：商务印书馆 1994 年版。

9. ［德］弗雷格：《算术基础》，王路译，北京：商务印书馆 1998 年版。

10. 洪谦（主编）：《逻辑经验主义》上卷，北京：商务印书馆 1982 年版。

11. 胡裕树（主编）：《现代汉语》增订本，上海：上海教育出版社 1981 年版。

12. 华东师范大学哲学系逻辑学教研室：《形式逻辑》（第三版），上海：华东师范大学出版社 1996 年版。

13. ［美］怀特：（1950）"分析和综合：一种站不住脚的二元论"。载《意义、真理与行动——实用主义经典文选》，苏珊·哈克主编，北京：东方出版社 2007 年版。第 515—530 页。

14. 黄伯荣、廖序东（主编）：《现代汉语》下册，兰州：甘肃人民出版社 1980 年版。

15. ［美］霍凯特：《现代语言学教程》，上，索振羽、叶蜚声译，北京：北京大学出版社 1986 年版。

16. 金岳霖（主编）：《形式逻辑》，北京：人民出版社 1979 年版。

17. ［美］卡尔纳普：《科学哲学导论》，张华夏等译，广州：中山大学出版社 1987 年版。

18. ［德］康德：《纯粹理性批判》，邓晓芒译，北京：人民出版社 2004 年版。

19. ［德］康德：《任何一种能够作为科学出现的未来形而上学导论》，庞景仁译，北京：商务印书馆 1978 年版。

20. ［美］克里普克：《命名与必然性》，梅文译，上海：上海译文出版社 1988 年版。

21. ［美］蒯因：（1951）"经验论的两个教条"，载《从逻辑的观点看》，江天骥等译，上海：上海译文出版社 1987 年版。第 19—43 页。

22. ［美］蒯因：（1960）《语词和对象》，陈启伟、朱锐、张学广译，北京：中国人民大学出版社 2005 年版。

23. ［美］蒯因：（1990）《真之追求》，王路译，北京：生活·读书·新知三联书店 1999 年版。

24. 李学平、潘欢怀：《当代英语语法概论》，北京：北京师范大学出版社 1987 年版。

25. ［英］洛克：《人类理解论》，关文运译，北京：商务印书馆 1959 年版。

26. ［美］马蒂尼奇：《语言哲学》，牟博等译，北京：商务印书馆 1998 年版。

27. 屈志清：《公孙龙子新注》，武汉：湖北人民出版社 1981 年版。

28. ［美］萨丕尔：《语言论——言语研究导论》，陆卓元译，北京：商务印书馆 1985 年版。

29. ［瑞士］索绪尔：《普通语言学教程》，高名凯译，北京：商务印书馆 1980 年版。

30. ［德］施太格缪勒：（1986）《当代哲学主流》，下卷，王炳文等译，北京：商务印书馆 1992 年版。

31. ［美］苏佩斯：《逻辑导论》，宋文淦等译，北京：中国社会科学出版社 1984 年版。

32. 涂纪亮：《语言哲学名著选辑：英美部分》，北京：生活·读书·新知三联书店 1988 年版。

33. 王路："论奎因关于分析和综合的论述"，载《自然辩证法通讯》1998 年第 5 期，第 1—8 页。

34. ［奥］维特根斯坦：《逻辑哲学论》，郭英译，北京：商务印书馆 1962 年版。

35. ［奥］维特根斯坦：《哲学研究》，汤潮、范光棣译，北京：生活·读书·新知三联书店 1992 年版。

36. 徐明：《符号逻辑讲义》，武汉：武汉大学出版社 2008 年版。

37. ［英］休谟：《人类理解研究》，关文运译，北京：商务印书馆 1957 年版。

38. ［古希腊］亚里士多德：《形而上学》，吴寿彭译，北京：商务印书馆 1959 年版。

39. ［古希腊］亚里士多德：《亚里士多德全集》，第一卷，苗力田主编，北京：中国人民大学出版社 1990 年版。

40. ［古希腊］亚里士多德：《亚里士多德全集》，第三卷，苗力田主编，北京：中国人民大学出版社 1992 年版。

41. 杨喜昌：《句子意义整合描写》，北京：北京外国语大学 2000 年博士论文。

42. 张静：《汉语语法问题》，北京：中国社会科学出版社 1987 年版。

43. 张志公：《汉语语法常识》（改订本），上海：上海教育出版社 1959 年版。

44. 赵敦华：《西方哲学简史》，北京：北京大学出版社 2001 年版。

45. 赵元任：《汉语口语语法》，吕叔湘译，北京：商务印书馆 2001 年版。

46. 周北海："分析性概念的严格定义与哲学考察"，载《哲学研究》1997 年第 12 期，第 64—70 页。

47. 周文华："词的意义"，载《湖北经济学院学报》2004 年第 5 期，第 79—82 页。

48. 周文华：《句子的指称》，武汉：武汉大学 2006 年硕士学位论文。

49. 周文华："分析命题与综合命题的二分问题"，载《武汉大学学报（人文科学版）》2009 年第 4 期，第 486—491 页。

50. 周文华（2009a）："句子的意义"，载《理论月刊》2009 年第 7 期，第 49—51 页。

51. 朱德熙：《语法讲义》，北京：商务印书馆 1982 年版。

52. 朱志方："皮尔士的科学哲学——反基础主义和可误论"，载《自然辩证法通讯》1998 年第 2 期，第 8—15 页。

53. 朱志方："翻译何以可能——蒯因的翻译不确定性论题批判"，载《学术月刊》2008 年第 4 期，第 40—6 页。

附录一　对"Ts5.7：命题不是句子的意义"的论证 Ar5.7 的一个更详细更严格的叙述 Ar5.7a

Ts5.7：命题不是句子的意义。

论证 Ar5.7a：

说明：符号 P1、P2、P3 均表示其后的命题是论证的一个前提，符号 C、C1、C2、C3 均表示其后的命题是推出的结论，H1 表示其后的命题是一个假设。这些符号相应的命题后面有括号，在括号内给出的是该命题成立的理由。

原论证 Ar5.7 的前半部分可以写成这样的更清楚的形式：

P1：命题有真值。（根据命题的定义）

P2：我们通常所说的某个句子，是指的句子的 type，而不是 token。例如，昨天说的"今天下雨"与今天说的"今天下雨"是同一个句子，而它们显然是不同的 token。（如果有人不同意前提 P2，认为"今天下雨"与"今天下雨"是不同的句子，因为是不同的 token，一个在前，一个在后。当句子指的是句子 token，哪怕相差不到一秒连说两次的"今天下雨"，仍然说的是不同的句子，那么世界上没有相同的句子了。这样，我们也无法说明句子"今天下雨"的真值：因为，假定我们这样说了，那这里的"今天下雨"已经不是我们要讨论的那个"今天下雨"，因为二者是不同的 token。至多只能说"本书本页本段的第 11 行的那个句子是真的"之类的话。即，我们无法说出相同的句子。因此，日常语言中说出某个句子，并且能一而再、再而三地说出同一个句子，那么这里的句子当然是指句子的 type。）

考虑句子 S："今天下雨"（由 P2 知，S 指句子"今天下雨"的 type）。

S 有真值吗？两种可能，A 或 B，这里 A 是"有真值"，B 是"无真值"。

如果是 A，有真值。假定实际情况是昨天下雨而今天没下雨。设 S 的真值为"真"，那么在今天说"今天下雨"就与实际不合，即句子 S 在今天是假的，与它的真值为"真"矛盾。设 S 的真值为"假"，那么在昨天说"今天下雨"就是与实际符合的，即句子 S 在昨天是真的，与它的真值为"假"矛盾。

总之，A 这种情况不可能发生。因此 B 是唯一的选择，即句子"今天下雨"没有真值。由于命题有真值（由 P1），所以，

C1：句子"今天下雨"不能确立一个命题。

论证 Ar5.7 的后半部分是这样的，用的是反证法：

P3：每个句子有意义。（论证见第四章）

C2：每个句子有这个句子的意义。（由 P3）

H1：命题是句子的意义。（反证法的假设）

C3：每个句子确立一个命题。（由 C2，H1）

但是 C1 与 C3 是矛盾的，故由反证法原理可知，H1 是错的，即有：

C：命题不是句子的意义。

证毕。

附录二　对克里普克论题的批判及其后果

一

克里普克曾提出这样一个后来被广泛接受的论题：

Ts8. 1：专名是严格的指示词（Proper names are rigid designators）。[①]

这里，严格指示词（rigid designator）的**定义**是：

如果一个指示词在每一个可能的世界中都指示同一个对象，我们就称之为**严格的指示词**。否则就称之为**非严格的**或**偶然的**指示词。我们当然不要求对象在所有可能世界中存在。……一种（其所指称的对象）必然存在的严格指示词可以叫做**强严格指示词**。[②]

让我们把"语言 L 中表达式 e 指称对象 o"这一关系表示为"$e \Rightarrow o$"，"对象 o 在可能世界 w 中存在"这一关系表示为"$o \in w$"；语言 L 中专名的集合表示为 PN（L），则"表达式 e 是 L 中的专名"可表示为"$e \in PN$（L）"。这样，对语言 L，我们可以把克里普克的这一论题形式化为：

Ts8. 1a：$\forall e$（$e \in PN$（L）$\rightarrow$

$\forall w1 \ \forall w2 \ \forall o1 \ \forall o2$（$o1 \in w1 \wedge o2 \in w2 \wedge e \Rightarrow o1 \wedge e \Rightarrow o2 \rightarrow o1 = o2$））

现在，我主张这样一个论题，即对于任何已经发现的自然语言 L 而言，都存在**同名现象**，即存在这样的两个对象 o1 与 o2，在 L 中它们的专

---

① 克里普克 1988，p. 50
② 克里普克 1988，p. 49

名都是 e，即有：

Ts8.2a： $\exists o1 \; \exists o2 \; \exists e \; (o1 \in w \land o2 \in w \land e \in PN \; (L) \; \land e \Rightarrow o1 \land e \Rightarrow o2 \land o1 \neq o2)$

这里 w 是现实世界。例如对于汉语来说，在当代中国，最优秀的女子网球运动员叫李娜，最优秀的女歌手之一也叫李娜，但她们是两个不同的人，用的是同一个名字。同名现象在英语等西方语言中也很普遍。就拿克里普克喜欢用的例子专名"亚里士多德"来说，它出于希腊文，通常指的是柏拉图的那个著名的学生和亚历山大的哲学老师。但是柏拉图的"巴门尼德"篇中也有个叫"亚里士多德"的人，但这显然是另一个"亚里士多德"。所以论题 Ts8.2a 在很多语言中是事实。但是简单的逻辑推理就能告诉我们，Ts8.1a 与 Ts8.2a 是矛盾的，这两个论题不能同时成立。

如果 Ts8.2a 确实是事实，我们就必须放弃 Ts8.1a，而不管克里普克的权威多大。也许人们觉得克里普克的论题形式化后不是 Ts8.1a，因为，说"表达式 e 指称对象 o"似乎有点不妥，似乎应该改成"表达式 e 在世界 w 中指称对象 o"。让我们把"语言 L 中表达式 e 在世界 w 中指称对象 o"这一关系表示为" $e \Rightarrow_w o$ "，其他的表达不变，这样我们把这一论题形式化为：

Ts8.1b： $\forall e \; (e \in PN \; (L) \; \rightarrow$

$\forall w1 \; \forall w2 \; \forall o1 \; \forall o2 \; (o1 \in w1 \land o2 \in w2 \land e \Rightarrow_{w1} o1 \land e \Rightarrow_{w2} o2 \rightarrow o1 = o2))$

但是这时，同名现象的存在就形式化为：

Ts8.2b： $\exists o1 \; \exists o2 \; \exists e \; (o1 \in w \land o2 \in w \land e \in PN \; (L) \; \land e \Rightarrow_w o1 \land e \Rightarrow_w o2 \land o1 \neq o2)$

而简单的逻辑推理同样能告诉我们，Ts8.1b 与 Ts8.2b 是矛盾的。

二

若要保留克里普克的论题，看来我们必须否定 Ts8.2a 或 Ts8.2b。一种自然的思路是，既然说在语言 L 中表达式 e **指称**某对象 o1，那就不能说它又**指称**另一个不同的对象 o2，因为这意味着 e 没有确定的指称，式子" $e \Rightarrow_w o1 \land e \Rightarrow_w o2 \land o1 \neq o2$ "（或" $e \Rightarrow o1 \land e \Rightarrow o2 \land o1 \neq o2$ "）似乎与"指

称"的概念相矛盾。

但是我们在这里也可以避开由弗雷格引入的"指称"概念，而把"e $\Rightarrow_w$ o"看成是 e 与 o 与 w 三者间的一种关系，例如认为它表示"e 是 o 在 w 中的一个名字"，这样"e$\Rightarrow_w$ o1 $\wedge$ e$\Rightarrow_w$ o2 $\wedge$ o1 $\neq$ o2"说的就是"e 是 o1 在 w 中的一个名字，也是 o2 在 w 中的一个名字，而 o1 不同于 o2"，这样 Ts8.2b 说的就是"存在两个不同的对象，二者的名字相同"，这说的正是"同名现象"这一事实，而不涉及任何矛盾概念。我们这里的说法也容许同一个对象有多个名字，而"一物多名"是另一个现实的不容否认的现象。

当这样理解时，论题 Ts8.2b 就无法否定了。这种方法也可用来为 Ts8.2a 辩护，这时只要把"e$\Rightarrow$o"看成是 e 与 o 二者间的一种关系，即认为它表示"e 是 o 一个名字"，而不用通常的"指称"概念。

既然 Ts8.2a 或 Ts8.2b 无法否定，我们只有否定 Ts8.1a 或 Ts8.1b 了。所以克里普克论题对于存在同名现象的自然语言是不成立的。就算有一种自然语言在目前没有同名现象，由于自然语言的开放性（语言符号是有限的，而现实的对象却要多得多，再加上未来的数量无限制的新对象的不断涌现），以及命名的任意性，因而不能排除它将来会有同名现象。

上述困难是否可以通过技术来克服呢？例如把克里普克论题的形式化修改为：

Ts8.1c：$\forall e$（e $\in$ PN（L）$\rightarrow \forall$ w1 $\forall$ w2 $\forall$ o1 $\forall$ o2（o1 $\in$ w1 $\wedge$ o2 $\in$ w2 $\wedge$ e$\Rightarrow_{w1}$ o1 $\wedge$ e$\Rightarrow_{w2}$ o2 $\wedge$ w1 $\neq$ w2$\rightarrow$o1 = o2））

而 Ts8.1c 与 Ts8.2b 并不现成就是逻辑上矛盾的。但只要涉及同名现象的对象不仅出现于现实世界，而且至少有一个对象也出现在某个可能世界（比方说 w1）中，假定这个对象是 o1，即我们有

（1）   o1 $\in$ w1 $\wedge$ w1 $\neq$ w

另一方面，现实世界 w 中存在不同对象 o1 与 o2 是同名的，都是 e，即：

（2）   o1 $\in$ w $\wedge$ o2 $\in$ w $\wedge$ e $\in$ PN（L）$\wedge$ e$\Rightarrow_w$ o1 $\wedge$ e$\Rightarrow_w$ o2 $\wedge$ o1 $\neq$ o2

只要语言 L 在 w1 中也用 e 称呼 o1，即

（3）   e$\Rightarrow_{w1}$ o1

由（1）、（2）、（3）我们得到

(4)　　$e \in PN$（L）$\land o1 \in w1 \land o2 \in w \land e \Rightarrow_{w1} o1 \land e \Rightarrow_w o2 \land w1 \neq w$

由 Ts8.1c 与（4）易得 $o1 = o2$，但这与（2）是矛盾的。

我们认为上述论证中，具有性质（3）的可能世界 w1 是很容易想象的，它和 w 一样都用 e 称呼 o1，符合克里普克论题的精神，即同一专名在不同世界指称同一对象。上述矛盾表明，Ts8.1c 与同名现象虽然不直接矛盾，但也极易导致矛盾，或者说通常是矛盾的。

以上的考虑迫使我们放弃克里普克论题 Ts8.1。它至多只对某种理想的语言或人工的语言才成立。但现有的人工语言的表达能力却极为有限，这种语言还无法用来进行哲学研究。

三

克里普克对这一论题的一个论证是：

(5)　　专名是严格的指示词，因为这个人（指尼克松）可能没有成为总统，但他不能不成其为尼克松（虽然他有可能不叫尼克松）。①

上面（5）这句话的问题在于，其中的"他不能不成其为尼克松（it is not the case that he might not have been Nixon）"究竟是什么意思呢？"成其为尼克松"或者"是尼克松"在这里充当谓词，而其中的"尼克松"是一个专名，按照克里普克的看法专名是没有特定涵义的，这样"他不能不成其为尼克松"也就没有特定涵义了。

如果"他不能不成其为尼克松"或"他不能不是尼克松"的意思是"'尼克松'只能指称尼克松"，那么（5）就是一种循环论证。而且现实中，其他对象、甚至其他人也可能叫"尼克松"，即"'尼克松'可以不指称这个尼克松"。同名现象可以使（5）这样解释时的前提不成立。

如果专名可以有某种特定涵义，例如说"希特勒"有"恶魔"的涵

---

① 克里普克1988，p.50

义，那么，克里普克自己就不会赞同"希特勒不能不成其为希特勒"①。这意味着此时克里普克不同意（5）中的前提。

所以，这里克里普克对他的论题 Ts8.1 并没有作出令人信服的论证。

四

否定克里普克论题具有重大的理论后果：他的一部分"后验必然命题"的例子，如"西塞罗是图利"、"长庚星是启明星"②，就无法得到论证。实际上，我并不认为这些命题是必然的。就拿其中的一个命题

（6）　西塞罗是图利。（Cicero is Tully.）

而言，我并不认为克里普克说清楚了这句话的意义究竟是什么。由于存在"一物多名"现象，让我们把对象 x 在语言 L 中的名称的集合记为 Name（x）③，这样（6）用形式语言来表达就是：

（6a）　$\forall x$（"西塞罗"$\in$ Name（x）$\rightarrow$"图利"$\in$ Name（x））

它的意思是"名字叫'西塞罗'的（人）也叫'图利'"。但这显然不是一个必然命题。因为，名字叫"西塞罗"的人可以不叫"图利"。或者说，在某个可能世界中，名字叫"西塞罗"的人不叫"图利"。这正如说"周树人是鲁迅"是真的，但它并不必然是真的，因为存在一个可能世界，其中周树人给自己取的笔名不是"鲁迅"而是别的名字。

五

我们的上述结论为理解等式（equality）提供了新的洞见。对于**两边都是专名**的等式，如：

（7）　西塞罗 = 图利。

在我们这里就被理解为：

---

① 参见克里普克1988，p. 77 中有关论述。
② 克里普克1988，pp. 99 – 106
③ 记为 Name（x，L）可能更准确。这里记为 Name（x）是为了简明易懂。

(7a)   ∀x（"西塞罗" ∈ Name（x）↔ "图利" ∈ Name（x））

它即使是真的，也不是必然的。相反，如：

（8）   西塞罗 = 西塞罗。

在我们这里被理解为：

(8a)   ∀x（"西塞罗" ∈ Name（x）↔ "西塞罗" ∈ Name（x））

它显然既是真的，又是必然的。因此，（7）与（8）不仅是不同的句子，而且表示的是不同的命题，尽管二者都是真命题。

一般地，当"a"与"b"是不同的专名符号时，形式为"a = a"与"a = b"的两个句子表达的是两个不同的命题，尽管这里"a"与"b"指的是同一对象。因为"a = a"表示的是一个必然为真的命题，但"a = b"却不是一个必然为真的命题。这个结论直接否定了论证 Ar6. 10 中的前提。这就表明，基莲·罗素的论证 Ar6. 10 是错的。所以，本附录构成对基莲·罗素的又一个反驳。

跋

20 多年前，当我手捧康德的《纯粹理性批判》，跟随他沉思"先天综合判断何以可能"时，立志研究哲学的念头便在我心中扎下了根。于是，我开始大量购买哲学书籍。记得在 20 世纪 90 年代初的某一段时光，那时我还是一名工程师，白天在建筑工地上参与桥梁的测试验收工作，晚上翻着刚买来的蒯因的《从逻辑的观点看》，除了第一篇谈本体论问题颇有趣味，其他各篇对我来说是味如嚼蜡，莫名其妙。（其中的第二篇就是"经验论的两个教条"。）不久，这本书就被丢在书箱里，一睡十年。因为工作繁忙、生活艰辛，能够考虑哲学问题的幸福时光太少了。

2003 年我幸运地考上了恩师朱志方教授的研究生，开始了我追梦的历程。在 2005 年我旁听了朱老师为中西比较班开设的西方哲学名著选读课，其中有一篇讲的便是"经验论的两个教条"。这是我第一次听人讲蒯因的这一名篇。朱老师的讲解清晰、简练，重点突出，令我记忆深刻，使我若有所悟，也使我体会到什么是分析哲学的风格。朱老师当时告诉我们，罗素的"论指称"与蒯因的"两个教条"是分析哲学的两篇最重要的代表作，这使我开始特别注意研究这两篇经典论文。第二次听人讲蒯因的这一名篇，是 2008 年在孙思老师的课堂上，这是孙老师为我们博士生开设的的科学哲学课，在课堂上孙老师相当细致地讲授了蒯因的"经验论的两个教条"和麦特斯（B. Mates）、考夫曼（A. S. Kaufman）、格莱斯（H. P. Grice）和斯特劳逊（P. F. Strawson）对蒯因等人的反驳，在课堂上还对分析—综合二分问题进行了讨论。正是这些讨论使我萌发了对此问题深入研究的念头。朱老师、孙老师的课使我受益良多，但本文提出的一些不成熟乃至可能错误的观点，则要由我本人负责。

写作此论文是痛苦的。因为就像一捆线，到处纠缠在一起，到处是结，甚至是死结，真的难解啊！加上找工作的需要和家庭经济的困扰，使我感到难以把精力集中在这篇论文的写作上。现在，尽管论文已经写完，但我想进行的研究，特别是意义理论方面的研究，很多还没有细致地开展。没有时间了，必须交稿了。

国人做研究与西方学者不是处于同一个起跑线上，因为信息来源、学术环境相差甚远。当我开始决定以"分析与综合二分问题研究"为博士学位论文题目时，我对这一问题的了解仍然相当肤浅。我还不知道基莲·罗素（Gillian Rusell）的主题几乎完全相同的博士论文。读者可参看那时我写的后来发表在《武汉大学学报》上的那篇文章（实际提交时间为 2008年 11 月）。后来在作开题报告时，开始接触大量资料。新的文献的发现极大地推迟了我的写作进程，因为一方面我要消化这些文献，另一方面我要避免写前人写过的东西（至多只能简略地写）。

就要离开武大了，不知道为什么，我突然非常感动！这七年，是迄今我的人生中最美的梦。舍不得啊！就要离开武大了，像一个孩子就要离开母亲一样，依依不舍啊！真的，我已经泪流满面。武大是什么？不只是秀丽的珞珈山，不只是如画的东湖水；对于我来说，武大就是桂（起权）老师的仁厚、朱老师的凝练、孙老师的认真、徐（明）老师的严格。武大，很多人听说过这里灿烂的三月樱花，正如在西方哲学领域，很多人听说过赵（林）老师的西方哲学通史课堪称一绝，邓（晓芒）老师的康德哲学课神州仅有。但是只有成为武大的学子，才有缘见识桂老师的科学哲学史的生动翔实、朱老师的对实用主义剖析的入木三分、王（贵友）老师的自然辩证法的独到、孙老师的科学哲学的细致、徐老师的问题导论课的新颖。这些老师的智慧和博学我就不提了。当然，这只是我这个现代西方哲学专业学生眼中的武大，井底窥天，已见到如此的辉煌。七年，开拓了我的视界，收获的是学识和智慧。我知道，我的学术生命才刚刚开始，如果我今后会有一点点成绩，那么这一切，都要感谢我所遇到的恩师们。

还有，我是哲学院资料室的常客，感谢资料室的王老师、戴老师、廖老师对我的帮助。

论文的主体部分写于 2009 年，那年我父亲整整八十岁。父亲一生备遭磨难，但为人正直乐观，品德高尚。父亲为我作出了巨大的牺牲，但在他 80 岁生日那天（他生于 1929 年农历二月初八）我却无力好好庆贺一下，也没有给他买什么礼物；当时心中便决定将这篇论文献给我的父亲。

周文华

于武昌珞珈山

2010 年 4 月 29 日

后 记

本书是我的博士论文。出版它是想让自己的成果经受同行的批评，也为自己今后的研究打下基础。在论文答辩的时候，多亏王贵友老师指出了第五章第三节的论证 Ar5.7 有误，我当时才得以发现该处错误并及时修改。附录 1 是我在答辩现场就已经给出的一个更为详细的论证。附录 2 是这次出版才加上的。

为了遵守本论文的体例，论文中有数处引用了希腊文。其实我不懂希腊文，是根据相应英文译本估度的。今年曾为此请教云南大学哲学系刘玉鹏老师，幸无大谬。另外本书能够出版，得到云南大学哲学系的王志宏老师的帮助。

在此，谨向以上诸位老师表示感谢。

周文华
于昆明圆通山
2011 年 3 月

责任编辑:张振明 李静韬
封面设计:肖 辉

图书在版编目(CIP)数据

分析与综合二分问题研究/周文华 著. -北京:人民出版社,2012.7
ISBN 978 - 7 - 01 - 010913 - 8

Ⅰ.①分… Ⅱ.①周… Ⅲ.①逻辑学-研究 Ⅳ.①B81

中国版本图书馆 CIP 数据核字(2012)第 101914 号

分析与综合二分问题研究

FENXI YU ZONGHE ERFEN WENTI YANJIU

周文华 著

人民出版社 出版发行
(100706 北京朝阳门内大街 166 号)

北京瑞古冠中印刷厂印刷 新华书店经销

2012 年 7 月第 1 版 2012 年 7 月北京第 1 次印刷
开本:710 毫米×1000 毫米 1/16 印张:19.25
字数:230 千字

ISBN 978 - 7 - 01 - 010913 - 8 定价:39.00 元

邮购地址 100706 北京朝阳门内大街 166 号
人民东方图书销售中心 电话 (010)65250042 65289539